U0670396

MPR 出版物链码使用说明

本书中凡文字下方带有链码图标"＝＝"的地方，均可通过"泛媒关联"App 的扫码功能或"泛媒阅读"App 的"扫一扫"功能，获得对应的多媒体内容。

您可以通过扫描下方的二维码下载"泛媒关联"App、"泛媒阅读"App。

"泛媒关联"App 链码扫描操作步骤：

1. 打开"泛媒关联"App；
2. 将扫码框对准书中的链码扫描，即可播放多媒体内容。

"泛媒阅读"App 链码扫描操作步骤：

1. 打开"泛媒阅读"App；
2. 打开"扫一扫"功能；
3. 扫描书中的链码，即可播放多媒体内容。

扫码体验：

《国际站前台》

21 世纪国际商务教材教辅系列

编写委员会

总 主 编：余世明

副总主编：袁绍岐　张彬祥　何　静

编写成员：（按姓氏笔画排列）

王雪芬	邓宇松	邓棣嫦	邓雷彦	朱艳君	刘生峰
刘晓凌	刘德海	许　燕	李　涛	杨子电	杨宇晖
杨　青	杨　遐	肖剑锋	吴憲华	何　静	余世明
余　媛	宋朝生	张小彤	张少辉	张彬祥	陈夏鹏
陈　梅	林丽清	罗楚民	冼燕华	赵江红	胡丽媚
袁以美	袁绍岐	顾锦芬	黄　丽	黄清文	黄森才
彭月嫦	彭伟力	曾　馥	谢蓉莉	赖瑾瑜	詹益生
廖慧琳	谭　莉	潘子助			

本书编委会

主　编：陈　钰　黄森才

副主编：邓健宇　谢亚钦　梁黔义　游柏荣

参　编：莫嘉敏　刘　丹　刘晓玲　廖慧琳

21世纪国际商务教材教辅系列

总 主 编 余世明
副总主编 袁绍岐 张彬祥 何 静

Cross-border E-commerce
Comprehensive Training Course

跨境电商综合实训

陈 钰 黄森才 主编

暨南大学出版社
JINAN UNIVERSITY PRESS
中国·广州

图书在版编目（CIP）数据

跨境电商综合实训/陈钰，黄森才主编．—广州：暨南大学出版社，2021.8
（21世纪国际商务教材教辅系列）
ISBN 978 - 7 - 5668 - 2999 - 3

I. ①跨… II. ①陈… ②黄… III. ①电子商务—商业经营—教材 IV. ①F713.365.2

中国版本图书馆 CIP 数据核字（2020）第 197275 号

跨境电商综合实训
KUAJING DIANSHANG ZONGHE SHIXUN
主　编：陈　钰　黄森才

出 版 人：张晋升
项目统筹：张仲玲
责任编辑：武艳飞
责任校对：冯　琳　黄亦秋
责任印制：周一丹　郑玉婷

出版发行：暨南大学出版社（510630）
电　　话：总编室（8620）85221601
　　　　　营销部（8620）85225284　85228291　85228292　85226712
传　　真：（8620）85221583（办公室）　85223774（营销部）
网　　址：http：//www.jnupress.com
排　　版：广州市天河星辰文化发展部照排中心
印　　刷：佛山市浩文彩色印刷有限公司
开　　本：787mm×1092mm　1/16
印　　张：17.5
字　　数：430 千
版　　次：2021 年 8 月第 1 版
印　　次：2021 年 8 月第 1 次
定　　价：49.80 元

（暨大版图书如有印装质量问题，请与出版社总编室联系调换）

前　言

　　跨境电子商务（Cross-border E-commerce，简称"跨境电商"）是不同关境地域的交易主体之间，以电子商务的方式达成交易、在线订购、支付结算，并通过跨境物流递送商品、清关、送达，最终完成交易的一种国际商业活动。本教材面向职业院校跨境电子商务人才培养而设计，是以工作任务为导向而编写的。

　　"跨境电商实务"是高职高专电子商务专业、国际贸易专业、国际商务专业、商务英语专业开设的一门新兴课程。本教材由企业专家和职业院校教师合作编写，在取材、结构和内容等方面具有一定的特色，主要表现在以下四个方面：

　　一是课程体系对接平台实操。教材注重跨境电商理论与实践的结合，并以我国跨境电商主流 B2B 平台阿里巴巴国际站为例讲解了跨境电商学习中的共性部分。教材编写思路明确，内容广度和深度把握合理，理论知识体系完整，基本覆盖目前跨境电子商务实操的各个环节。本教材以项目引导的方式，由浅入深地引导学生近距离了解跨境电商的方方面面，为个人能力发展打好基础。

　　二是课程结构对接学生认知特点。教材强调专业理论知识为业务操作服务，边讲边做，通过微课视频及实操任务等具体形式来帮助学生理解和掌握。教材每章都设置了与其知识技能相关的跨境平台实务操作，可供学生进行操练。

　　三是课程内容对接实际业务。教材引用企业的实训操作平台，学生通过系统的平台操作，能达到跨境电商相关从业人员工作岗位的基本要求。

　　四是课程目标对接职业标准。教材融入工信部颁发的跨境电子商务协会《阿里巴巴跨境电子商务师（三级）》的要求，学生通过本教材的学习，就能直接参加跨境电子商务三级人才考证。

　　本教材由陈钰、黄森才担任主编，负责编写策划并总纂。具体编写分工是：第一章（陈钰、黄森才），第二章（陈钰、邓健宇、游柏荣），第三章（陈钰、谢亚钦、梁黔义），第四章（黄森才、陈钰、廖慧琳）。微课视频主讲人是：莫嘉敏、邓健宇、刘丹、刘晓玲。有关素材与案例参考阿里巴巴国际站平台、广州大洋教育科技股份有限公司和九鸣教育科技有限公司培训资料。由于笔者的水平有限，教材中难免有错误或纰漏，恳请同行和专家不吝赐教。

编　者

2021 年 2 月

目　录

第一章　跨境电商操作预备知识

【知识目标】

全面了解跨境电商的含义、类型、特征及优势和常用的跨境电商平台，熟悉跨境电商领域中的业务岗位划分及各岗位应具备的岗位技能，充分认识跨境电商从业人员应具备的素质，了解阿里巴巴国际站平台规则，为从事跨境电商工作打下基础。

【技能目标】

学会区分不同的跨境电商平台及其运用的领域。

1.1　了解跨境电商，熟悉主流跨境电商平台

1.1.1　跨境电商的概念

【课前思考】

1. 什么是跨境电商？
2. 跨境电商与传统电商、传统国际贸易有什么区别？
3. 跨境电商有哪些不同类型？
4. 跨境电商主流平台有哪些？

随着电子信息技术的不断发展和经济全球化的深入，跨境电商已成为中国企业拓展海外市场、提升品牌国际形象和增强核心竞争力的重要渠道。跨境电商改变了外贸企业的传统经营方式，影响了中国对外贸易产业链布局，在我国已初步形成了新的业态模式。无论是其成长性、市场潜力还是影响力，中国跨境电商服务都已处于全球领先位置。

一、认识跨境电商概念、类型及意义

（一）认识跨境电商

跨境电子商务是不同关境地域的交易主体之间，以电子商务的方式达成交易、在线订购、支付结算，并通过跨境物流递送商品、清关、送达，最终完成交易的一种国际商业活动。

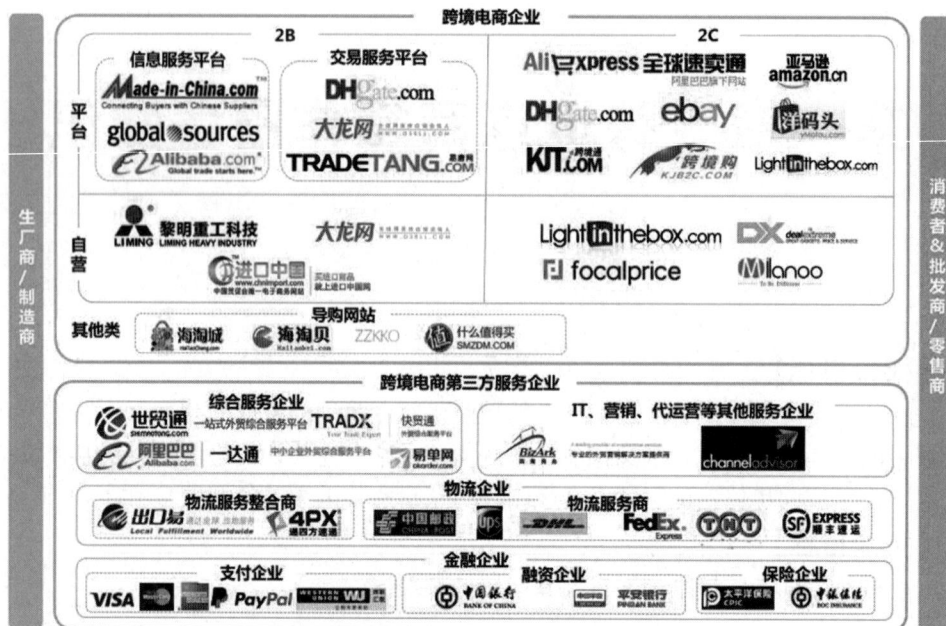

图1-1 中国跨境电商产业链及各环节分析

资料来源：中国产业信息网

　　传统的电商，其交易买卖双方一般属于一个国家，即国内的商家卖家在线销售给国内的买家；而跨境电商是不同国别或关境地区间的买卖双方进行的交易，从业务模式上简单来看，多了国际物流、出入境清关、国际结算等业务。

表1-1 传统国际贸易与跨境电子商务的区别

	传统国际贸易	跨境电子商务
交易主体交流方式	面对面，直接接触	通过互联网平台，间接接触
运作模式	基于商务合同的运作模式	需借助互联网电子商务平台
订单类型	大批量、少批次、订单集中、周期长	小批量、多批次、订单分散、周期相对较短
价格、利润率	价格高、利润率相对低	价格实惠、利润率高
产品类目	产品类目少、更新速度慢	产品类目多、更新速度快
规模、速度	市场规模大，但受地域限制，增长速度相对缓慢	面向全球市场，规模大，增长速度快
交易环节	复杂（生产商—贸易商—进口商—批发商—零售商—消费者），涉及中间商众多	简单（生产商—销售商—消费者或生产商—消费者），涉及中间商较少
支付方式	正常贸易支付	需借助第三方支付

（续上表）

	传统国际贸易	跨境电子商务
运输方式	多通过空运、集装箱海运完成，物流因素对交易主体影响不明显	通常借助第三方物流企业，一般以航空小包的形式完成，物流因素对交易主体影响明显
通关、结汇方式	按传统国际贸易程序，可以享受正常通关、结汇和退税政策	通关缓慢或有一定限制，无法享受退税和结汇政策（个别城市已尝试解决）
争端处理方式	健全的争端处理机制	争端处理不畅，效率低

跨境电商是互联网＋外贸的新型贸易模式，其本质上是利用互联网做外贸。

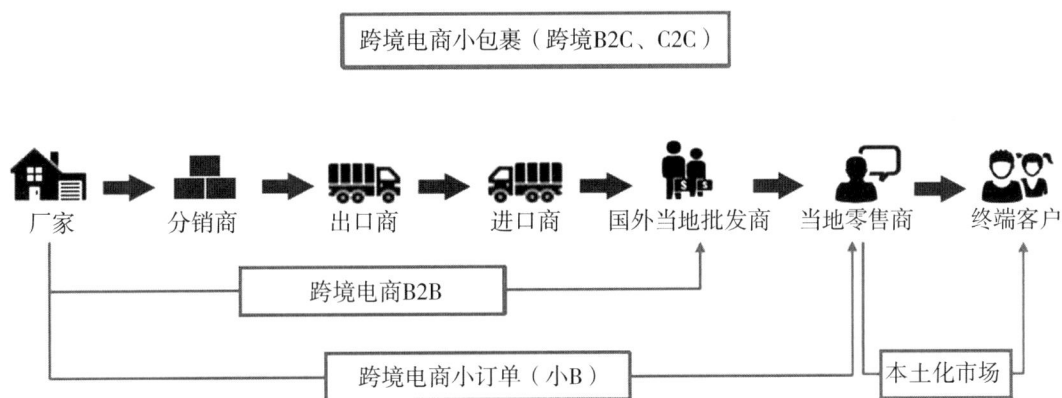

图 1-2　图解跨境电商

（二）了解跨境电商的流程

跨境电商分为出口跨境电子商务和进口跨境电子商务。

1. 跨境电商出口流程

跨境电商出口的流程大体为：生产商/制造商将商品通过跨境电子商务企业（平台式或/及自营式）进行线上展示，在商品被选购下单并完成支付后，跨境电子商务企业将商品交付境内物流企业进行投递，经过出口国和进口国的海关通关商检后，最终经由境外物流企业送达消费者或企业手中，从而完成整个跨境电商交易过程。

在实际操作中，有的跨境电商企业直接与第三方综合服务平台合作，让第三方综合服务平台代办物流、通关商检等一系列环节的手续（如图 1-3 所示）；也有的跨境电商企业通过设置海外仓等方法简化跨境电商部分环节的操作，但其流程仍不能按如上框架进行。

2. 跨境电商进口流程

跨境电商进口的流程除方向与出口流程的相反外，其他内容基本相同。

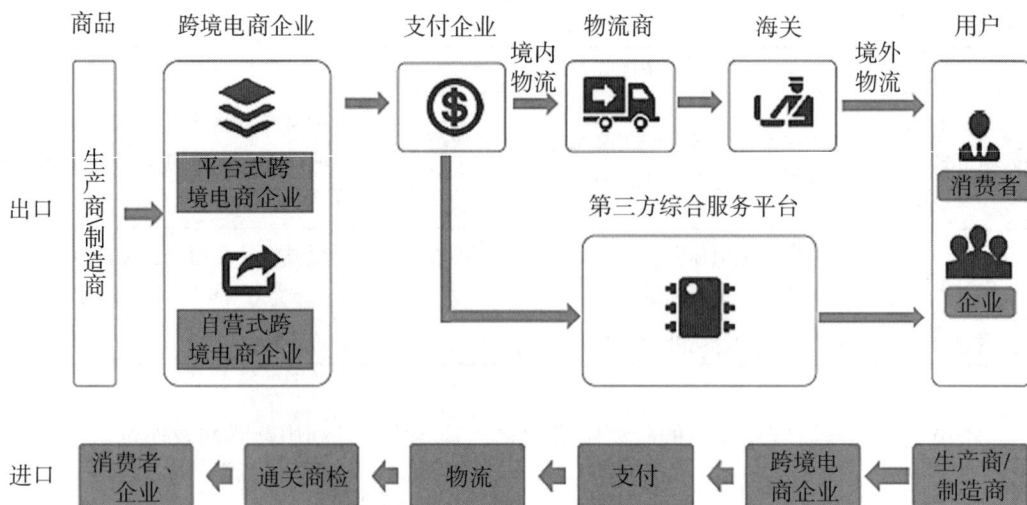

图1-3　跨境电商进出口流程

（三）了解跨境电商的发展历程

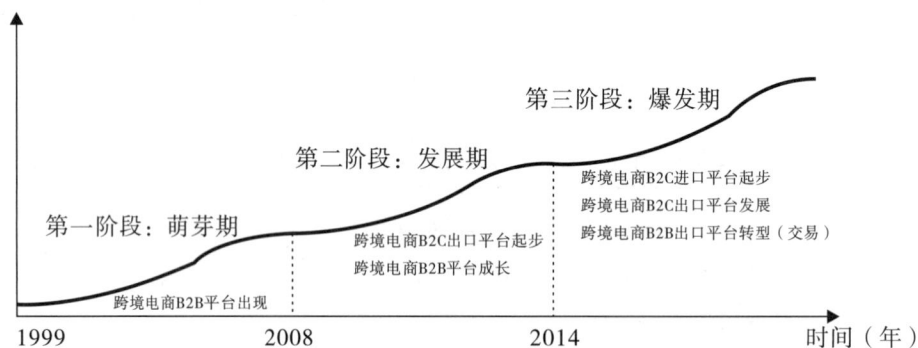

图1-4　中国跨境电商的发展历程

资料来源：2016中国跨境电商发展报告（阿里研究院、阿里跨境电商研究中心）

如图1-4所示，跨境电商的发展历程大体可以分为三个阶段：第一阶段代表为阿里国际站、中国制造网；第二阶段代表为DX、兰亭集势、速卖通；第三阶段代表为天猫国际、考拉海购、聚美优品、洋码头、小红书。

二、熟悉跨境电商的分类

跨境电商可以从经营模式、服务类型和平台运营方三个角度进行分类。

（一）跨境电商按经营模式分类

跨境电商按经营模式分类，分为B2B（Business to Business）、B2C（Business to Consumer）、C2B（Consumer to Business）、C2C（Consumer to Consumer）、B2G（Business to

Government）、BMC（Business Medium Consumer）、ABC（Agents Business Consumer）等经营模式，其中主流模式有 B2B、B2C、C2C。

1. B2B 电子商务模式

B2B 电子商务即商业对商业；或者说是企业间的电子商务，即企业与企业之间通过互联网进行产品、服务及信息的交换。

关于跨境 B2B 有众多的定义，本书中所提到的跨境 B2B 是指分属不同关境的企业对企业，通过电商平台达成交易、进行支付结算，并通过跨境物流送达商品、完成交易的一种国际商业活动。

B2B 跨境电商平台的服务对象为企业或集团客户，在平台上提供企业的产品、服务等相关信息内容。目前，B2B 跨境电商市场的交易规模占跨境电商市场总交易规模的90%以上，在跨境电商市场中，企业级市场始终处于主导地位，引领着中国跨境电子商务的发展和走向。

代表企业：敦煌网、中国制造网、阿里巴巴国际站、环球资源网。

2. B2C 电子商务模式

B2C 电子商务是企业针对个人开展的电子商务活动的总称，是指分属不同关境的企业直接面向个人消费者开展在线销售产品和服务，通过电商平台达成交易、进行支付结算，并通过跨境物流送达商品、完成交易的一种国际商业活动。B2C 类跨境电商企业所面对的最终客户为个人消费者，针对最终客户以网上零售的方式，将产品售卖给个人消费者。B2C 跨境电商目前在跨境电商的市场中所占份额有限，但是在未来随着市场的不断扩大将迎来大规模增长。

代表企业：速卖通、兰亭集势、敦煌网、DX、米兰网、大龙网。

从 2013 年中国跨境电商的交易模式看，目前跨境电商 B2B 交易占比达到 93.9%，跨境电商 B2B 交易占据绝对优势。由于 B2B 交易量较大，且订单较为稳定，所以未来跨境电商交易中 B2B 交易仍然是主流。随着跨境贸易主体越来越小，跨境交易订单趋向于碎片化和小额化，未来 B2C 交易占比会出现一定的提升。[①]

3. C2C 电子商务模式

C2C 电子商务是个人与个人之间的电子商务，主要通过第三方交易平台实现个人对个人的电子交易活动。

关于跨境 C2C 有众多的定义，本书中所提到的跨境 C2C 是指分属不同关境的个人卖方对个人买方开展在线销售产品和服务，由个人卖方通过第三方电商平台发布产品和服务售卖产品信息、价格等内容，个人买方进行筛选，最终通过电商平台达成交易、进行支付结算，并通过跨境物流送达商品、完成交易的一种国际商业活动。

无论是哪一种类型的电子商务平台，随着我国对外贸易市场规模的不断上升，都将在跨境电商的攻城略地之战中追寻自己的一席之地。但从我国外贸稳增长、调结构、降低监管的成本、提高通关效率的角度出发，跨境电商发展的主体应是 B2B，B2C 是补充，今后真正要走强的是 B2B。

---

① 资料来源：中国产业信息网。

表 1 - 2　B2B 和 B2C 电商企业主要收入来源及产品品类表

电商类型	主要收入来源	产品品类
传统跨境 B2B 平台型电商	收取会员费和营销推广费	综合类
跨境 B2C 零售型电商	交易佣金、会员费、广告费等增值服务费	综合类
跨境 B2C 零售综合品类自营电商	产品销售收入	综合类
跨境 B2C 零售垂直品类自营电商	产品销售收入	主要专注于某一类产品

知识拓展 ▶ **跨境电商中的 B、C、M、A、G、O 等是什么？**

答：这些是指交易对象的类型，B 是企业（Business）、C 是消费者（Consumer）或者客户（Customer），这也是最传统的交易对象，并组合成了 B2B（企业对企业）、B2C（企业对消费者）、C2C（消费者对消费者）这三种模式。

M 在有的情况下指经理人（Manager），但是在跨境电商领域一般指生产商或者工厂（Manufacturer），C2M 模式即顾客对工厂模式。

A 是指代理人（Agent），ABC 模式指的是代理人、企业、消费者共同搭建的集生产、经营、消费于一体的电子商务模式。

G 是指政府（Government），B2G 模式即企业与政府管理部门的电子商务，在跨境电商中包括政府采购、海关报税平台等。

O 是指线上（Online）和线下（Offline），目前跨境电商应用的主要是线下到线上（Offline to Online）模式，如在商场体验实物产品后，在线上下单，从保税区发单。

（二）跨境电商按服务类型分类

跨境电商按服务类型分类可分为两种：信息服务平台和在线交易平台。

1. 信息服务平台

信息服务平台主要是为境内外会员商户提供网络营销平台，传递供应商或采购商等商家的商品或服务信息，促成双方完成交易。

代表企业：阿里巴巴国际站、环球资源网、中国制造网。

2. 在线交易平台

在线交易平台不仅提供企业、产品、服务等多方面信息展示，而且可以通过平台线上完成搜索、咨询、对比、下单、支付、物流、评价等全购物链环节。在线交易平台模式正在逐渐成为跨境电商中的主流模式。

代表企业：敦煌网、速卖通、DX、米兰网、大龙网。

（三）跨境电商按平台运营方分类

跨境电商按平台运营方分类可分为两种：第三方跨境电子商务开放平台和自营型电子商务平台。

1. 第三方跨境电子商务开放平台

（1）第三方跨境电子商务开放平台的概念。

第三方跨境电子商务开放平台，也可以称为第三方跨境电子商务企业，泛指独立于产品或服务的提供者和需求者，通过网络服务平台，按照特定的交易与服务规范，为买卖双方提供服务，服务内容可以包括但不限于"供求信息发布与搜索、交易的确立、支付、物流"。平台型电商通过线上搭建商城，并整合物流、支付、运营等服务资源，吸引商家入驻，为其提供跨境电商交易服务。

代表企业：速卖通、敦煌网、环球资源网、阿里巴巴国际站。

（2）第三方跨境电子商务开放平台的特点。

第三方跨境电子商务开放平台具有独立性、依托网络和专业化等特点。

第三方跨境电子商务开放平台不是买家也不是卖家，而是作为交易的平台，像实体买卖中的交易市场，具有独立性；第三方跨境电子商务开放平台是随着跨境电子商务的发展而出现的，和电子商务一样，它必须依托于网络才能发挥其作用；作为服务平台，第三方跨境电子商务开放平台需要更加专业的技术，包括对订单管理、支付安全、物流管理等能够为买卖双方提供安全便捷的服务。

第三方的优势在于反应灵活，通过自己的品牌背书，直接将流量转化为固定的佣金收入。成本低廉省去了大量的仓储成本、人工成本，同时还可以将仓储、数据分析、广告位等服务变成立竿见影的收入；而且对于服装、食品等有较多的 SKU（Stock Keeping Unit，定义为库存控制的最小可用单位，也称为单品。SKU 是在物流管理中对商品进行分类管理的一种方法。每个单品有一个 SKU 编码，如果一款商品有多种颜色，就有多个相对应的 SKU 编码）、有库存风险的商品而言，避免了因为滞销而承担的库存成本和跌价。但是劣势在于，更多的第三方卖家还在使用民营快递，这就给派送时效、用户体验造成了影响。从长久来看，这是对平台品牌溢价的一种不利影响。

2. 自营型电子商务平台

自营型电子商务通过在线上搭建平台，平台方整合供应商资源通过较低的进价采购商品，然后以较高的售价出售商品。自营型电子商务平台主要以商品差价作为盈利模式。

自营的优势在于，采购的渠道比较正规，货品的质量比较有保证，在主要城市都已经有了自营的配送渠道，送货比较快。产品都有自己的生命周期，自营渠道可以从生命周期比较短的商品上获得更高的溢价。而对于一些明星单品，自营通过营销活动、降价等操作，可以获得一些自然流量。所以，对于一些周转快、单价高、毛利高、规格型号较少的商品，京东、亚马逊都喜欢做自营，不但资金回笼快，能让顾客获得更好的购物体验，而且能与品牌方获得更好的合作。

代表企业：兰亭集势、DX、米兰网、大龙网。

【课堂讨论】

1. 请简述跨境电商出口流程。

2. 请简述跨境电商进口流程。

3. 请举例说明跨境电商的分类模式。

4. 请说明跨境电商中的 B、C、M、A、G、O 分别代表什么。

1.1.2 主流跨境电商平台

一、跨境电商出口平台简介

（一）主流 B2C 跨境电商平台

主流 B2C 跨境电商平台包括亚马逊、eBay、速卖通、Wish 等。

（二）新兴跨境电商 B2C 平台

新兴跨境电商 B2C 平台种类较多，在分布上具有明显地域差异性。

北美洲： Overstock、Newegg、Tophatter、Sears、Walmart。

欧洲： 德国 Otto、法国 Cdiscount、PriceMinister、英国 Tesco、瑞典 Fyndiq。

俄罗斯： Joom、Umka、Ozon。

亚洲： Shopee、Lazada、日本 Rakutn、韩国 Gmarket、新加坡 Qoo10、巴基斯坦 Daraz、印度 Paytm。

中东： Soup、Jollychic。

南美洲： 巴西 Mercadolibrere、墨西哥 Linio。

大洋洲： 新西兰 Trademe。

非洲： Jumia、Kilimall。

二、跨境电商进口平台简介

（一）B2C 自营模式

考拉海购、蜜芽宝贝、唯品会等 B2C 自营模式的优势在于平台直接参与货源组织和物流仓储买卖流程、销售流转高、时效性好。B2C 玩家通常会以"直邮 + 闪购特卖"等模式提高 SKU 的丰富度，同时缓解供应链压力。

（二）B2C 平台招商模式

天猫国际是平台招商模式的典型玩家，它通过开放平台入驻国际品牌。这一模式的优势是用户信任度高，商家需有海外零售资质和授权，商品海外直邮，并且提供本地退换货服务；这一模式存在的问题是产品大部分是淘拍档代运营，价位高，品牌端管控力弱。

（三）B2C 平台 + 自营模式

B2C 平台 + 自营模式的代表性企业有京东和苏宁。这种模式有利于突破企业供应链的瓶颈，平台商品品类丰富，客户选择性更多，但存在进驻企业商品质量不可控的弊端。

（四）C2C 模式

C2C 模式的代表企业有淘宝全球购、洋码头。海外买手（个人代购）入驻平台开店，从品类来讲以长尾非标品为主。全球购目前已经和一淘合并，虽然看起来是跨境进口 C2C 中最大的一家，但全球购也有很多固有问题，比如区分原有商家和海外买手会造成很多矛盾等，在获取消费者信任方面存在不足。

（五）微商分销模式

微商分销模式的代表企业有云集、环球捕手、洋葱。微商城负责商品选购和发货至终端消费者，分销商负责宣传商品、分享商品链接，终端消费者从分销商处获得商品信息，在微商城下单购买，订单完成后店主可获得订单提成。此外，消费者账户和店主账户有一一对应关系，消费者在微商城购买的所有商品，分销商都能获得提成收益。

（六）内容分享社区模式

内容分享社区模式的代表企业有小红书，其特点是内容引导消费，自然转化。这一模式的优势在于天然海外品牌培育基地，流量带到福利社转化为交易，但从长远看还是需要有强大的供应链能力。

【课堂讨论】

1. 请举例说明主流跨境电商出口平台。
2. 请举例说明主流跨境电商进口平台。

【课后练习】

请利用互联网查找并浏览主流跨境电商平台（3个以上），从中挑选出3种不同产品，对比平台界面和产品（主图、标题、详情页），并以ppt格式提交作答。

理论自测

1. 企业与消费者之间电子商务的英文缩写是（　　　）。
A. B2R　　　　　　　　B. B2O　　　　　　　C. G2C　　　　　　　D. B2C
2. 跨境电商未来的发展呈现以下哪些趋势？（　　　）
A. 产品品类和销售市场更加多元化　　　　B. B2C占比提升，B2B和B2C协同发展
C. 其他三个选项都正确　　　　　　　　　D. 产业生态更为完善
3. 以下电商平台哪个不属于B2C业务？（　　　）
A. 速卖通　　　　　B. Wish　　　　　C. 亚马逊　　　　D. 阿里巴巴出口通

1.2　跨境电商岗位划分及从业人员应具备的素质

1.2.1　跨境电商就业前景

【课前思考】（可在互联网上查询相关资料）

1. 跨境电商相关的岗位有哪些？

2. 跨境电商从业人员应具备什么样的素质与技能？

3. 跨境电商就业前景如何？

4. 你愿意从事跨境电商行业相关工作吗？

5. 你是否具备跨境电商行业从业资格？

近年来，跨境电商企业如雨后春笋般涌现，国内几大享有盛名的电商企业成功上市更是起到推波助澜的作用。在外界看来，跨境电商正朝着成熟且必然成功的大方向发展，但身处其中的多数企业却明显感到吃力，因为目前缺乏专业人才推动企业电商业务进一步发展。

据分析，目前行业内对复合型人才有"千金易得，一将难求"的难言之苦。对此，有些企业开始不惜重金对同行或者国内电商"挖墙角"，同行间的人才争夺已趋向白热化。对某类人才需求的猛增，直接反映出行业领域的市场走势。因此，跨境电商的岗位划分就成了众多欲进入跨境电商行业的人想知道的答案。

1.2.2 跨境电商岗位划分

一、熟悉跨境电商岗位划分

（一）B2B 跨境电商

1. 建站与后台维护（推广/运营人员）

（1）网站框架：搭建主页面和自定义、滚动页面和增加的栏目。

（2）后台功能：熟悉上传产品、巧用数据管家。

（3）关键词：熟悉客户习惯搜索词、提炼关键词、在后台验证关键词的热搜度。

（4）图片：橱窗图片、产品效果。

（5）描述：描述产品特征、性能、技术、价格、竞争优势等。

2. 询盘转换订单（业务员）

（1）分析：客户信息、询盘内容。

（2）判断：客户目的、用意、对价格的态度。

（3）策划：活动策划，促使受询盘早日转化成订单。

（4）回复询盘：得到客户的回信、从沟通中建立信任。

3. 订单的操作与单证（跟单员）

（1）样品确认。

（2）运输方式确认。

（3）付款方式确认。

（4）交货时间确认。

（5）交货地点确认。

（6）后期客户跟进和服务。

（二）B2C 跨境电商

1．生产安排、跟单管理（跟单员）

（1）生产前的原材料（核对）。

（2）生产过程、每个时间段进度（跟踪）。

（3）产品技术、质量要求（确保）。

（4）包装出运（结果）。

2．初级岗位

（1）客户服务。

（2）视觉设计。

（3）网络推广。

（4）跨境物流。

（5）报关员。

3．中级岗位

（1）市场运营管理。

（2）采购与供应链管理。

（3）国际结算管理。

4．高级岗位

熟悉跨境电子商务业务的高级职业经理人以及促进跨境电商产业发展的领军人物。

二、跨境电商从业人员岗位职责

根据跨境电商操作流程，跨境电商人才主要分为外贸业务员、跟单员和推广/运营人员等。

（一）跨境电商外贸业务员岗位职责

（1）执行公司的贸易业务，实施贸易规程，开拓市场。

（2）按照公司业务的操作流程及管理制度执行和跟踪业务。

（3）完成公司业务的工作目标及工作计划。

（4）负责与客户的联系、沟通、接待、报价、处理询盘等。

（5）通过各网络平台开拓国外市场，挖掘潜在客户。

（6）协助公司参与国内外展会。

（7）相关业务工作的汇报。

（二）跨境电商跟单员岗位职责

（1）负责联系客户、编制报价、参与商务谈判、签订合同。

（2）负责生产跟踪、发货、现场监装。

（3）负责单证审核、报关、结算、售后服务等工作。

（4）客户的拓展与维护。

（5）业务相关资料的整理和归档。

（6）相关业务工作的汇报。

（三）跨境电商推广/运营人员岗位职责

（1）熟悉平台，了解平台趋势。

（2）熟悉排名交易规则和优化，发布更新产品。

（3）全面负责公司平台的运营管理。

（4）利用站内外各种网络平台，推广公司产品。

（5）对推广效果进行跟踪、评估，及时改善营销方案。

（6）对运营数据进行统计分析与汇报。

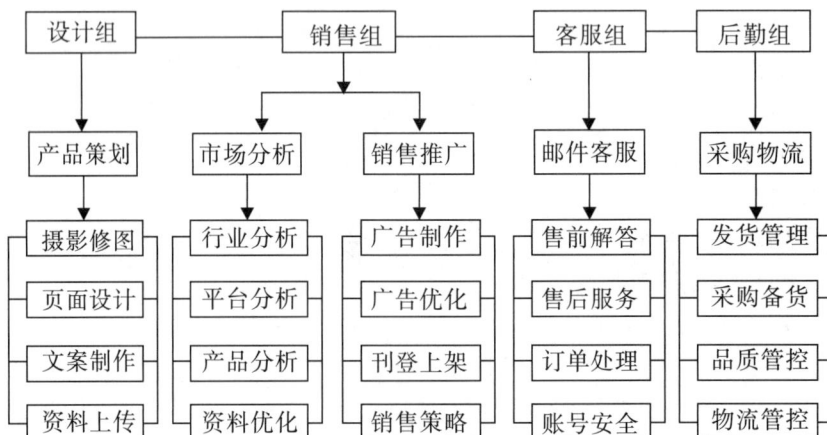

图1-5 跨境电商企业运营框架

表1-3 跨境电商行业全球平台销售人才职业规划路线

序号	职业规划	能力体系
1	跨境电商 股东+事业部总经理	全球社交媒体推广营销能力 平台搜索规则操盘能力 商业计划撰写与战略规划能力 跨境电商行业产业链资源与渠道能力
2	跨境电商 国际平台销售总监	新品开发与供应商资源管理 平台搜索规则操盘能力 竞争对手分析能力 大型电商平台运营管理经验
3	跨境电商 国际平台销售主管	产品数据分析能力 供应商开发能力 ERP软件操作能力 平台客服与SKU管理能力 国际物流/国内外仓储管理能力

（续上表）

序号	职业规划	能力体系
4	跨境电商 国际平台销售助理	热销产品分析 产品管理与上架 广告制作 产品文案撰写

【课堂讨论】

1. 跨境电商相关就业岗位有哪些？
2. 不同岗位的跨境电商从业人员的岗位职责分别是什么？
3. 不同岗位的跨境电商从业人员应具备的职业素质和技能分别是什么？

1.2.3 跨境从业人员考证介绍①

一、考证介绍

为促进"一带一路"倡议下跨境电子商务健康快速发展，推动我国开放型经济发展升级，解决跨境电商人才稀缺问题，阿里巴巴百城千校项目联合清华大学国家服务外包人才资源研究院，启动跨境电子商务师认证项目。认证项目从认识、能力和素养三个维度对跨境电子商务领域的人才进行测评，对人才达到的水平进行评价核发对应级别的认证证明，为产业界快速识别人才提供参考依据，并引导跨境电商人才向产业需要的能力结构靠拢。

二、考前须知

考试流程是先实操后理论，考试总时长为 120 分钟，两个阶段均限时作答 60 分钟。请提前 10 分钟进入考试等待答卷，考试时间开始后方能答题，答题时间截止前 10 分钟请保证已上传完图片/附件，答题时间截止后不能再提交答题。超过答题时间系统将会自动交卷，请把握好时间。

分数规则说明：实操成绩 40 分，理论成绩 60 分。两科合计总分超过 60 分即通过考试。如：实操成绩 12 分 + 理论成绩 52 分，合计 64 分，总分超过 60 分即通过考核。

---

① 该部分内容来源于 https：//activity. alibaba. com/peixun/sanjirz. html。

三、考证流程介绍

申请认证	报名缴费	生成准考证	参与考试	查询成绩	收到证书
选择考试场次 在线录入简历	在线支付认证 考试费用	生成准考证及 报名信息	到指定考点或 培训地点考试	考试结束交卷后 2天可以查询成绩	选择考试场次 在线录入简历

图1-6 跨境电子商务师（三级）考证流程

四、跨境电子商务师（三级）认证考试考纲

通过对跨境电商行业各用人企业对人才素质的要求情况的调研、分析和梳理，推出针对我国跨境电商领域的关键职位的认证体系。其以跨境电商企业外贸营销及运营对应岗位职责为依据，从职业素养、专业知识和实操能力三个模块来阐述企业对人才能力的要求。

跨境电子商务师（三级）各模块的分值比重为：职业素养（15%）、专业知识（45%）、实操能力（40%）。

表1-4 跨境电子商务师（三级）认证考试内容及题型分布

课程类别	考分占比	知识领域	知识单元	课程要点	题型分布			
					试题总数	单选	多选	判断
职业素养	15%	人际能力（6分）	人际理解与沟通、团队合作	人际理解、表达能力；冲突解决，促进团队合作	6	6	0	0
		思维能力（5分）	分析能力、学习能力	信息分解、关系梳理、整合排序；学习策略、学习应用	5	5	0	0
		处事态度与风格（4分）	责任心、抗压性	责任认知、责任行为；对压力的应对	4	4	0	0

（续上表）

课程类别	考分占比	知识领域	知识单元	课程要点	题型分布			
					试题总数	单选	多选	判断
专业知识	45%	国际贸易基础（19分）	外贸流程	国际贸易基础流程、国际支付、国际物流	4	2	1	1
			外贸术语及单证实务	与主要贸易国家的外语交流能力，术语和单证	3	1	1	1
			客户开发和跟进的基本方法	主要国家的重要风俗和礼仪，海外客户开发的主要方法	3	1	1	1
		跨境电商平台认知（15分）	跨境电商平台的认知	B2B、B2C 概念及区别，跨境电商平台框架	5	3	1	1
				国际站前后台认知、角色及对应主要模块、功能和逻辑	4	2	1	1
		跨境网络推广（7分）	网站基础规则及安全	知识产权、禁限售规则、反欺诈、贸易常见风险	3	2	1	0
			推广能力	产品宣传、公司介绍、开发信	1	1	0	0
		营销基础能力（4分）	订单转化能力	询盘处理、RFQ 回复、报价单	2	2	0	0
			谷歌等搜索引擎推广	SEO 概念、逻辑、基本操作	0	0	0	0
			基础社交工具的使用	Skype、Facebook 基本使用	2	2	0	0
实操能力	40%	平台运营能力（25分）	平台基础建设	建站管理、旺铺装修、图片处理、产品发布等	4	0	0	0
			平台效果提升	橱窗、P4P 推广（添加关键词、产品、报价）等				
		订单转化能力（15分）	询盘处理	RFQ 查询、报价及回复，询盘报价及跟踪等				
			信保及一达通的使用	信保订单起草、一达通基本操作等				
备注：共计4道实操题难：20分（1道）中：10分（1道）易：5分（2道）					46	31	6	5

五、跨境电子商务师（三级）认证费用说明

认证采取考培分离的方式，180 元/人为认证考核的费用，与培训及提供培训的单位无关，报名时直接在认证平台在线缴纳。考试实行指定考点、专人监考的形式，严格监控考试过程，确保考试结果真实客观反映出考生真实水平。考核通过的学生将获得中国跨境电子商务师（三级）证书。

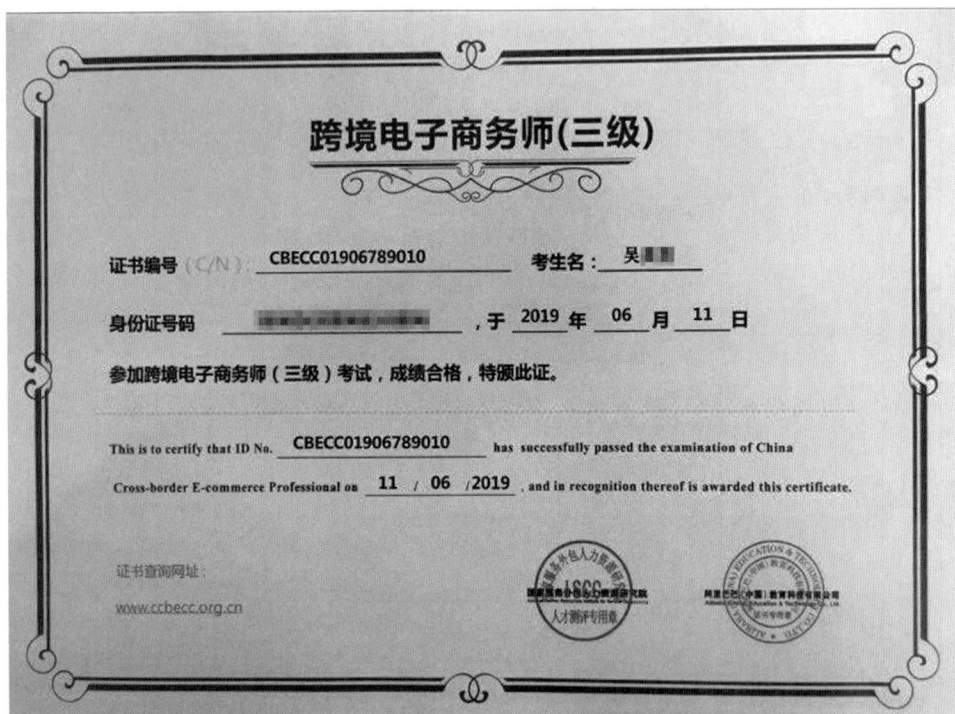

图 1-7　跨境电子商务师（三级）证书样板

【课堂讨论】

1. 跨境电商从业人员可考取的资格证书有哪些？

2. 跨境电子商务师（三级）认证主要考核内容是哪三个模块？分别占比多少？

跨境电商从业人员职业素质小测

单选题

1. 你正在为另外一个团队的同事处理一些文书工作。这份文书的工作量很大，需要你用一周的时间才能完成。三天后，那位同事就开始变得没有耐心，认为你的工作太慢了。这种情况下，你认为最有效的做法是（　　　）。

A. 告诉这位同事他应该与你的团队领导沟通一下，确认文书工作是否存在优先级

的问题。

　　B. 跟这位同事道歉并尽快完成文书工作。

　　C. 请这位同事不要对你做出粗鲁的评论。

　　D. 告诉这位同事你在按照标准的工作流程工作，这是处理这种文书的标准时间。

　　2. 在每周的员工例会上，你的一位同事时不时地打断讨论并谈论自己的新房子，而他的打断使得会议没有按时结束。这种情况下，你认为最有效的做法是(　　　　)。

　　A. 与这位同事沟通，并要求他不要在会议中讨论自己的私事，因为这会影响会议。

　　B. 将这位同事的行为告诉主管。

　　C. 与这位同事对峙，并大声告诉他没人关心他的私事。

　　D. 忽略这位同事，并尽量在他不能参加会议的时候组织会议。

　　3. 你的一位同事请你帮忙处理一份文件。她告诉了你处理文件的方法，让你照着做，但是你认为你的方法更有效且节省时间。这种情况下，你认为最有效的做法是(　　　　)。

　　A. 按照自己的方法做，完成之后再告诉她，自己的处理方法更有效。

　　B. 按照同事要求的方法做，但是告诉她以后可以改进一下。

　　C. 开始工作之前，与同事讨论一下并确认是否可以使用你的方法。

　　D. 按照同事的方法处理文件，相信她的经验。

　　4. 你是一家公司的实习生。你最近加入了一个国际项目，这个项目要寻找进入市场的新渠道。在一次电话会议上，你发现你很难理解一位同事说的话。这位同事跟你一样也是实习生，并且你跟她在几次会议上都见过面，你们相处得很好，但是当她紧张的时候她的语调会升高并且语速加快。此时你和项目主管以及其他几位同事在一间会议室，你的同事也发现很难听懂她在说什么。这种情况下你认为最有效的做法是(　　　　)。

　　A. 当你的同事不说话时，给她发一条信息让她放慢语速，因为在会议室的一些人发现很难听懂她说话。

　　B. 会议结束后，将你的关心告诉项目主管，并且说你希望能跟这位同事聊聊，因为你跟她在一起工作过。

　　C. 稍后打电话给你的同事，问问她是如何知道这个项目的，并且有策略地提出你不能听懂她所说的话，礼貌地建议她语速再慢点会更好。

　　D. 电话会议结束后，告诉会议室的同事，建议他们对比一下会议记录以确保他们对她真正说的内容理解一致。

　　5. 你加入了一个新团队，团队领导通知每位成员将要实施一个新系统。你发现自从通知发布后，一些同事看起来很苦恼，他们告诉你因为习惯了使用旧系统，实施新系统还需要再学习。这种情况下，你认为最有效的做法是（　　　　）。

　　A. 新系统实施后，与你的同事们分享你的经验和所学，帮助他们使用系统。

　　B. 集中精力使自己熟悉目前的系统，为新系统的实施做好准备。

　　C. 告诉你的团队领导，同事们对于新系统实施可能存在的顾虑。

　　D. 告诉你的团队领导，同事们已经习惯使用旧系统，不要实施新系统。

　　6. 你正在处理一项重要的任务，并且需要对操作方法做出策略性的决定，做这个决定不是你的责任，而是部门领导的责任，但是你的部门领导非常忙，很难顾及事情的优先顺序。这是第三次你请他做决定，但是他没有回复。为了继续你的工作，你需要知道他的决定是什么，最有效的做法是（ ）。

A. 你已经受够了，直接去找部门领导的上司，以便得到一个能使你继续进行工作的回复。

B. 你请你的部门领导留出一点时间，方便你们一起看看这个问题该怎么推进。

C. 你通过邮件提醒你的部门领导，并把这封邮件抄送给他的上司。

D. 你决定不考虑他的看法，最近你解决了一个类似的问题，所以你会按相同的方法解决。

7. 所有能干的管理人员都关心下属的福利，所有关心下属福利的管理人员在满足个人需求方面都很开明；在满足个人需求方面不开明的所有管理人员不是能干的管理人员。由此可以推出（ ）。

A. 不能干的管理人员关心下属的福利。

B. 有些能干的管理人员在满足个人需求方面不开明。

C. 不能干的管理人员在满足个人需求方面开明。

D. 所有能干的管理人员在满足个人需求方面开明。

8. 甲、乙、丙、丁四个百米运动员赛跑，一共赛了四次。其中甲比乙快的有三次，乙比丙快的有三次，丙比丁快的有三次。根据上述条件，可以推断（ ）。

A. 丁比甲快的次数可能有三次。

B. 丁至少有三次跑在最后。

C. 丁四次都跑在最后。

D. 丁至少有两次跑在最后。

9. 你是一家公司分支机构的实习生，你的经理让你思考一下提升分支机构业务发展机会的建议。最近大家提议了一项解决方案，但分支机构的助理应用这个方案与客户沟通时，业务基本都没谈成。其他分支机构在应用此方案上看起来很成功。你所在分支机构的团队已针对此方案进行了培训，并且对这种方案的销售负有直接责任。你该如何做？最有效的做法是（ ）。

A. 为所在分支机构的员工再提供一次这种解决方案的简介。

B. 向你的经理建议，在附近的酒店安排一个关于主要地区业务发展的免费会议。

C. 与应用成功的分支机构沟通，问问他们是如何应用此方案并做到这么成功的。

10. 为了准确完成工作，你需要使用一个新的计算机程序，但在使用时你遇到了困难。这时，你会怎样处理这种情况，最有效的做法是（ ）。

A. 找一位有经验的同事了解信息，通过学习使用手册来学会如何使用这个程序。

B. 跟同事抱怨这个新的计算机程序，并询问他们在使用时是否也遇到过麻烦。

C. 申请另外一项不需要使用这个计算机程序的工作任务。

D. 因为你对这个计算机程序不熟悉，所以跳过那些需要使用这个计算机程序的工作。

11. 公司刚换了一个更有效的客户关系管理软件（CRM），新的 CRM 软件提供了许多优势，但一些同事向经理抱怨新的软件很难学。你是最擅长使用新软件的员工之一，他们已经向你询问过如何能够使用这个软件。这种情况下，你认为最有效的做法是（　　）。

A. 建议举办一些开放的讲习班，支持需要帮助的员工使用CRM。建议写一份针对CRM用户的内部指导手册，分享给现在的员工和以后的员工。

B. 建议公司换回原来的CRM软件，并且以后避免寻找新的CRM软件。

C. 建议未来雇用一些精通计算机和有能力学习新软件的人。

D. 建议给员工两个月的时间学习软件，如果他们还不会使用就叫他们离开。

12. 你所在部门的一位同事比其他同事收到更多的客户感谢信，感谢他的优秀服务，部门经理也经常表扬他。有一天你听到他在电话中说："如果你真的喜欢我的服务，你应该告诉我的总监，他的名字是……"这时，你认为最有效的做法是（　　）。

A. 把你听到的告诉你的总监。

B. 告诉你的这位同事他的做法是不符合职业道德的。

C. 不做任何事情。

D. 你以后也这样做。

E. 祝贺你的同事，因为很明显他为客户提供了良好的服务。

13. 你现有的工作量很大，你的团队领导又让你尽快完成一份复杂的文件。同时，一位最近加入团队的同事正在等着分配任务。这种情况下，你认为最有效的行动是（　　）。

A. 分给你的同事一些工作，这样他可以帮助你完成这项任务。

B. 尽量独立完成这份工作，如果需要的话加班完成。

C. 让领导分配一些工作给其他同事来尽快完成这个复杂的任务。

D. 跟领导讨论这份工作，请示他是否可以让刚加入的同事帮忙。

14. 你的任务是设置一些新的软件，让你的12名同事掌握它并且每天都使用。你们团队没人能理解为什么要换新的软件，因为旧软件现在很好用。这种情况下，你认为最有效的做法是（　　）。

A. 你决定找出阻碍系统变更的障碍，并且设置一个变更管理进程，解决同事使用新软件会担心的问题。

B. 你很吃惊听到这么多质疑新软件的，因为新软件可以简化任务和缩短程序。你决定开一个会，会上每个人可以自由表达自己的看法，最终是为了工作。

C. 你解释说你也觉得旧软件更好用，但是不能质疑上级的命令。

D. 你解释说我们的上级有途径获取我们没有的信息，并且他们肯定是对的，这种变化对部门来说是好事，和谐的工作可以使我们变得更好。

15. 你在一家非常繁忙的店里做管理实习生。你收到总部一个电话，说你附近的一家店大量员工请假。总部问你能否抽出至少半天的时间管理一下附近的店，因为这里的店长请病假了，副店长休假了。而你今天有大量的文书工作，还有几个内部会议要参加。这种情况下，你认为最有效的做法是（　　）。

A. 建议总部给你半个小时的时间重新计划一下你今天的工作，并承诺尽快回复他们。

B. 解释一下你的情况，并问打电话给你的人，总部将如何对今天的工作做优先级安排。

C. 同意花费半天的时间帮助那个店，并把文书的工作带着。

D. 给附近其他店打电话，看看是否有另外一位经理能够支持一下这家需要帮助的店，因为你今天真的太忙了。

单元自测

一、判断题

1. 一般我们指的跨境电商是指广义的跨境电商，不仅包括 B2B，而且包括 B2C 部分；不仅包括跨境电商 B2B 中通过跨境交易平台实现线上成交的部分，而且包括跨境电商 B2B 中通过互联网渠道线上进行交易撮合线下实现成交的部分。（　　　）

2. 跨境电商交易环节复杂（生产商—贸易商—进口商—批发商—零售商—消费者），涉及中间商众多。（　　　）

3. 跨境电商缩短了对外贸易的中间环节，提升了进出口贸易的效率，为小微企业提供了新的机会。（　　　）

4. 阿里巴巴旗下一达通是跨境电子商务第三方外贸服务平台企业。（　　　）

5. 目前跨境电商人才供应很充裕。（　　　）

6. 熟练运用外语和客户交流是无论哪个层次的跨境电商人员都需要具备的能力。（　　　）

7. 当前物流已经不是制约跨境电商发展的问题。（　　　）

8. 跨境电商人员除了需要一个灵活的头脑，还需要强大的内心去承担未知的风险。（　　　）

9. 如果想改变自己，一定要先从思想上开始改变，这样的说法正确吗？（　　　）

二、单选题

10. （　　　）在整个跨境电子商务中的比重最大，约占整个电子商务出口的 90%。（　　　）虽只占跨境电子商务总量的 10% 左右，却是增长最为迅速的部分。

A. B2B，B2C　　　　　　　B. B2C，B2B

11. 确定付款时间和交货地点是哪个岗位的职责？（　　　）

A. 建站与后台维护　　　　　　　B. 询盘转换订单

C. 订单操作与单证　　　　　　　D. 生产安排与跟单管理

三、多选题

12. 和传统国际贸易相比，跨境电子商务呈现出传统国际贸易所不具备的（　　　）特征。

A. 多边化　　　　B. 小批量　　　　C. 高频度　　　　D. 透明化

E. 数字化

13. 为什么要做跨境电商？（　　　）

A. 有利于传统外贸企业转型升级　　　　B. 缩短了对外贸易的中间环节

C. 为小微企业提供了新的机会　　　　　D. 促进产业结构升级

E. 有利于中国制造应对全球贸易新格局

14. 跨境电商参与主体有哪些？（　　　）

A. 通过第三方平台进行跨境电商经营的企业和个人

B. 跨境电子商务的第三方平台

C. 物流企业

D. 支付企业

15. 以下哪些是跨境电商人员需要具备的素质？（　　　）

A. 了解海外客户网络购物的消费理念和文化

B. 了解相关国家知识产权和法律知识

C. 熟悉各大跨境电商平台不同的运营规则

D. 具备"当地化/本地化"思维

16. 跨境电商呈现以下发展趋势（　　　）。

A. 产业生态更为完善，各环节协同发展

B. 产品品类和销售市场更加多元化

C. B2C 占比提升，B2B 和 B2C 协同发展

D. 移动端成为跨境电商发展的重要推动力

17. 以下选项哪几个是跨境电商人员必须具备的能力？（　　　）

A. 外语交流　　　B. 外贸实务　　　C. 国际营销　　　D. 人文地理

E. 法律法规　　　F. 性格完善

18. 假如你是一名外贸业务员，当没有客户询盘、没有订单时，以下哪些做法是可取的？（　　　）

A. 通过努力提升自己来改变现状

B. 用积极的心态面对工作

C. 想办法找客户、找询盘、找订单

D. 抱怨老板、抱怨同事、抱怨公司

19. 关于如何实现目标，下列方法有效的是？（　　　）

A. 坚定信念　　　　　　　　　　　　　B. 全力以赴

C. 邀请身边的人见证自己的行动　　　　D. 奖励与惩罚

20. 关于如何设定自己的目标，以下描述正确的是？（　　　）

A. 想清楚为什么要做，并明确目标

B. 设定关键任务

C. 通过按时、定时等方法进行时间管理

D. 在设定的时间内检查关键任务的完成度

第二章 阿里巴巴国际站运营

【知识目标】

熟悉阿里巴巴国际站平台的基本架构及业务流程，掌握产品信息发布、产品信息管理、平台数据分析以及外贸直通车的基本知识及操作规则和技巧。

【技能目标】

学会阿里巴巴国际站账户注册流程，熟练运用所学知识进行产品信息发布、产品信息管理和平台数据分析；学会操作外贸直通车和阿里巴巴站外平台。

2.1 国际站基础认知

2.1.1 国际站前台

【课前思考】

比较跨境 B2B 平台阿里巴巴国际站与国内电商平台异同。

一、什么是阿里巴巴国际站

阿里巴巴国际站是一个跨境电商平台，是一个全球企业间电子商务贸易平台（B2B，"企业间"指供应商与经销商、代理商、批发商等之间以企业名义进行采购合作）；同时也是一个国际性推广平台，帮助中小企业向海外买家展示、推广企业和产品。

跟我们国内的购物平台很相似，卖家把产品展示在平台上，买家则到该平台搜索产品。下图为阿里巴巴国际站的搜索页面展示：

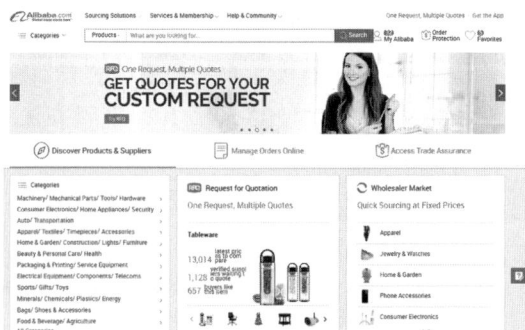

图 2-1 阿里巴巴国际站搜索页面[①]

---

① 本章图片来源于阿里巴巴国际站。

二、阿里巴巴国际站平台基本架构

打开浏览器后，输入网址 https：//www. alibaba. com，即进入阿里巴巴国际站前台界面。

图2-2 阿里巴巴国际站前台界面

三、如何登录国际站

可以通过以下三种不同的途径登录阿里巴巴国际站账号。

方式一：在浏览器的网址输入框输入网址 https：//www. alibaba. com，单击右上角"Sign in"或者右上角的"My Alibaba"，输入账号、密码即可登录。

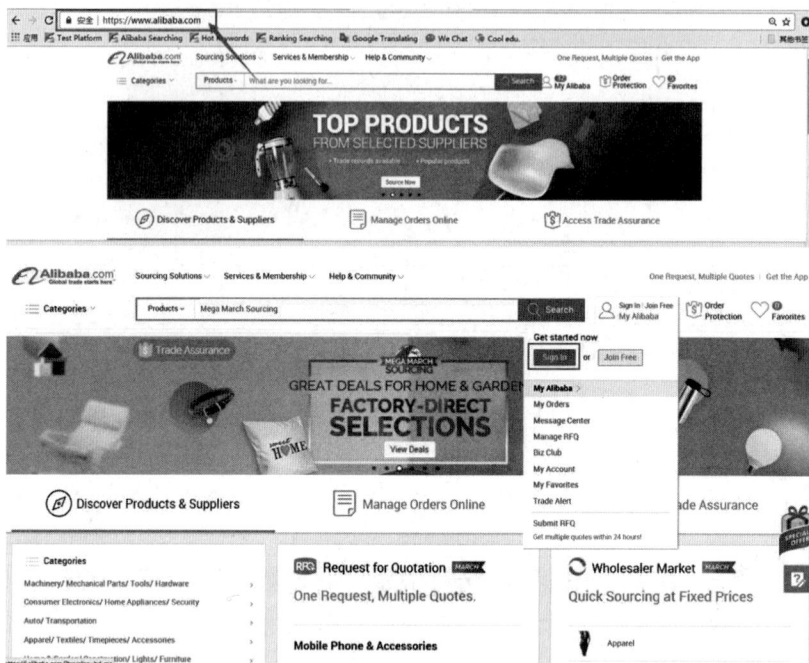

图 2 - 3　阿里巴巴国际站登录界面

方式二：直接输入网址 sh. vip. alibaba. com 或者输入 login. alibaba. com，输入账号、密码，点击登录即可。

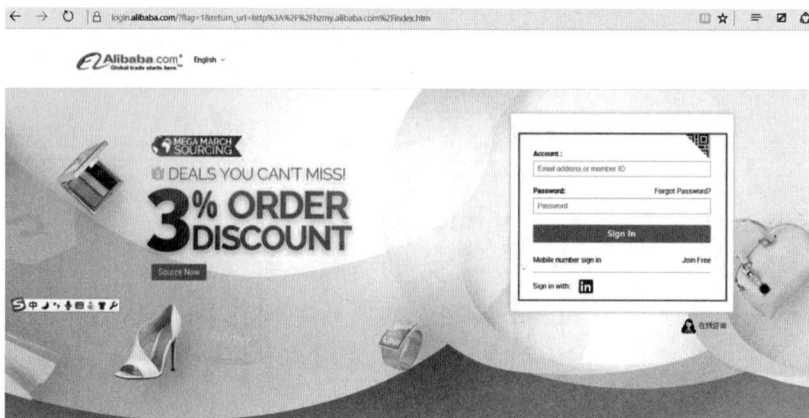

图 2 - 4　国际站账号登录界面

方式三：通过千牛工作台——国际站客户端登录，分别有手机端和电脑端，需要先下载。下载途径见官方下载页面：https：//good. alibaba. com/qianniu_ alibaba_ lp. html。

图2-5　千牛工作台下载界面

电脑端：下载完成后，安装客户端，输入对应的账号、密码即可登录。（注意："身份"要选对阿里巴巴国际站）

图2-6　千牛客户端登录界面

客户端口登录后的界面如下所示，点击图中左侧图标则可以进入阿里巴巴国际站后台。

图2-7　千牛客户端登录后界面

【课后作业】

请根据所学内容，结合网站实操，写出阿里巴巴国际站平台前台的构成部分，并截图说明，以PPT格式上交。要求：①解析首页界面的构成；②举例解析产品界面的构成（选取一个产品为例）；③解析公司网页界面的构成（选取一个公司为例）。

2.1.2　国际站后台

国际站后台（My Alibaba）就像一个功能强大而全面的操作系统，所有跟国际站相关的功能入口都集中于此，其功能包括产品发布与管理、橱窗产品管理、网站数据查看等。

下面以酷校实训平台同步后台为参考，使用旧版界面进行解析（当前实训平台界面为金品诚企后台界面）。图片均来源于酷校平台。

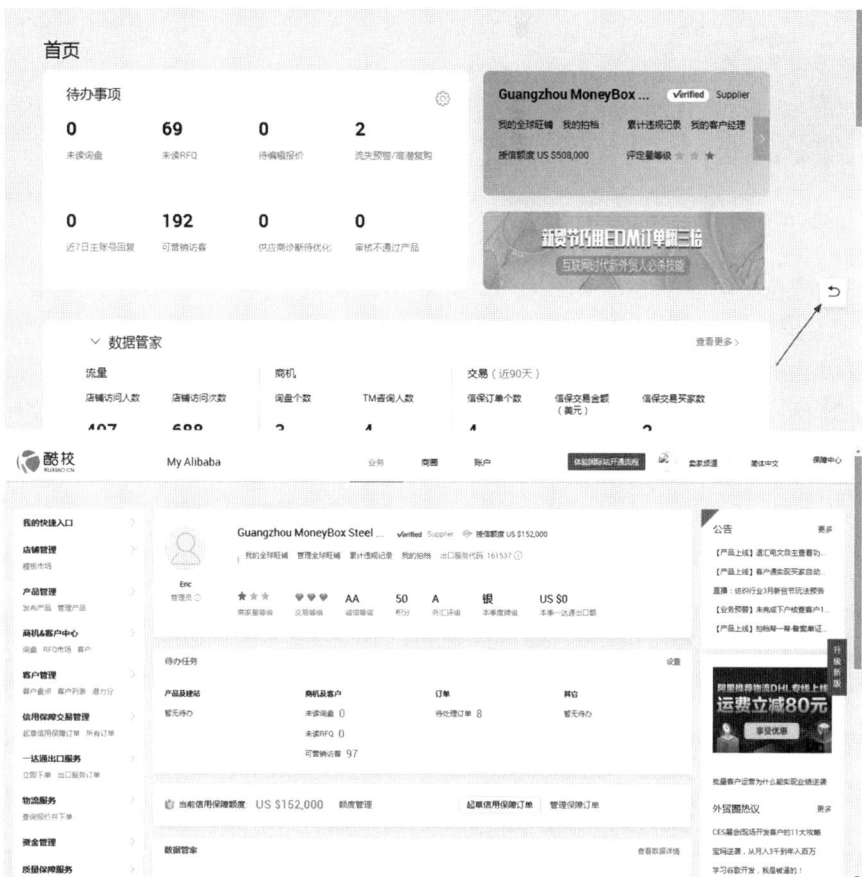

图 2-8　阿里巴巴国际站后台界面

企业用户注册登录后可进入阿里巴巴国际站后台。下面对后台功能版块进行解析。

一、顶部菜单栏

图 2-9　国际站后台顶部菜单栏

左侧区域是阿里巴巴国际站首页热点链接，单击 Alibaba.com（Logo）区域可以跳转至阿里巴巴国际站首页。

图 2 - 10　国际站首页热点链接

右侧区域包括消息中心、卖家频道、界面语言设置及信用保障介绍页菜单。将鼠标移动至右侧区域头像位置可以看到账号中心、退出按钮，还有消息中心弹出菜单，包括待处理订单、未读询盘、未读人脉等。其中卖家频道主要包括服务中心、外贸圈、采购直达等子菜单，常用功能主要有外贸学院、外贸圈等，供应商可以进入对应版块进行拓展学习。

账户中心菜单则可以对账号进行设置，包括子账号管理等操作。

图 2 - 11　后台业务界面

图 2 - 12　后台账号界面

二、左侧业务管理菜单栏

My Alibaba 后台所有与业务相关的功能均集成在左侧业务管理菜单中，包括"店铺管理""产品管理""商机 & 客户中心""客户管理""信用保障交易管理""一达通出口服务""物流服务""资金管理""数据管家""营销中心"和"我的外贸服务"等多个版块。

1. 快捷入口

"我的快捷入口"中默认的菜单有询盘、RFQ 市场、我的效果等，可以单击右侧的"添加/设置"来对快捷入口菜单进行管理。

备注：可点击"添加/设置"快速设置快捷菜单入口，最多 10 个。

图 2 – 13　后台快捷入口界面

2. 店铺管理

店铺管理菜单栏可以对自己的全球旺铺和无线旺铺进行管理，如装修优化等。

图 2 - 14　店铺管理菜单栏

3. 产品管理

产品管理菜单栏可以发布产品和管理产品，是后台最常用的版块之一。

图 2 - 15　产品管理菜单栏

4. 商机 & 客户中心

每天上班的第一件事就是查看是否有新询盘，然后对询盘进行分析及回复。

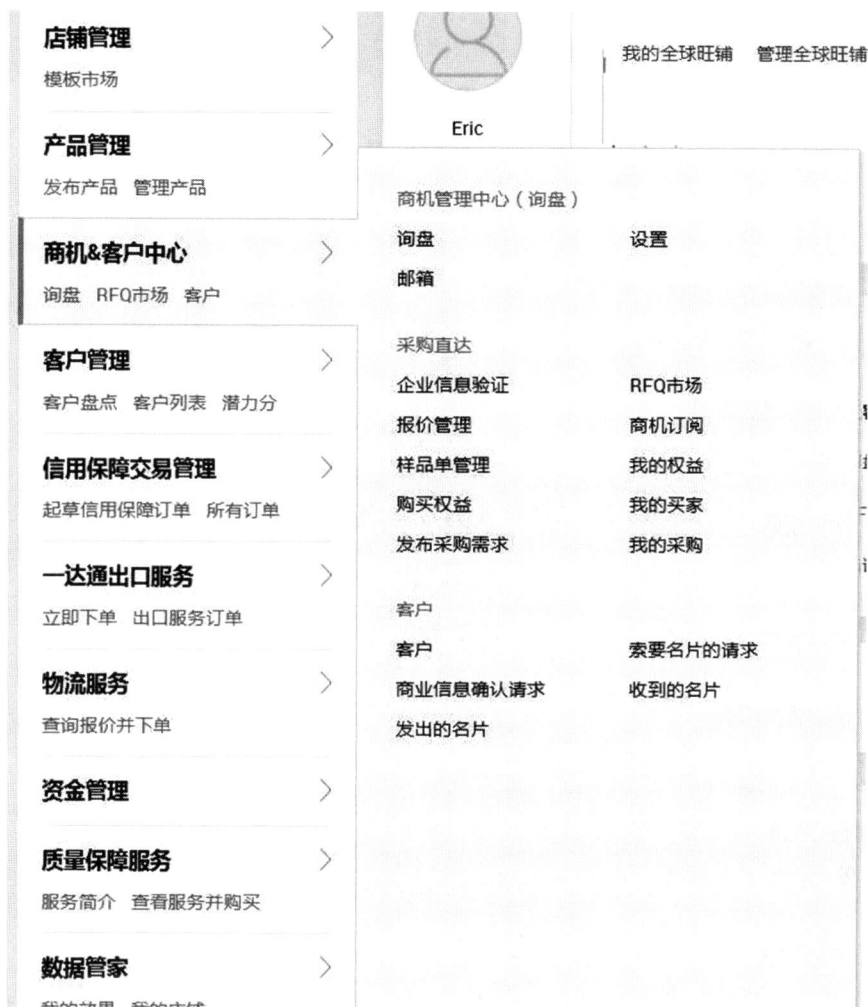

图 2 - 16　商机 & 客户中心菜单栏

5. 客户管理

客户管理菜单栏可对自己的客户进行盘点，维护优质客户，争取潜在客户。

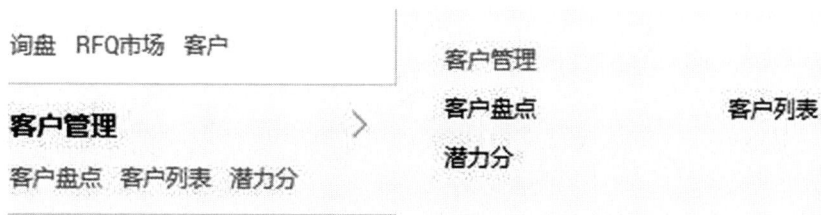

图 2 - 17　客户管理菜单栏

6. 信用保障交易管理

起草信用保障订单并对其进行管理。

商机&客户中心 〉
询盘　RFQ市场　客户

客户管理 〉
客户盘点　客户列表　潜力分

待办任务

信用保障交易管理 〉
起草信用保障订单　所有订单

订单管理
起草信用保障订单　　　　所有订单
评价管理　　　　　　　　退款管理
运费模板　　　　　　　　订单回收站

一达通出口服务 〉
立即下单　出口服务订单

信用保障服务
信用保障服务介绍　　　　额度管理
生产跟进服务

物流服务 〉
查询报价并下单

增值服务
备货融资　　　　　　　　尾款保障服务

资金管理 〉

质量保障服务 〉
服务简介　查看服务并购买

数据管家 〉
我的效果　我的店铺

营销中心 〉
粉丝通　折扣营销　优惠券

图 2 - 18　信用保障交易管理菜单栏

7. 一达通出口服务

国际站以集约化的方式，为外贸企业提供快捷、低成本的通关、外汇、退税及配套的物流、金融服务，以电子商务的手段，解决外贸企业的服务难题。

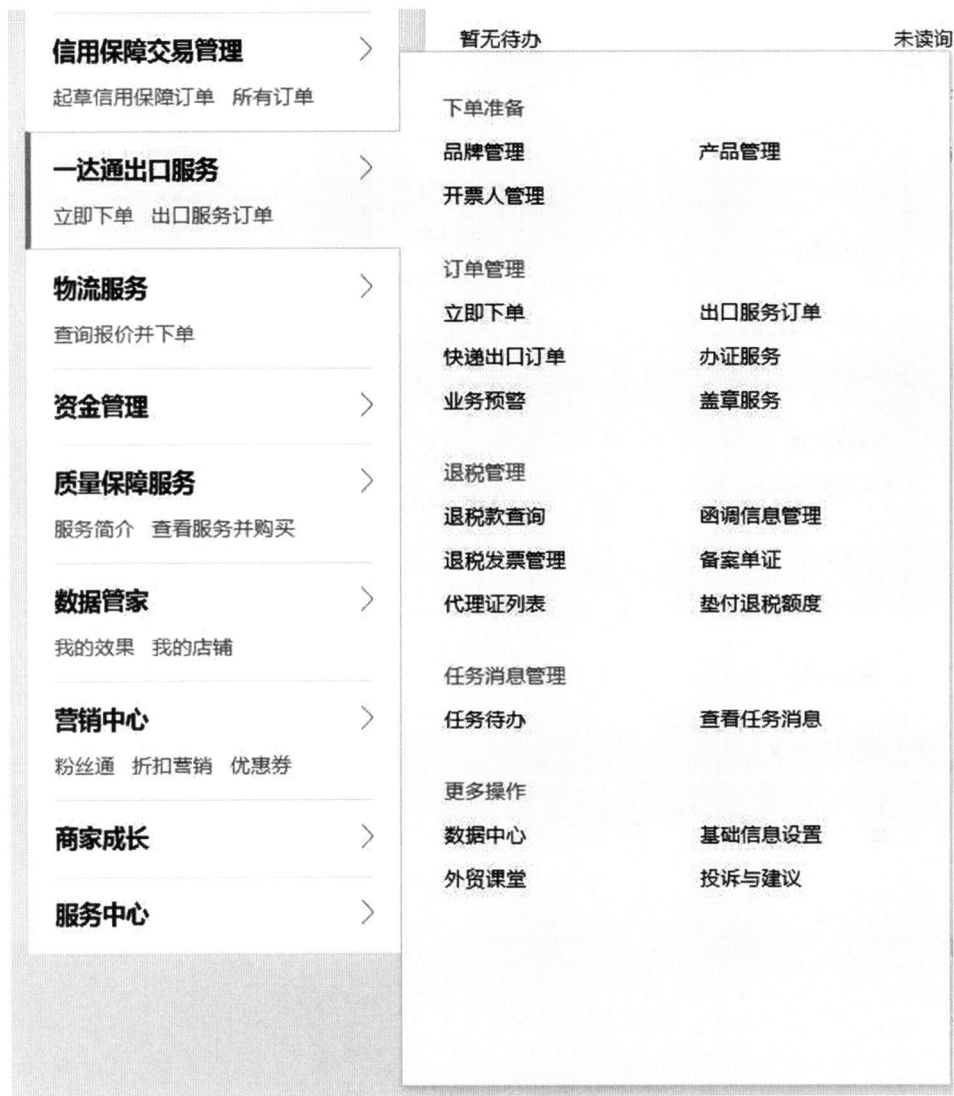

图 2 - 19　一达通出口服务菜单栏

8. 物流服务

可以查询物流报价并下单。

图 2-20 物流服务菜单栏

9. 资金管理

管理资金账户、收款结汇、提现/转账、发票申请等。

物流服务 >
查询报价并下单

资金管理 >

质量保障服务 >
服务简介　查看服务并购买

数据管家 >
我的效果　我的店铺

营销中心 >
粉丝通　折扣营销　优惠券

商家成长 >

服务中心 >

资金管理
资金账户总览　　　外汇关联/申报
外汇到账列表　　　结汇
退汇　　　　　　　外汇评级
缴费　　　　　　　提现/转账
提现记录　　　　　对账单/资金明细

账号&结算设置
信保T/T收汇账号　一达通外汇子账号
自主出口提现账号　一达通提现账号
充值账号　　　　　支付宝国际账号
结汇方式　　　　　结算联系人设置

发票管理
发票申请　　　　　发票申请记录

增值服务
锁汇保

金融服务
我的金融服务　　　超级信用证
网商贷

图 2-21　资金管理菜单栏

10. 数据管家

常用"知己"版块。此版块可每天观察店铺的运营情况，从变化的数据分析后台情况，针对问题找出解决问题的对策；同时也可以在"知买家"版块对平台的访客进行营销推广。

图 2-22　数据管家菜单栏

11. 营销中心

营销推广模块，可以设置外贸直通车、顶级展位、橱窗，并报名参加平台的营销活动。

图 2－23　营销中心菜单栏

其他业务菜单的二级菜单可自行登录 My Alibaba 后台查看。

三、后台页面中间区域

1. 商家整体情况说明

该界面可以看到商家星等级、交易等级、诚信等级等情况。

图 2－24　商家整体情况说明界面

2. 待办任务栏

供应商信息下方待办事项栏中展示待处理订单、未读人脉请求等事项，不同事项下方的数字则表示对应事项有多少条记录待处理，如"未读 RFQ"，表示目前有多少条未读信息。其中待办事项后的数字最多显示到99，如果超出 99 个事项要处理则会显示为"99＋"。单击右侧"设置"按钮可以对待办事项栏进行个性化设置。

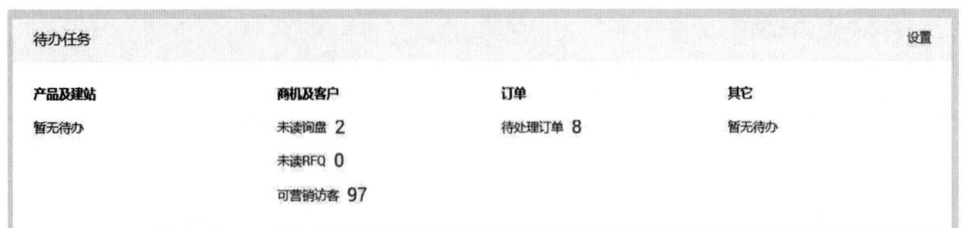

图 2－25　待办任务菜单栏

3. 信用保障

信用保障菜单栏下可以快速起草信用保障订单及管理信保订单；可以查看当前的信用保障额度和信用保障交易排名；还可以在下方获取信用保障标识代码，用于在独立企业网站上展示，增强企业网站可信度。

图 2－26　信用保障菜单栏

4. 数据管家

数据管家菜单栏会展示网站的曝光数据，点击、反馈、RFQ、信保交易订单数等网站数据指标报表，报表中的数据均来源于数据管家，点击右上方"查看数据详情"按钮可以跳转到数据管家——我的效果界面。

数据管家 查看数据详情

流量（2019-01-09）	商机（2019-01-09）	交易（近半年）
曝光 **6178** 周同比 -31%	反馈 **4** 周同比 -20%	信保交易订单数 **4** +33%
点击 **169** 周同比 -23%	及时回复率 **95.8** 周同比 +4%	信保交易金额 **148349** +535%
访客 **277** 周同比 -14%	本月审核通过的RFQ报价量 **8** 月同比 +60%	一达通出口通关金额 **22240** 0%

商家星等级 查看更多

预测星等级 ★★☆	信息展示 ★★★	沟通服务 ★★★	交易转化 ★★☆	履约保障 ★★★
	优化建议 1 条	优化建议 5 条	优化建议 2 条	优化建议 2 条

图 2 - 27 数据管家菜单栏

5. 特色推荐

特色推荐菜单栏中会向供应商推荐采购直达（RFQ，买家采购需求）报价信息，单击右上方"查看更多商机"按钮可以跳转到采购直达首页。

特色推荐 海量免费商机，等您来报价 查看更多商机 ›

根据您发布过的产品或近期的报价词（如下）为您推荐RFQ。如果感到不准，前往订阅中心订阅 ✕

portable toilet	mobile portable toilet	portable public toilet	luxury portable toilet	portable chemical toilet

	wishart	正在求购	House Use converted container house	1 Sets	剩余报价席位:7
	Peisson	正在求购	House Use modular container house	50 Cubic Meter/Cubic Meters	剩余报价席位:6
	Calleja	正在求购	Steel Material and Hotel Use expandable container hou...	1 Sets	剩余报价席位:3
	Madan	正在求购	2 bedroom Flat Pack Container House Modular Prefab ...	2400 Pieces	剩余报价席位:2

图 2 - 28 特色推荐菜单栏

四、后台右侧区域

1. 公告

公告菜单栏可以查看国际站发布的最新公告。

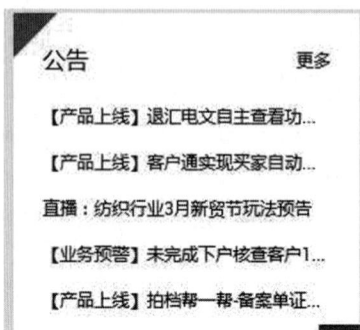

图 2-29　公告菜单栏

2. 外贸圈

"外贸圈"是阿里巴巴的外贸论坛（http：//waimaoquan.alibaba.com），以阿里巴巴产品、外贸、电子商务三大块内容为主，为供应商与供应商之间、供应商与阿里巴巴之间提供了一个互相沟通、交流学习的平台。My Alibaba 外贸圈版块中会推送外贸圈公告和热议话题等信息。

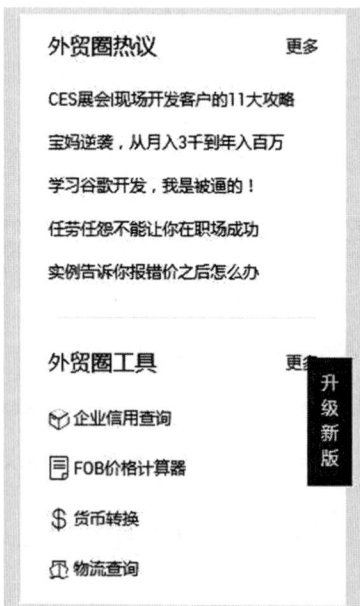

图 2-30　外贸圈版块

【课堂讨论】

1. 阿里巴巴国际站后台由哪些版块构成？
2. 阿里巴巴国际站后台各版块的功能分别是什么？
3. 阿里巴巴国际站数据统计时间是什么时候？

2.1.3 国际站流量

【课前思考】

什么是流量、曝光量、点击量、反馈量？

我们在平台里常见到有"流量"内容的界面如下：

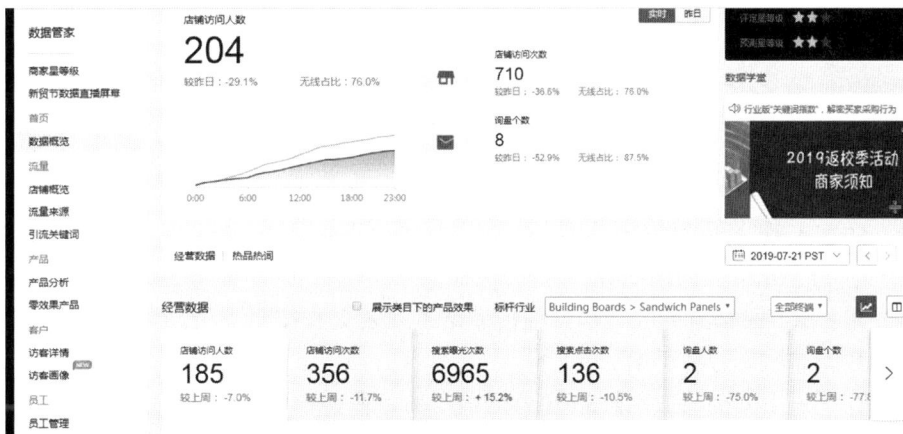

图2-31　数据概览界面

图2-32　店铺概览界面

<table>
<tr><td>流量来源</td><td>店铺切换 ∨</td><td></td><td></td><td></td><td></td><td></td><td></td><td>过滤中国流量 ●</td></tr>
</table>

2020-05-04 PST ∨ < >

流量来源

流量来源	店铺访问人数 ?		店铺询盘人数 ?		店铺TM咨询人数 ?		店铺转化率 ?		操作
首页	15	↑25%	2	0%	0	0%	13.3%	0%	趋势
搜索	138	↑36.63%	2	↑100%	0	0%	1.5%	↑46.46%	趋势
搜索金品诚企	1	0%	0	0%	0	0%	0.0%	0%	趋势
优商专区	0	0%	0	0%	0	0%	0.0%	0%	趋势
粉丝通	2	0%	0	0%	0	0%	0.0%	0%	趋势
Weekly Deals	0	0%	0	0%	0	0%	0.0%	0%	趋势

图 2-33　流量来源界面

　　国际站流量是一种通用说法。一般来说，国际站流量包含平台的曝光量、点击量、反馈量、访客人数等数据统计。

　　（1）何为曝光量，如何统计。

　　曝光量：指产品信息或公司信息在搜索结果列表页和按照类目浏览列表页中被买家看到的次数，如图 2-34 所示。

　　例如：买家用关键词去国际站首页搜索产品，在搜索结果里面，正面展示 43 个商品（或供应商），右侧展示 10 个商品。若买家停留在该页面上下浏览，则此页面上出现的所有产品（或供应商）分别计一次曝光。

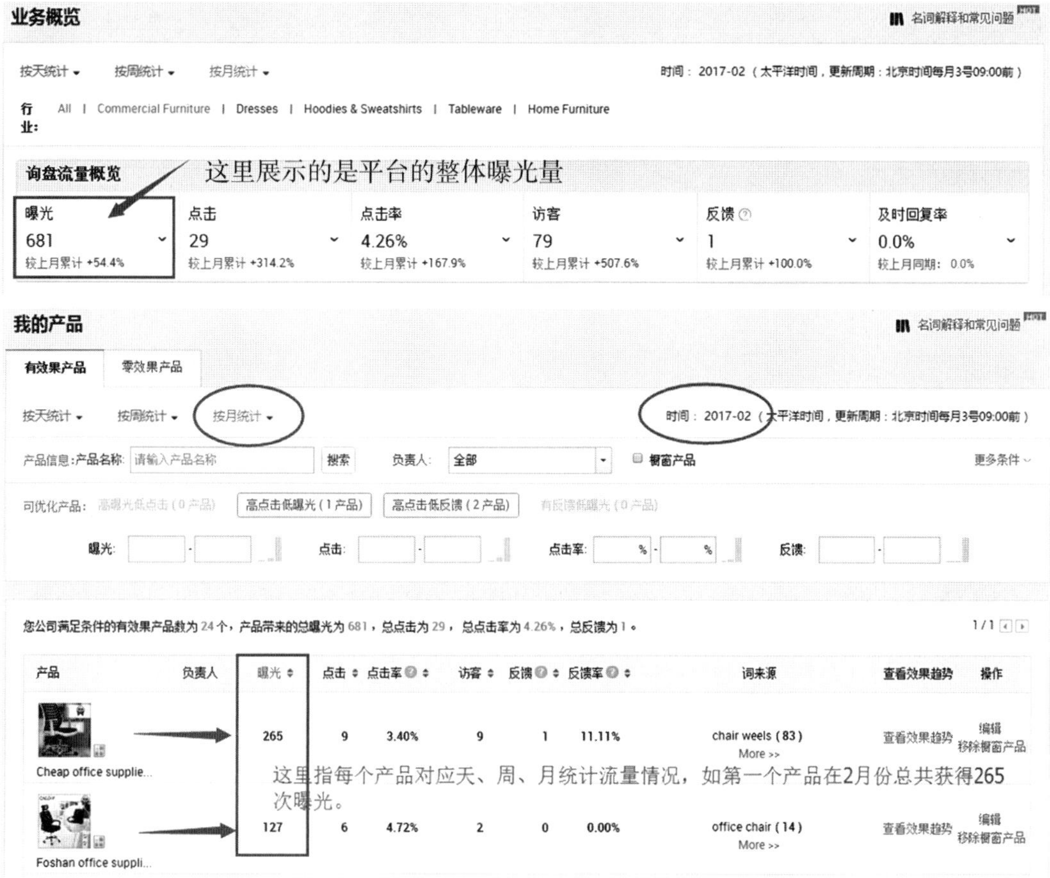

图 2-34　曝光量界面

（2）何为点击量，如何统计。

点击量：展示在搜索结果页面的产品信息中，被买家看到并点击查看产品的次数，即计算为点击量。

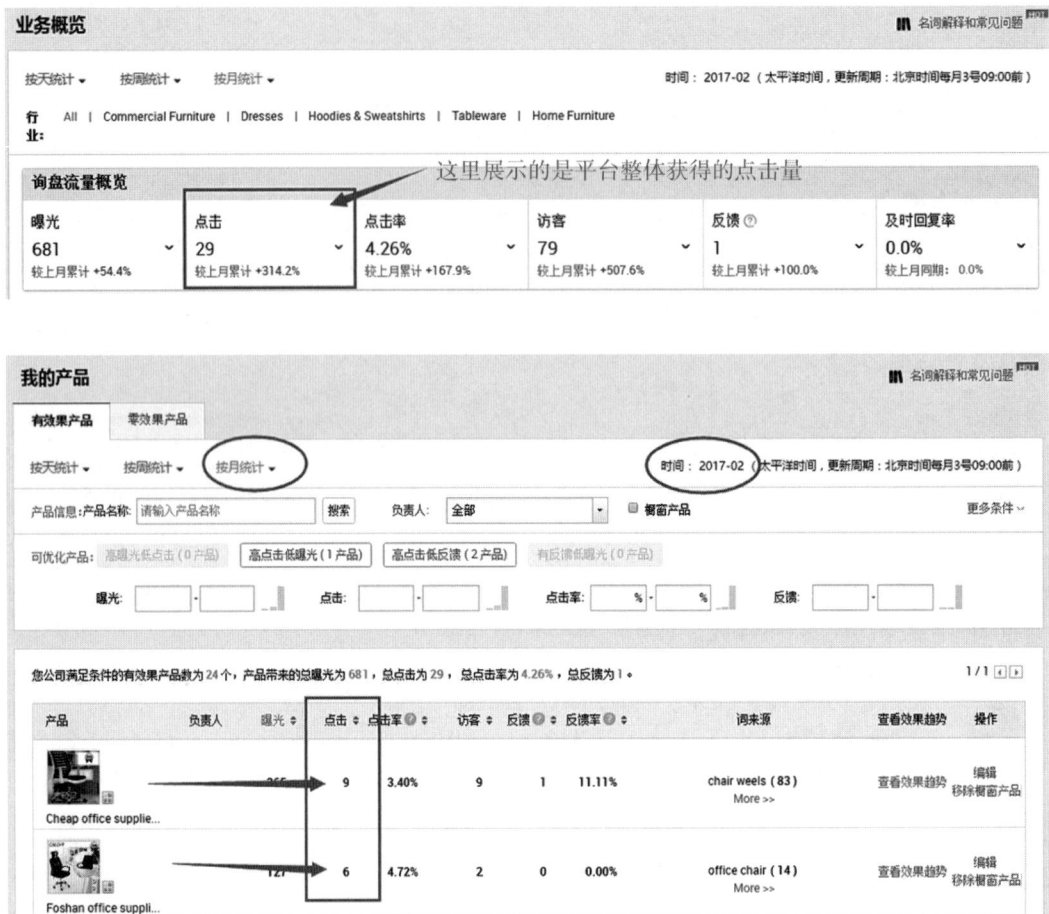

图 2-35 点击量界面

（3）何为反馈量，如何统计。

反馈量：指买家针对产品信息和公司信息发送的有效询盘数量。"反馈量"又叫询盘量、询盘数等，一般以邮件的形式发送给供应商，并同步到国际站后台数据。反馈量具体包括以下两个方面：

第一，买家进行搜索后，对产品信息和公司信息发送的有效询盘。

第二，买家保留了网页，或通过外部的搜索引擎等推广找到公司或产品，直接发送的有效询盘（此时不记录曝光、点击量）。

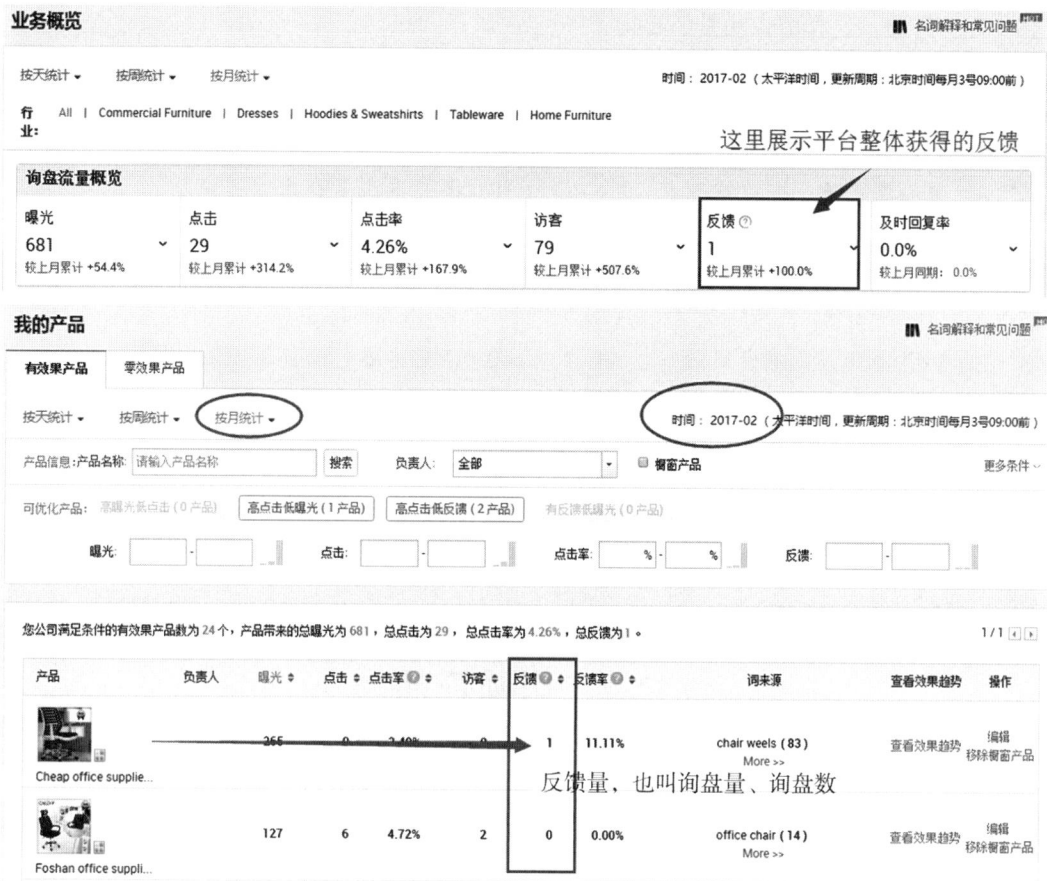

图 2 - 36　反馈量界面

【课堂讨论】

1. 如何查询曝光量、点击量、反馈量？

2. 什么是曝光量？曝光量的来源端口有哪些？

3. 什么是反馈量？反馈量如何计算？

理论自测

一、判断题

1. 阿里巴巴国际站平台可以为在阿里巴巴国际站平台上做外贸的用户带来流量，这样的说法是否正确？

2. 阿里巴巴国际站平台是目前中国在线国际贸易平台中流量最高的平台，这样的说法是否正确？

3. 我们可以通过阿里巴巴国际站平台获得询盘并最终转化为订单，这样的说法是否正确？

4. 阿里巴巴国际站平台会通过向外推广增加自身平台流量，进而为平台上的客户引来更多流量，这样的说法是否正确？

5. 通过关注并研究提升转化率，可以促进工作效率的提升，这样的说法是否正确？

二、选择题（可多选）

6. 在阿里巴巴国际站平台做外贸需要做哪几件事？（　　　）

A. 增加曝光量让客户找到你　　　　　B. 提升点击量让客户了解你

C. 增加询盘量让客户"爱"上你　　　　D. 增加订单量把客户"娶"回家

7. 在阿里巴巴国际站平台上进行产品详细描述时，文案设计可以从以下哪几个方面入手？（　　　）

A. 吸引注意力、激发兴趣　　　　　　B. 产品专业性介绍

C. 建立信任感　　　　　　　　　　　D. 解除抗拒点

8. 以下哪些是大多数外贸企业主的困惑？（　　　）

A. 推广方法　　　B. 业务员执行　　　C. 管理者监督　　　D. 统计分析

9. 以下哪个渠道可以查看客户的来访记录？（　　　）

A. 访客详情　　　B. 营销管理　　　C. 我的效果　　　D. RFQ 商机

2.2　店铺管理

2.2.1　国际站开通

【课前思考】

1. 阿里巴巴国际站账户的开通条件。

2. 在阿里巴巴国际站免费注册完成后，就可以在阿里巴巴国际站进行跨境电商业务操作了吗？

阿里巴巴国际站账户注册，是进行阿里巴巴国际站操作的一个重要条件。阿里巴巴账户注册从登录阿里巴巴国际站首页（https：//www.alibaba.com）开始，点击左上方的"Join in"，或者登录窗口的"免费注册"进入注册页面。具体注册步骤如下：

1. 完整填写注册用邮箱信息

图 2-37 账号注册界面

2. 进入注册用邮箱确认

图 2-38 邮箱确认界面

3. 完整填写注册账号信息

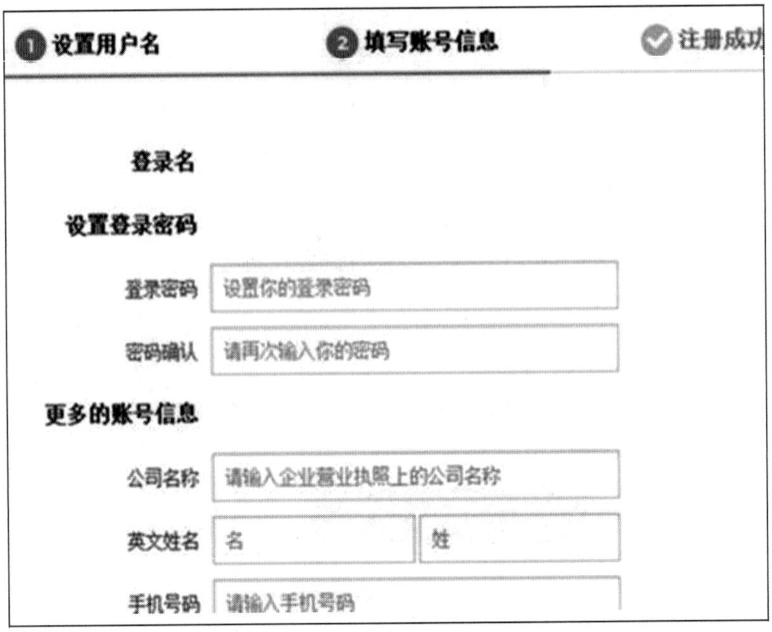

图 2 – 39　填写账号信息界面

4. 完成注册验证

图 2 – 40　完成注册验证界面

【实训练习】

　　请在酷校实训平台开通自己的国际站店铺。打开实训账号，在后台找到："管理公司信息"，根据附件提供的表格信息，对公司信息进行完善。可以自己设计公司名字，并在网上查找或者自己设计公司 Logo；可以自己确定公司的主营类目，后期实训将基于这个类目去进行产品发布、旺铺装修等。

图 2-41　完善公司信息界面

打开实训账号，找到管理公司信息版块，对公司信息进行完善。下面对公司信息进行解释，并说明填写要求。

一、基本信息

展示公司基本信息给买家，体现实力，要求全部填写完整。

1. 经营模式

（1）Manufacturer 生产商，自己生产产品。

（2）Trading Company 贸易商，没有工厂，从工厂进货销售。

（3）Buying Office 没有工厂，在中国设立的采购公司，客户要什么就帮他找什么。

一般就是这三种模式，根据喜好，请选择其中一种。

2. 公司名（公司对外英文名称）

请设计你的店铺名称，给你的店铺起个响当当的名称。

参考样例：Calo Furniture Company（公司名＋行业＋Co.，Ltd.）

3. 公司注册地（公司注册地区）

自拟。

4. 公司运营地址（办公地址）

自拟。

5. 主营业务

你的店铺是卖什么的。比如是卖手机配件的，产品有手机电池、充电宝、数据线、手机壳等，那就把这些产品名称写上去。

6. 更多的经营产品

如果上面的表格不够写，还有更多产品，可在此继续填写。

7. 注册年份（营业执照注册时间）

请填写：2007。

8. 公司员工

展示公司实力与规模，根据公司实际情况填写。

9. 公司网址

如果有公司官网，可以放上来，让客户了解公司更多信息。

请填写以下网址：http：//www. modernclassic. cn/。

10. 公司法人代表/企业主（营业执照上的公司法人）

请填写你的名字。

11. 办公面积

自拟。

12. 公司核心优势描述

假如你是手机配件生产商，请用三句话描述店铺的核心优势。

参考样例：第一句：公司名 Shenzhen CALO Furniture Co. , Ltd China.

第二句：主营产品 Professional Supplier for sofa.

第三句：公司优势 CALO Group with our own factory and more than 200 design of fashion sofa . You will find the one you are looking for in our company.

二、工厂信息

1. 工厂地址

自拟。

2. 工厂面积

自拟。

3. 加工贸易

是否提供加工贸易服务。

（1）OEM service offered：指买家将他自己的设计稿、形状要求等提供给你，你按照他的要求去开模具进行生产。

（2）Design service offered：指买家将他的设计理念告诉你，你根据他的设计理念去做出设计稿给买家确认，他确认了以后你再开模具生产。

（3）Buyer label offered：买家自己不出任何要求给你，他到你这里选产品，选你自己设计的东西，他选中产品以后，告知你他要的数量，类似于买现货。

自拟，根据公司可提供的加工贸易服务进行填写。

4. 质检人员数量

根据实际情况填写。

5. 研发人员数量

根据实际情况填写。

6. 生产线数量

根据实际情况填写。

7. 年产值

根据实际情况填写。

8. 是否添加年产量信息

根据实际情况填写。

三、贸易信息

1. 上一年销售额

根据大概情况填写区间。

2. 出口比例

自拟。

3. 主要市场及占比（产品主要出口于哪些公司以及占比是多少？）

自拟。

4. 公司出口年份（什么时候开始做出口贸易的？）

自拟。

5. 是否添加关键客户

如果你有大客户，又愿意展示的，可以进行填写。例如，你们是迪士尼玩具的生产商，把这个信息展示出来，客户就会觉得你很有实力。

6. 外贸部门员工

外贸部门工人数，包括业务、生产、研发人员等。

7. 最近的出口港口（货物一般从哪个港口出货？）

例如广东的港口有 Huangpu（广州黄埔港）、Nansha（广州南沙港）、Shekou（深圳蛇口）。

8. 备货期（如果购买你的货物，备货期要多久？）

根据实际情况填写。

9. 是否有海外办事处

根据实际情况填写。

10. 贸易方式下的交货条款（勾选公司可接受的价格条款）

FOB：船上交货	EXW：工厂交货
FCA：货物交承运人	DDP：完税后交货
DAF：边境交货	CFR：成本加运费
FAS：船边交货	CPT：运费付至
DDU：未完税交货	DES：目的港船上交货
CIF：成本、保险费加运费	CIP：运费、保险费付至
DEQ：目的港码头交货	Express Delivery：国际快递发货

11. 接受的支付货币（勾选公司可接受的支付币种）

一般填写美元。

12. 接受的付款方式（勾选公司可接受的付款方式）

T/T：电汇支付   L/C：信用证支付

D/P D/A：托收   MoneyGram：速汇金

Credit Card：信用卡支付   Paypal：贝宝

Western Union：西联汇款   Cash：现金

Escrow：国际支付宝

自拟勾选。

13. 语言能力（能够以哪种语言服务客户？）

自拟勾选。

四、展示信息

公司标志：请在网上查找或者自行设计公司的 Logo。

1. 公司详细信息

请参照以下公司介绍填写：

Guangzhou Calo is a company established in May 1998 and incorporated in January 2005 as Guangzhou Calo Co, Ltd. It is mainly engaged in chemical raw materials, mechanical and electrical products and electronic products. It employs a variety of talents and insists on improving product quality. It has established a long-term friendly business relationship with many famous enterprises at home and abroad (such as RX company).

The company holds a principle of "quality first, reputation first" with strict quality guarantee system, perfect management system, and high-quality products after-sales service, the company provides customers with various types of high quality products. In face of fierce competition, the company applies its business philosophy "quality, integrity and pragmatic, motivated, service-oriented", and constantly improves its management and operating system, continuously improves the technology of products so as to create a higher market value. The company has always been in good faith to establish enterprises and thus has won a good reputation as well as the respect of domestic counterparts.

The company is strictly in accordance with relevant state laws and rules and regulations of WTO. It actively participates in regional economic cooperation. In recent years, the company has reached annual sales of RMB 25,000,000. The company has good business prospects, it sincerely seek partners with good faith of cooperation and common development so as to expand the scale of operation and write a new chapter in high-tech electronics.

2. 公司图片

一般上传展示公司实力的工厂环境、生产车间、办公环境、展会等照片。请自行上网下载工厂图、办公室图和生产车间图并上传。

3. 展会信息

将以往参展的信息放上来，展示公司实力。

请填写以下信息

参展展会名称：The 23rd China International Furniture Expo

参加展会时间：2016.04

举办国家：英国

展会信息：UK New International Expo Centre we show our main products：Contemporary Furniture，European Classical Furniture，Chinese Classical Furniture，Mattress，Table.

参展照片：请自行上网下载并上传。

五、证书展示

如果公司产品有获得认证信息才需要填写，没有获得相关证书可以直接提交。

2.2.2　账户设置

一、个人信息和账户安全

在 My Alibaba 后台顶部的账户菜单上，可以对个人信息进行相关的设置操作，包括对个人信息管理、头像上传、商业信息修改、隐私设置等，如下图所示。

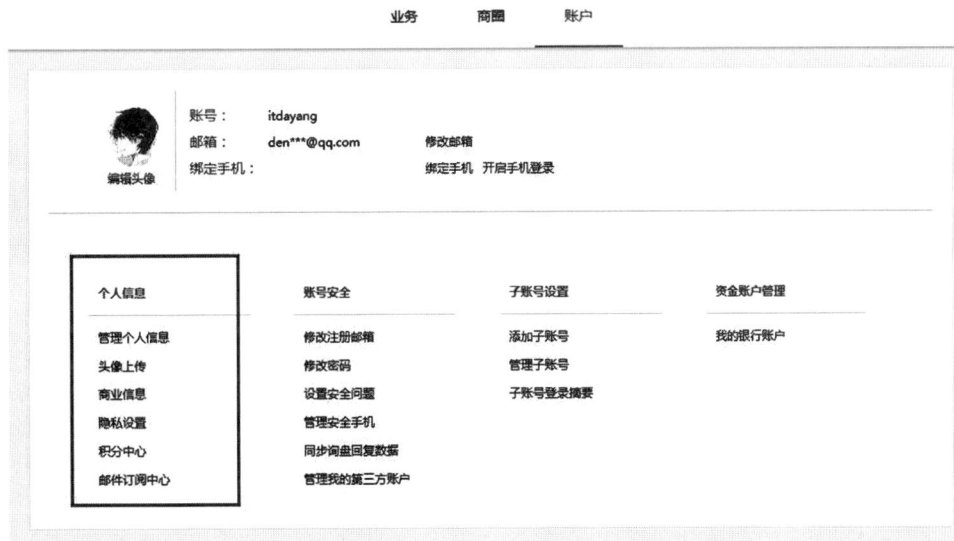

图 2－42　个人信息界面

"管理个人信息"设置的方法如下：依次点击"账户"→"个人信息"→"管理个人信息"，进入"管理个人信息"界面，在此界面下可以设置姓名、性别、邮箱、手机等基本信息。在填写姓名、性别等个人信息时务必如实填写，以免造成海外采购客户不必要的误会。此外务必使用真实的邮箱和联系方式，以便海外采购客户可以直接联系到对应的供应商。

1. 头像上传

依次点击"账户"→"个人信息"→"头像上传",进入"头像上传"界面。在此界面可以通过点击相关按钮或将图片拖拽至虚线框内进行头像上传,头像图片只支持 jpg 格式,头像图片大小需要控制在 3MB 以内。上传时应注意使用正确的图片格式,账户的头像属于商业用途,建议使用符合商业定位的个人照片,避免使用合照。此外,务必上传与个人性别、年龄、身份相符合的照片。头像上传成功以后,后台会进行审核,该头像在 24 小时内将会被展现在供应商的阿里巴巴网页上。

2. 商业信息

依次点击"账户"→"个人信息"→"商业信息",进入"商业信息"界面。在此界面可以编辑账号对应的名片信息、采购信息及公司信息,在海外采购客户发送询盘和发布 RFO 时可以选择发送名片信息,从而让海外采购客户快速获得供应商的联系方式。采购信息主要包括所处行业、采购偏好、采购频率等。供应商填写准确的信息有利于得到海外采购客户更精准的回复。

3. 隐私设置

依次点击"账户"→"个人信息"→"隐私设置",进入"隐私设置"界面。在此界面可以设置个人信息、采购信息的可见级别等。可见级别分为 3 种,所有用户可见、仅认证供应商可见、所有用户不可见。适度公开信息有利于海外采购客户更快地了解供应商的特点与实力;但是如果过度公开信息,则可能会在一定程度上造成隐私外泄。总而言之,这部分内容供应商应根据实际情况和自身需求进行设置。

4. 积分中心

依次点击"账户"→"个人信息"→"积分中心",进入"积分中心"界面。在此界面可以管理积分,进行积分兑换,以及查看积分赚取、兑换、订正处罚记录。通过 RFQ 报价,直接支付信保订单等可以获取积分,该积分可用于兑换商机包、P4P 红包和 RFQ 报价权益。

5. 邮件订阅中心

依次点击"账户"→"个人信息"→"邮件订阅中心",进入"邮件订阅中心"界面。在此界面可以设置订阅会员服务、通知等邮件。建议供应商开启各类邮件订阅,以便第一时间获取商机询盘和收到网站的重要通知。

二、账号安全设置

在 My Alibaba 后台顶部的账户菜单上,可以对账号的安全设置进行操作,包括修改注册邮箱、修改密码、设置安全问题、管理安全手机等,如下图所示。

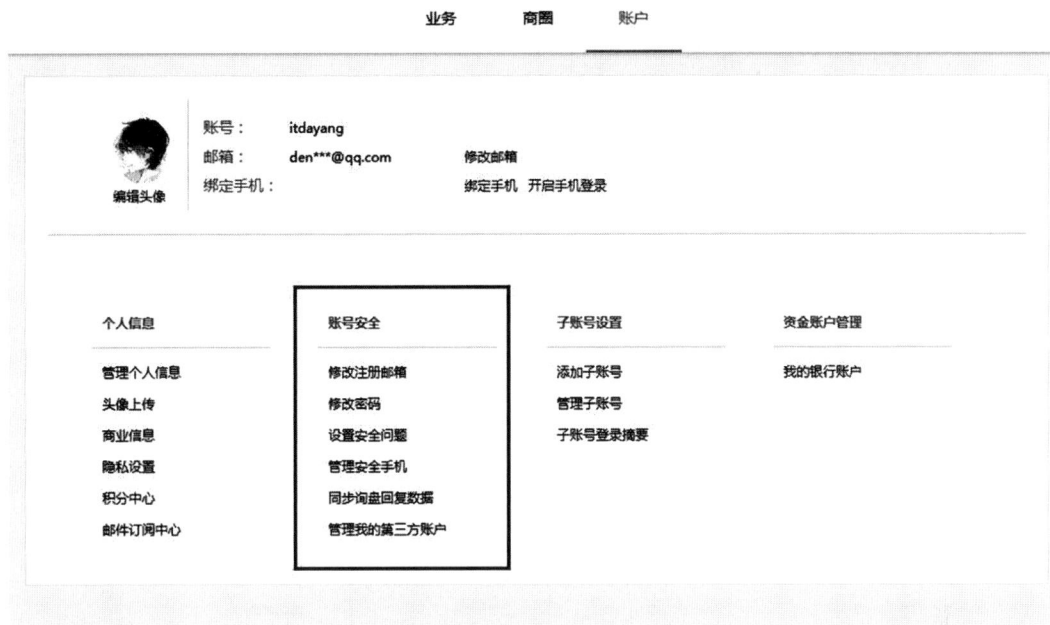

图 2 - 43　账号安全设置界面

1. 修改注册邮箱

依次点击"账户"→"账号安全"→"修改注册邮箱",进入"修改注册邮箱"界面。在此界面可以修改账号的注册邮箱。修改注册邮箱属于敏感操作,需要验证修改者的身份,根据提示可以选择 4 种验证方式中的任意一种:手机验证码 + 证件号码、安保问题 + 证件号码、有效验证码 + 证件号码、人工服务。

2. 修改密码

依次点击"账户"→"账号安全"→"修改密码",进入"修改密码"界面。与上述修改注册邮箱的流程一致,在验证完成后可以修改密码。

3. 设置安全问题

依次点击"账户"→"账号安全"→"设置安全问题",进入"设置安全问题"界面。安全问题可以配合用于验证身份进行相关操作。与上述修改注册邮箱的流程一致,在验证完成后可以设置安全问题。

4. 管理安全手机

依次点击"账户"→"账号安全"→"管理安全手机",进入"管理安全手机"界面。在此界面可以设置与修改安全手机,安全手机用于后台登录以及与账号有关的敏感操作的身份验证。与上述修改注册邮箱的流程一致,在验证完成后可以管理安全手机。

5. 同步询盘回复数据

依次点击"账户"→"账号安全"→"同步询盘回复数据",进入"同步询盘回复数据"界面。在此界面可以设置非阿里巴巴国际站绑定邮箱用于同步询盘信息及回复信息(注:同步询盘回复数据主要用于统计回复率使用,邮件内容并不会同步在平台上)。

三、子账号设置与资金账户管理

1. 子账号设置

在 My Alibaba 后台顶部的账户菜单上，可以进行子账号设置的一系列操作，包括添加和管理子账号、修改子账号的类型等，如下图所示。

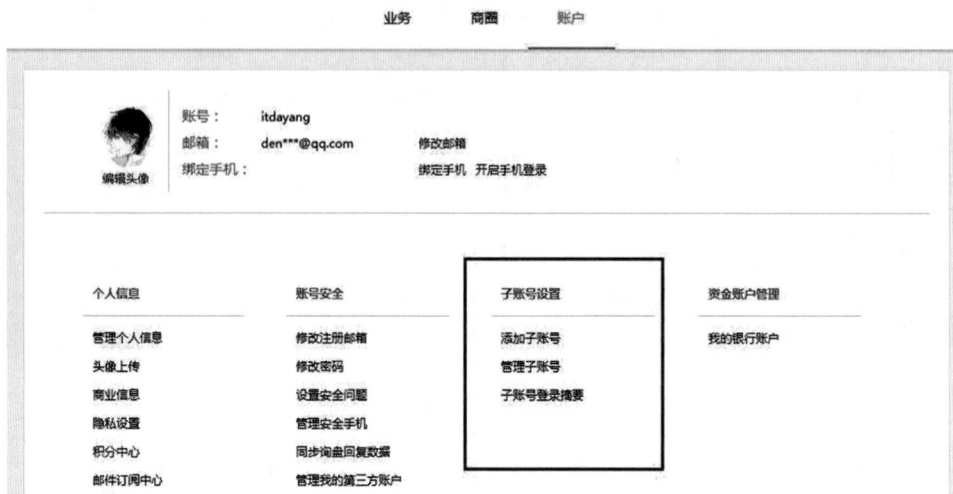

图 2-44　子账号设置界面

阿里巴巴国际站的后台账号总共分为主账号（管理员账号）和子账号 2 种。其中子账号的类型有 3 种，分别为业务经理、业务员、制作员。主账号可以根据公司的情况来分配设置子账号类型，每个子账号只能有一种身份，身份不可重叠，可根据公司的实际业务需求来分层设置。各类子账号的权限如下图所示。

主账号

账号类型	管理员	业务经理	业务员	制作员
管理账号	√	×	×	×
管理公司联系信息	√	×	×	×
管理公司栏目	√	×	×	×
创建、编辑产品	√	√	√	√
创建、编辑产品组	√	×	×	√
创建、编辑私人展厅	√	√	√	×
分配产品	√	√	×	√
分配私人展厅	√	√	×	×
分配询盘/客户	√	√	×	×
处理询盘/客户	√	√	√	√
邮件订阅中心	√	√	√	√
网站设计	√	×	×	√
域名管理	√	×	×	×
企业邮局	√	√	√	√
数据管家	√	√	√	×

图 2-45　后台账号权限

子账号设置方法如下：

（1）添加子账号。

依次点击"账户"→"子账号设置"→"添加子账号"，进入"添加子账号"界面。在此界面可以添加不同种类的子账号。My Alibaba 子账号最多可以添加 5 个，已经添加满 5 个子账号以后就不能再进行添加了。添加子账号属于敏感操作，必须先进行身份验证，通过安全邮箱验证后方可进行添加子账号操作。依次设置好邮箱、密码、账号类型、联系方式等信息后，点击"添加"按钮即可完成子账号的添加。

（2）管理子账号。

依次点击"账户"→"子账号设置"→"管理子账号"，进入"管理子账号"界面。在此界面可以进行删除子账号、冻结子账号、修改子账号类型等操作。下面以删除子账号和修改子账号类型为例进行讲解。

①删除子账号。

勾选待删除的子账号，然后点击"删除"按钮，按照提示填写验证码即可删除已勾选的子账号。已冻结的子账号不能被删除，需要先解冻再删除。在子账号被删除后，该子账号的 RFQ、询盘、产品、人脉名片和客户会自动归入主账号（管理员账号）。如果要分配给其他子账号，则需要先分配，之后再删除该子账号。

②修改子账号类型。

在子账号右侧点击"查看详情"，可以进入对应子账号页面，点击"编辑"按钮，在账号类型中重新选择新账号类型即可完成操作。其中，制作员能升级成业务员或业务经理，业务员与业务经理可互相调换，而业务员或业务经理不能转为制作员，主账号（管理员账号）也不能变更为任何类型的子账号。

（3）子账号登录概要。

依次点击"账户"→"子账号设置"→"子账号登录概要"，可以进入"子账号登录概要"界面。在此界面可以查看子账号登录时间、IP 地址、国家/地区等信息。如果发现子账号不在常规 IP 地址登录的情况，核实后应及时地冻结账号，以免发生因账号信息被盗而造成损失的情况。

2. 资金账户管理

如下图所示，依次点击"账户"→"资金账户管理"→"我的银行账户"，进入"我的银行账户"界面。在此界面可以添加在线收款账户与线下 T/T 收款账户，以及对信保收款快捷支付进行提现等操作。

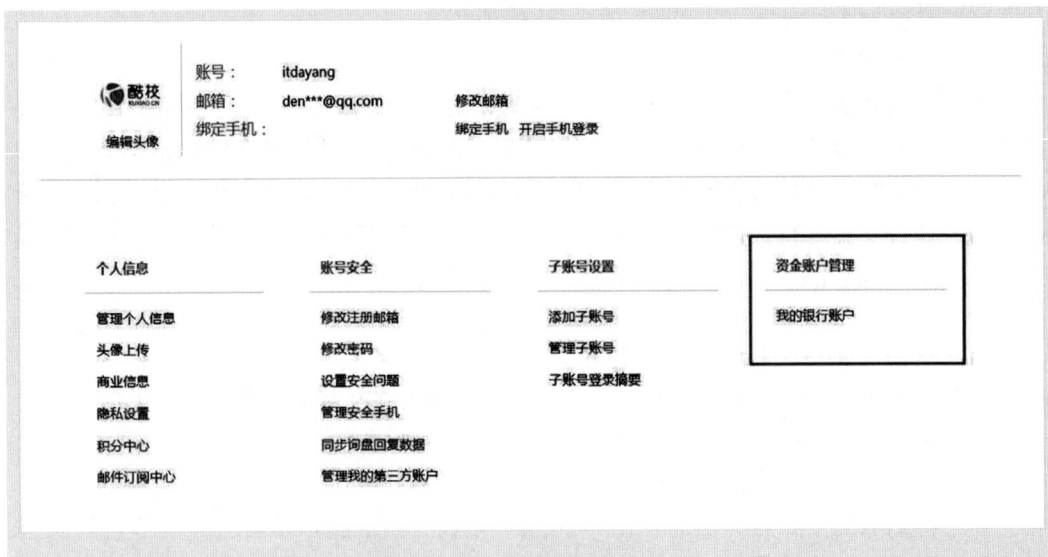

图 2 - 46　资金账户管理界面

【课堂讨论】

阿里巴巴国际站后台账号一共有几个？它们的权限分别是怎样的？

2.3　国际站排序规则和选品

2.3.1 国际站排序规则

【课前思考】

1. 什么是排序？
2. 学习排序规则有什么作用？

好的产品排名不仅能给平台带来积极的影响，而且可以像滚雪球一样，带动平台的整体发展。反之，如果产品排名不理想，就会给平台带来较大的负面影响。

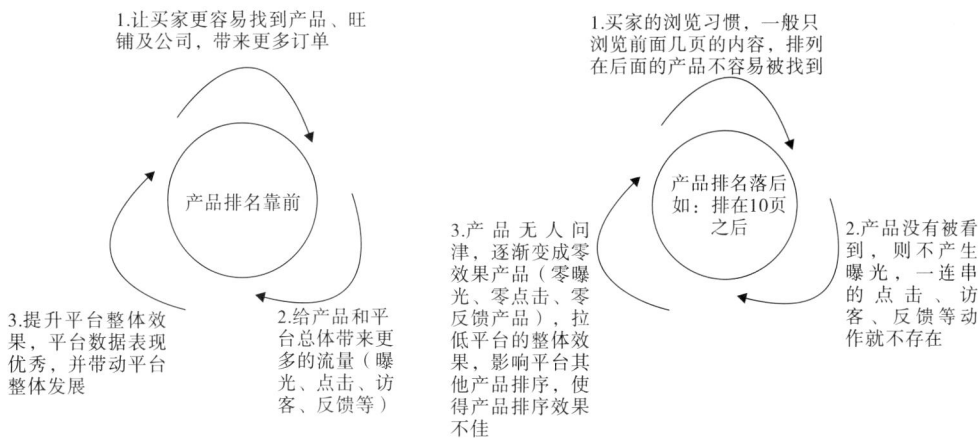

图 2 - 47　产品排名影响

一、国际站排序规则详解

搜索排序主要是买家需求的体现，跨境 B2B 平台的搜索排序机制正是从买家角度出发逐步进行筛选后做出决策。

以产品搜索排序为例，平台的搜索排序机制主要有过滤、匹配、排序三个阶段，即平台会首先过滤掉作弊产品，然后根据类目和文本的关联程度筛选出符合搜索需求的产品，最后根据买家偏好、产品及供应商信息进行排序。

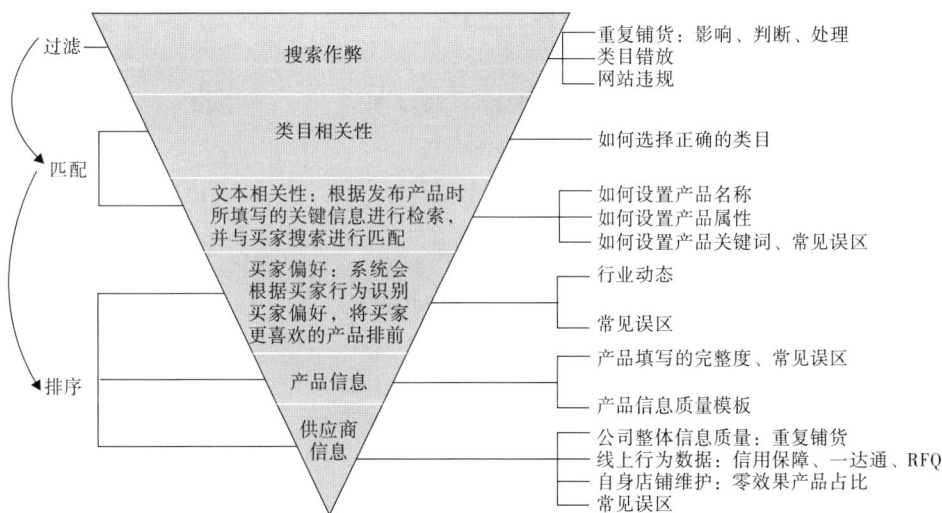

图 2 - 48　排序规则

注：图中方块大小与各因子的占比无关。

1. 过滤阶段

过滤阶段主要是过滤平台的违规信息，搜索作弊是指部分供应商故意通过重复铺货、类目错放、虚假交易等行为影响平台搜索排序结果，骗取平台搜索曝光资源。搜索作弊行为严重破坏了公平竞争的市场秩序，极大地伤害了买家的搜索体验，是平台严厉打击的行为。具体搜索作弊行为如下：

（1）重复铺货。

重复铺货指于同一平台上由同一会员发布产品信息，而该产品信息跟已经发布并仍然出现于平台上的产品信息完全相同或近似。所以，发布产品要注意避免标题、类目、关键词、属性、描述、图片等高度相近或完全相同。

图 2 - 49   重复铺货案例

（2）类目错放。

类目错放指发布或者修改产品时将产品放在错误或者不适合的产品类目下面。

产品		负责人	当前状态	当前类目	推荐类目	操作
	mp3	abc abc	待处理	服装>>儿童服装>>儿童牛仔裤	消费电子>>随身影音及配件>>MP3播放器	修改类目 反馈原因 删除产品

图 2 - 50   类目错放案例

（3）网站违规行为。

网站违规行为一般指利用翻墙软件刷询盘，弄虚作假。如被平台抓到，严重的话做关闭国际站惩罚。此外，网站违规行为还包括侵权行为、贸易纠纷等，例如，因未经授权擅自使用一些知名品牌名称或者图片而侵犯专利。如服装类经常会发布一些带有米奇、Hello Kitty（凯蒂猫）等图样的服装，在未经授权的情况下，其容易遭受投诉侵权，所以要慎用。

2. 匹配阶段

匹配是指搜索返回结果要与买家输入的搜索词相匹配，主要考虑类目相关性、文本相关性等。

（1）类目相关性。

类目相关性，系统匹配最佳类目有助于提升产品的匹配度，从而有助于产品排名。

切忌把产品放置在不正确的类目下以期获得曝光，这种行为会被认定为作弊，将会受到平台反作弊机制的严厉打击，并对供应商产品展示效果产生负面的影响。

当然，若存在准确类目的产品也不建议放在"Other"类目下。

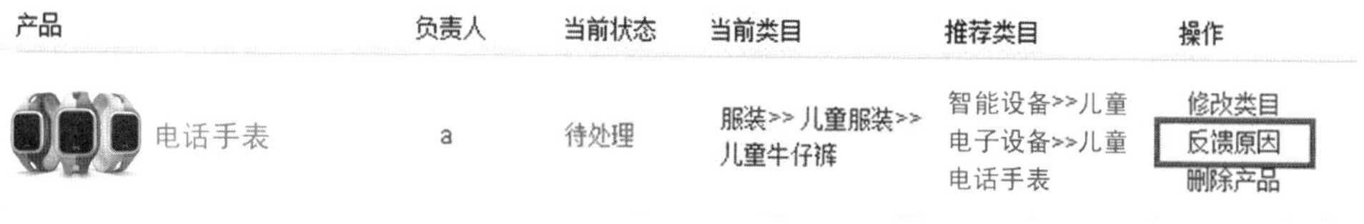

图 2 - 51　类目相关性案例（1）

如下图所示，图像、标题、类目一致，产品的类目相关性较高。

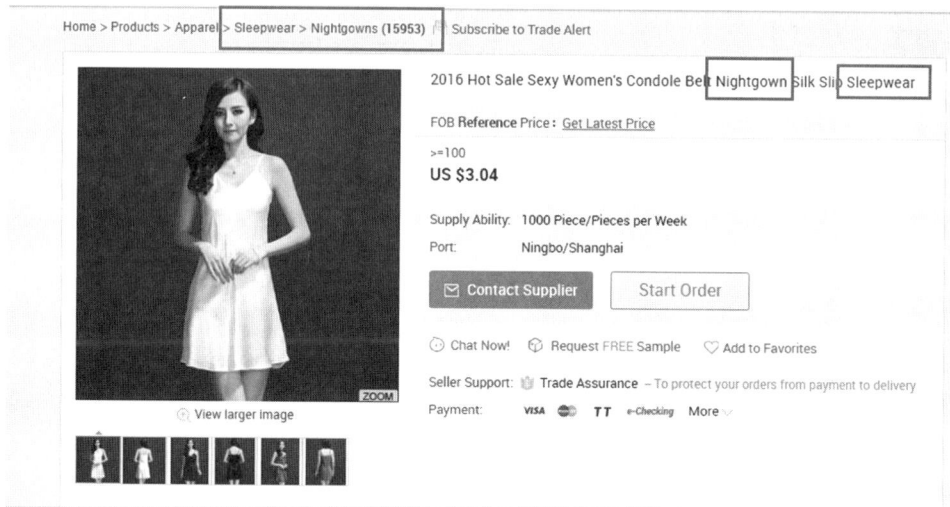

图 2 - 52　类目相关性案例（2）

（2）文本相关性。

搜索功能会根据产品名称、产品关键词、产品属性等产品关键信息进行检索，并与买家搜索词的文本相关性进行匹配。

文本相关性越高，被系统匹配的机会越多，同时被买家搜索到的机会也越多。

所以，在发布产品之前需要仔细了解产品的属性，如材质、颜色、重量、尺寸等。将产品信息真实、准确地体现在产品标题中，并可以在产品标题中添加相关的修饰词、关键词，通过完善属性等方式来更好地匹配买家搜索词。

在产品信息描述中单纯地重复使用关键词的行为，如关键词堆砌、关键词滥用、标题滥用等非但不会增加文本相关性，反而会降低搜索匹配效果。

文本相关性是指买家搜索词与产品文本信息的相关度

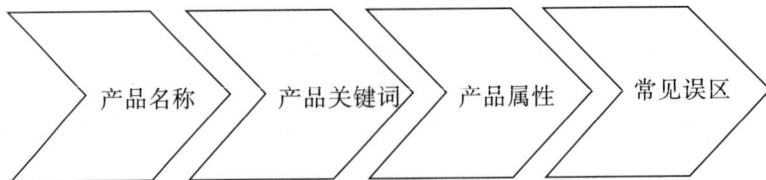

图 2-53 文本相关性

如下图所示，买家搜索词为"12v led light"，该产品标题中较好地体现了产品的部分特性并同时匹配搜索词，文本相关性较高。

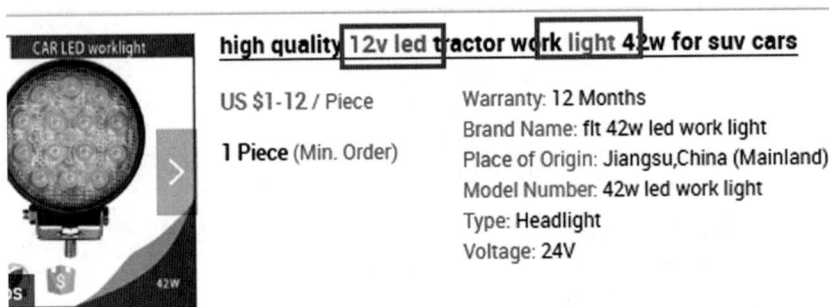

图 2-54 文本相关性案例

3. 排序阶段

排序是指在匹配条件同等的情况下，将买家偏好的产品、更好的产品、更优质的供应商优先展示，主要考虑买家偏好、产品信息、供应商信息 3 个要素。

（1）买家偏好。

系统会根据买家行为识别买家偏好，将买家更喜欢的产品排前。买家导向性影响产品排序。而买家偏好主要从以下四点来体现：

①地域性。例如，买护肤品等，首先会先想到日韩供应商，并且更倾向于找日韩的供应商。

②交易属性。例如，某产品，买家意向价位在 10 美元左右，那么在搜索产品时会倾向于点击"10 美元"或者在搜索词里出现"10 dollars"。

③产品属性。例如，某产品，红色是当下最多使用者使用并且喜欢的，则买家采购时会更倾向于多采购红色的那款产品。

④站内产品数据分析。例如，通过近两三个月的数据分析，某几款产品数据表现特别好、来询盘特别多的，买家询问概率最高的，那么这几款产品就是符合买家偏好方向的产品。

（2）产品信息。

产品信息主要从专业度和信息质量来体现。发布产品的过程中，需要专业地描述产品，以及尽可能百分百地完善产品的信息，从而提升专业度和信息质量。

平台排序功能会从产品信息描述的易读性、丰富性、一致性来判断产品质量的高低。

完善"专业度"填写建议：

①建议产品标题做到言简意赅。简要、清楚描述产品的名称、型号及关键词特征、特性，使买家一看即知产品关键信息。切忌过于冗长或反复堆砌、罗列关键词。

②产品属性要尽量完整、准确填写，主图尽量清晰、明确。

③产品信息一定要真实、准确，避免和标题、属性出现互斥或者不一致的情况，给买家或平台的判断造成干扰。

另外，产品的"信息质量"可以通过以下截图中显示的评分系统来检测信息填写是否完善。尽量保证"产品信息质量"评分在 4.5 分以上后再发布产品。

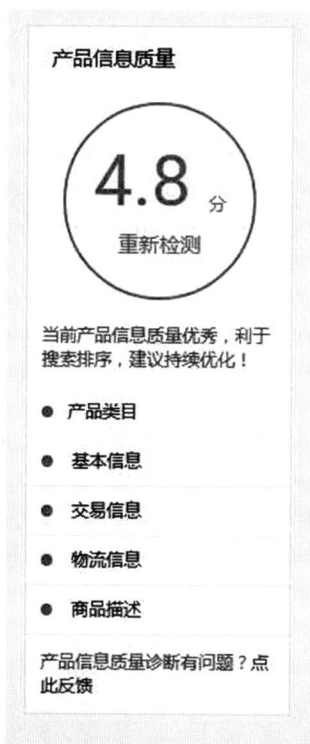

图 2 - 55　产品信息质量评分界面

（3）供应商信息。

供应商资质、店铺维护、及时回复率、活跃度、RFQ 报价、访客营销、报价推荐商家、真实交易记录、信用保障、在线批发成交交易额等因素都会影响买家的偏好。

二、认识国际站的排序权重变化

下图中的百分比是指该因素对排序的影响力大小。百分比越大，说明该因素的影响力越大，也就是我们所说的"权重"。

现在，阿里巴巴国际站最新规则里面，更加强调两个重要影响因素：信保和在线批发的实际进账额（简称 GMV）。

如果平台近期有走信保订单的，时间越近，效果越明显。

所以，要尽量走信保订单，积累更多数据，这有助于提升平台整体效果及产品排名。

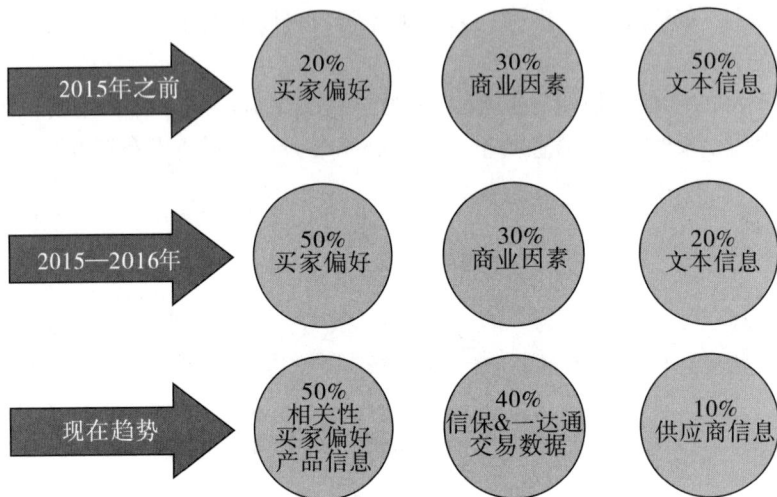

图 2 - 56　国际站排序权重变化

三、认识排序类型

目前跨境 B2B 平台首页主搜区一般为 38 个产品，产品的排名情况为：①1 个顶级展位产品；②5 个 P4P（外贸直通车）产品；③自然排名产品（金品诚企产品、橱窗产品）；④自然排名产品（普通产品）。

1. 顶级展位产品

（1）概念：①买断某个关键词在首页第一名的独家推广位（最优曝光资源）；②投放期限分别有 6 个月、12 个月。

（2）识别标志：皇冠标志以及可多图展示产品，如图 2 - 57 所示。

（3）知识拓展：顶级展位不同级别词的费用：①钻石级关键词，15 万/年；②白金级关键词，7.5 万/年；③黄金级关键词，3 万/年；④普通关键词，1.5 万/年。

图 2 - 57 顶级展位案例

2. P4P 产品

（1）概念：P4P 的英文全称叫 Pay for Performance，中文名称也叫点击付费或直通车推广。

（2）识别标志：搜索结果中，产品的右下角带有 Ad 文字标志（新版改为"Ad"）。

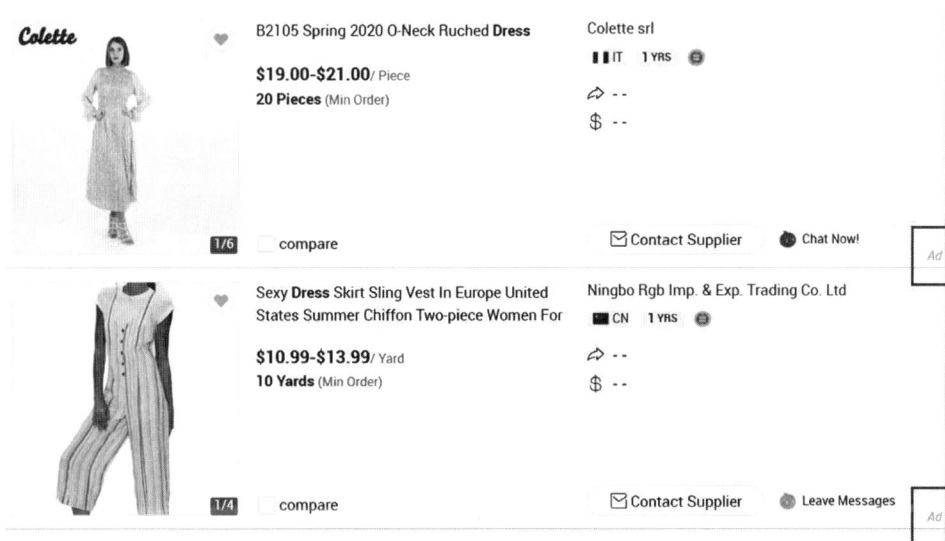

图 2 - 58 P4P 案例

拓展内容： 在电脑端网页搜索产品时，除去正面最多可有 5 个 P4P 产品之外，右侧还有 10 个，翻页页码下方还有 4 个。国际站第一页、第二页 P4P 位置及个数如图 2 - 59、图 2 - 60 所示。

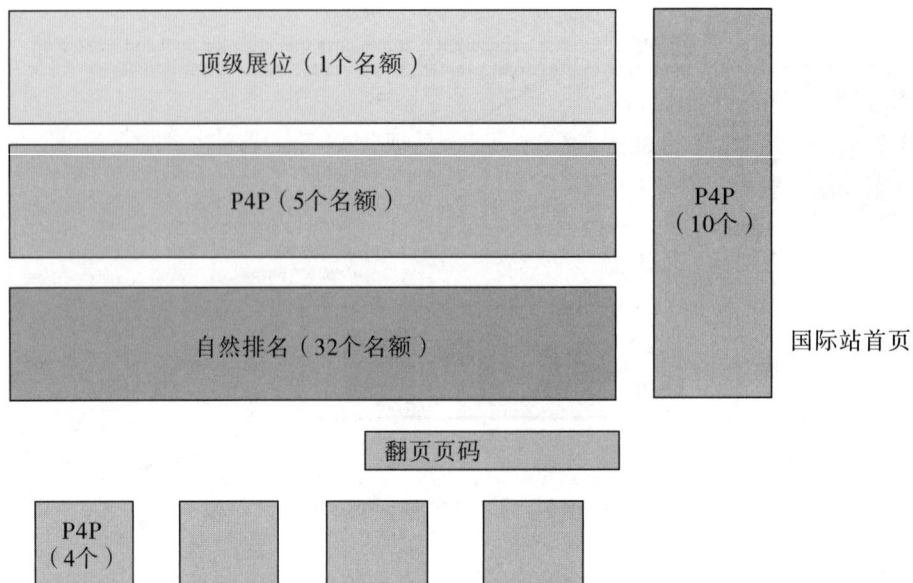

图 2-59 P4P 位置及个数——国际站第一页

注意： 第二页之后的排序并不是一直到最后一页都一样，具体排到第几页要看用 P4P 推广该关键词的供应商多不多。也就是说，越多供应商使用 P4P 推广该词，那么在该词搜索结果下，第 2 页往后出现 P4P 推广产品的机会就越多。

例如，white t-shirt 这个关键词，有 50 个供应商竞争出价 P4P 排名，那么买家在使用 white t-shirt 这个关键词搜索产品时，搜索结果里面，首页最多排满 19 个，第二页最多排满 14 个，第三页也是最多排满 14 个，第四页则最多排在右侧 3 个就没有了。

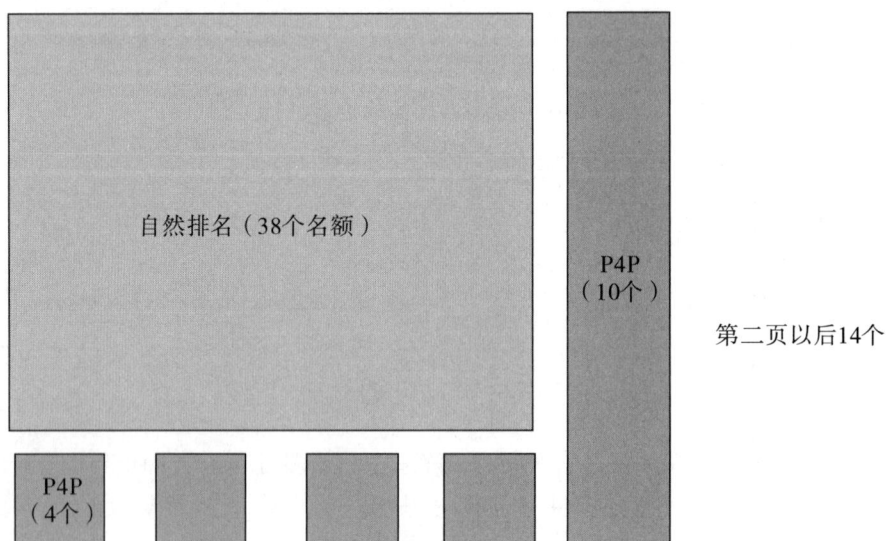

图 2-60 P4P 位置及个数——国际站第二页

3. 自然排名

自然排名产品包含金品诚企产品、橱窗产品、普通产品三种类型。在理想的同等条件下，按照权重排列的话，一般是按照金品诚企产品、橱窗产品、普通产品排序。但常规情况下，"同等条件"是无法把控的，所以出现普通产品排在金品诚企产品前面的情况也是很正常的。

✔ 拓展内容

金品诚企产品： 80 000 元/年，包括 40 个橱窗、10 个认证产品、支持下载证书、支持 3 分钟彩色视频播放、独有的筛选 Logo 等。

橱窗产品： 国际站的橱窗就好比平时逛街的时候，商店的玻璃展示窗口或展示区域一般会放一些新品或者热卖品，用于吸引行人的注意力，从而吸引行人进入店铺了解更多的商品。

但区分一点，金品诚企虽然作为企业购买的推广资源，相比普通产品，在排序权重有倾向性，但是企业在此条件下所发布的产品，最终也是要通过自然竞争排序的。

总的来说，产品在国际站搜索页上是按照顶级展位、P4P 产品、自然排名产品排序的。

注释：自然排名情况里面，自然排名产品（金品诚企产品—橱窗产品—普通产品）在"同等条件"下是这样排序的，然而排序产品里不会出现完全相同的产品（因为会被作为"重复铺货"过滤掉），最后只能通过系统评估产品本身优劣来决定排序，所以也会出现普通产品排在金品诚企产品前面的情况。

▷ 知识拓展　不同端口产品排序情况

产品的排序不是一成不变的，同一时间在不同的端口查看同一个产品，它的排名情况也不尽相同。

我们前面学习的是针对电脑端的排序情况，现在智能手机、触屏手机越来越多人使用，并且也越来越多用于工作中，所以你既要关注你发布的产品在电脑端的排序情况，也要留意其在手机端能否轻易被买家找到。

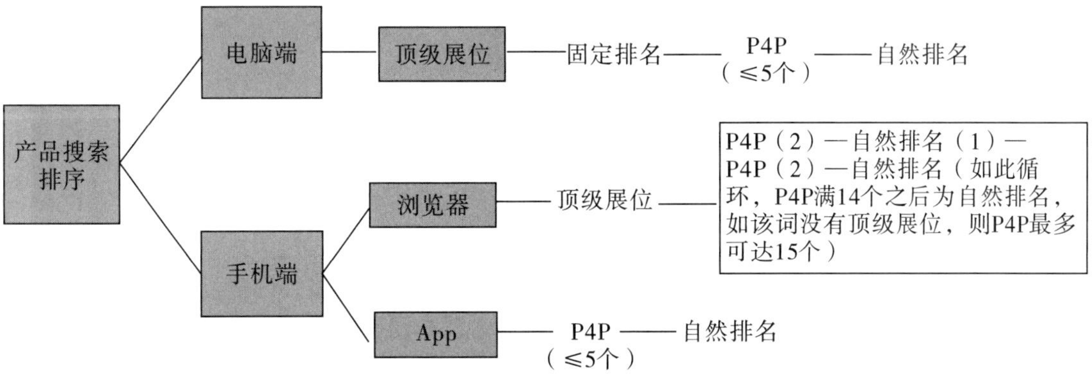

图 2-61　不同端口产品排序情况

手机端—浏览器的排序情况，如图 2-62 所示：

图中圈出的标记是 P4P 产品在手机端的识别标记。若该关键词搜索结果下，出现顶级展位产品，则 P4P 产品按照该顺序，累计最多出现 14 个；若该关键词搜索结果下，未出现顶级展位产品，则 P4P 产品按照该顺序，累计最多出现 15 个。

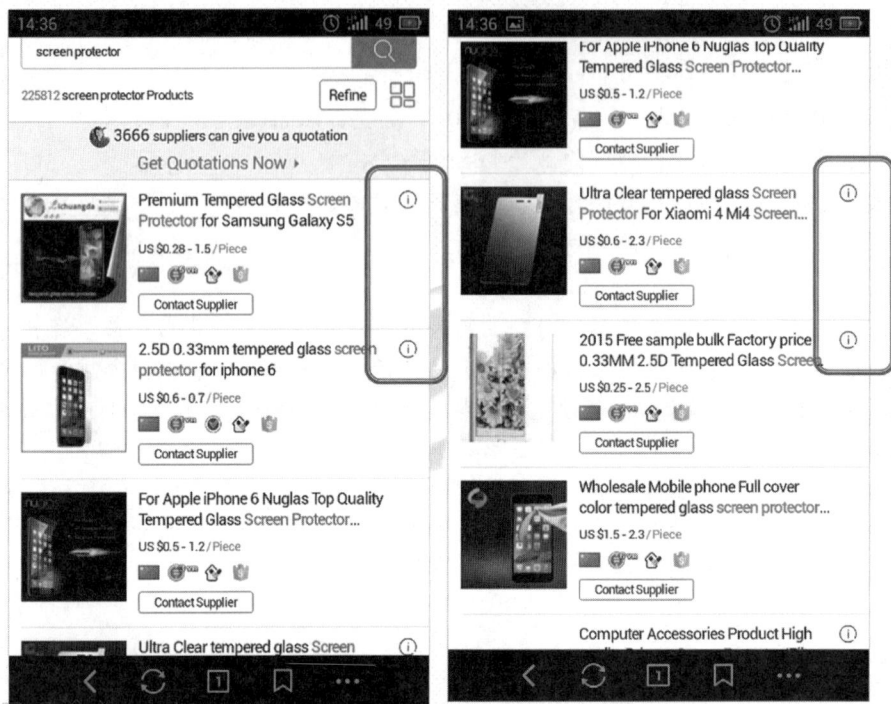

图 2-62　手机端产品排序情况

【课堂讨论】

1. 以产品搜索排序为例，国际站平台的搜索排序机制一共有几个阶段？分别是什么？

2. 请举例说明常见的搜索作弊行为，并说明其危害。

3. 请举例说明常见的类目不相关和文本不相关的情况，并说明其危害。

4. 国际站平台搜索排序机制的排序阶段一共涉及几个要素？

5. 阿里巴巴国际站平台首页主搜区的产品是如何排序的？

6. 名词解释：①顶级展位；②P4P；③橱窗产品；④自然排名产品；⑤金品诚企。

国际站产品排序规则小测

一、多选题（共 42 分，每小题 6 分）

1. 以下哪两个信息属于匹配阶段的内容？（　　　）

A. 产品信息　　　　B. 供应商信息　　　　C. 类目相关性　　　　D. 文本相关性

2. 在手机端的浏览器搜索产品时，以下符合产品排序情况的选择是：（　　）

A. 若该关键词搜索结果下，出现顶级展位产品，则 P4P 产品按照该顺序，累计最多出现 14 个。

B. 若该关键词搜索结果下，出现顶级展位产品，则 P4P 产品按照该顺序，累计最多出现 15 个。

C. 若该关键词搜索结果下，未出现顶级展位产品，则 P4P 产品按照该顺序，累计最多出现 15 个。

D. 若该关键词搜索结果下，未出现顶级展位产品，则 P4P 产品按照该顺序，累计最多出现 19 个。

3. 以下哪种情况会被平台过滤出来，并且不能进入排序阶段？（　　）

A. 类目错放　　　　　　　　　B. 重复铺货

C. 产品信息不完整　　　　　　D. 弄虚作假行为

4. 以下内容符合 P4P 产品实际排序情况的有：（　　）

A. 搜索首页正面排位最多 10 个 P4P 产品。

B. 搜索首页右侧排位最多 10 个 P4P 产品。

C. 搜索首页正面排位最多 5 个 P4P 产品。

D. 搜索首页正面排位最多 4 个 P4P 产品。

E. 搜索首页翻页页码下方有 4 个 P4P 产品。

F. 搜索页第二页最多出现 12 个 P4P 产品。

G. 搜索页第二页最多出现 14 个 P4P 产品。

5. 买家偏好可以从以下哪几个方面体现出来？（　　）

A. 交易属性　　　　　　　　　B. 站内数据分析

C. 地域性优势　　　　　　　　D. 产品的特性和属性

6. 以下属于顶级展位产品内容的是：（　　）

A. 皇冠标志　　　　　　　　　B. 金色 Top sponsored listing 标志

C. 大图展示　　　　　　　　　D. 多图同时展示

7. 以下正确的顶级展位的价位有：（　　）

A. 钻石级别，15 万/年　　　　B. 白金级别，10 万/年

C. 黄金级别，3 万/年　　　　　D. 普通级别，2 万/年

二、判断题（共 42 分，每小题 6 分）

8. 系统会根据买家行为识别买家偏好，将买家更喜欢的产品排前，这种也叫买家导向性影响产品排序。（　　）

9. 重复铺货是指于同一平台上由同一个账号发布的产品信息，跟已发布过并仍然出现于平台上的产品信息完全相同或高度近似。（　　）

10. 产品排序规则里，分成两个阶段，分别是过滤阶段、排序阶段。（　　）

11. 平台排序类型有：顶级展位产品、P4P 产品、自然排名产品。（　　）

12. P4P 产品在搜索首页最多排位 19 个，在第二页一直到最后一页都是排位 14 个。（　　）

13. 自然排名产品的排位顺序，一定按照金品诚企产品—橱窗产品—普通产品来排序。（　　）

14. 发布产品时，信息填写不完整以及描述不专业，也会影响产品的排序。（　　）

三、实操练习（16 分）

15. 我们学习了 P4P 产品的排序位置，除了国际站搜索首页正面的 5 个位置之外，还有其他的位置。

请随意搜索一个关键词，找出搜索结果前三页所有 P4P 产品，截图并提交到指定处。

提交要求：截图中圈出 P4P 产品的位置，直接上传图片即可。

2.3.2 快速学习产品及分析行业技巧

一、案例思考

刚开始接触一个新的行业或者新的产品，作为新人，该如何入手快速学习熟悉产品呢？该如何了解行业的状况呢？

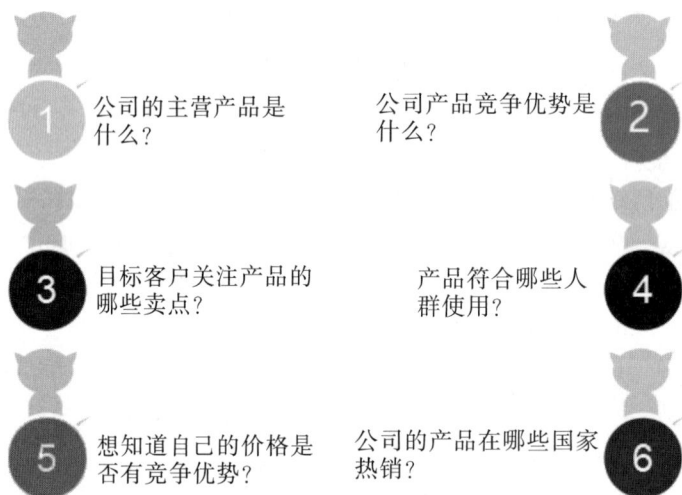

发布产品前，你思考过以下问题吗？

1 公司的主营产品是什么？

2 公司产品竞争优势是什么？

3 目标客户关注产品的哪些卖点？

4 产品符合哪些人群使用？

5 想知道自己的价格是否有竞争优势？

6 公司的产品在哪些国家热销？

图 2-63　发布产品前的思考

选品，从学习产品开始，只有熟悉产品，并且知己知彼，才能在发布产品的时候突出产品本身以及公司的优势，从而吸引买家的眼球，促使买家感兴趣，发询盘了解更多的内容，最后促成订单。

平时在网店浏览产品的时候，可以感受到，产品的细节描述或功能描述，如果非常专业并且具有吸引力的话，往往更能留住买家。

头脑风暴：如果让你来描述一款按摩椅产品，你会如何突出产品的优势来吸引买家呢？

二、快速了解产品

第一，开始了解学习产品的技巧之前，先明确学习产品的目的是什么。

通常来说，了解产品、熟悉产品后，我们在国际站平台上才可以实现更理想的效果。例如，①更精准的筛选关键词；②更准确地描述产品；③提升发布产品的专业度；④提升产品的排名；⑤提升买家体验度；⑥买家下询盘（成单机会提高）。

第二，明确学习产品的目的后，接下来再来学习该从何入手学习产品。

以下表格罗列出的内容有关于我们在学习产品的时候应该如何入手，如了解公司的推广重点、产品定位等，然后逐个了解清楚内容，从而对公司及产品有一个比较清晰的了解。

表 2 - 1　如何入手学习产品

内容	举例
公司主要产品类别	以服装为例，有女士运动装系列（夏装、冬装、瑜伽服等）、睡衣系列、童装系列等
公司利润款	利润空间高，并且受买家喜欢的产品
主推类别	1~2 类
产品品质定位	高、中、低端市场，从何体现
经销商人群定位	零售批发商、大型经销商
终端消费人群定位	男女老少
品牌发展定位	如王老吉定位为预防上火的凉茶；海飞丝定位为去屑的洗发水
主要市场区域定位	如欧美市场、中东市场等
产品用途	略
买家采购关注点	产品的突出优势如价格、功能、能否定制等
产品更新周期	1 个月/3 个月/半年等
产品图片分类整理	如按照型号、应用、功能、颜色等
产品的详细参数	产品的重要卖点参数有哪些，如安防产品的主要卖点参数有镜头、像素、芯片、红外 LED 灯数量等
产品的交易信息	如价格、交期、包装等

三、快速学习产品途径

1. 阿里巴巴国际站旺铺

（1）看主要产品分类。

（2）分别点击进去查看产品对应的图片。

（3）看橱窗产品。

（4）看热销或者新产品。

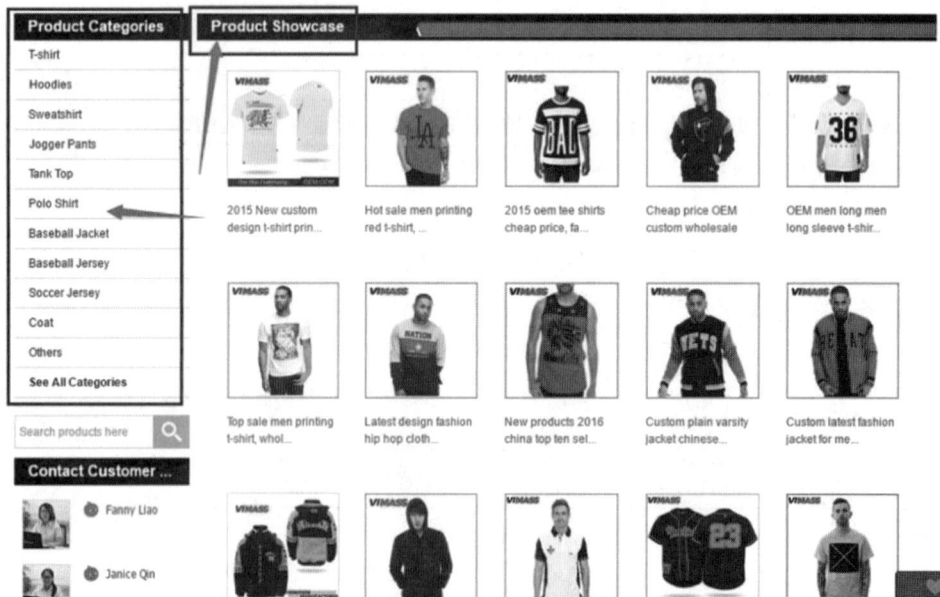

图 2-64　国际站旺铺界面

2. 公司官网

这里的公司官网是指除了阿里巴巴店铺网站之外的官方网站，常以".com"结尾，一般在店铺网站上的"Contacts"页面可以找到。具体请见图 2 - 65。

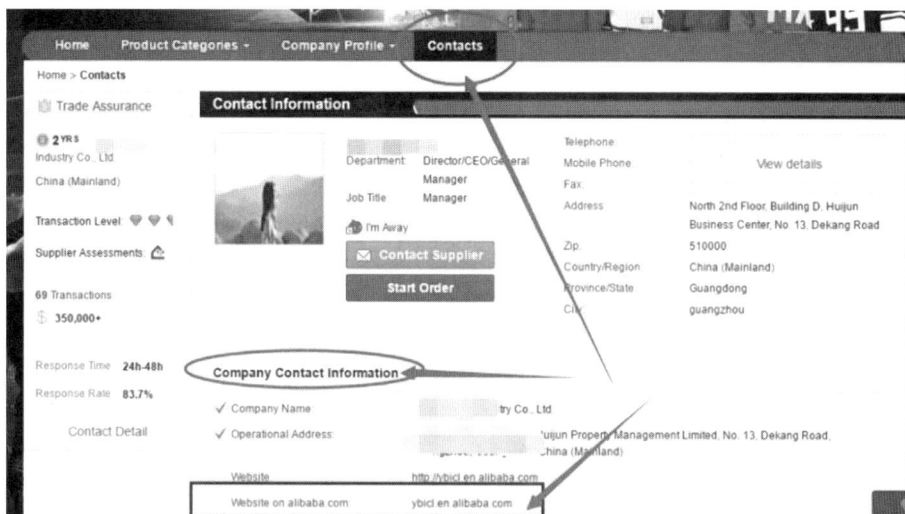

图 2 - 65　公司官网界面

3. 公司画册、电子目录册

通过产品（电子）画册，可以从中学习产品分类对应图片、型号、主要规格、重要参数等信息。

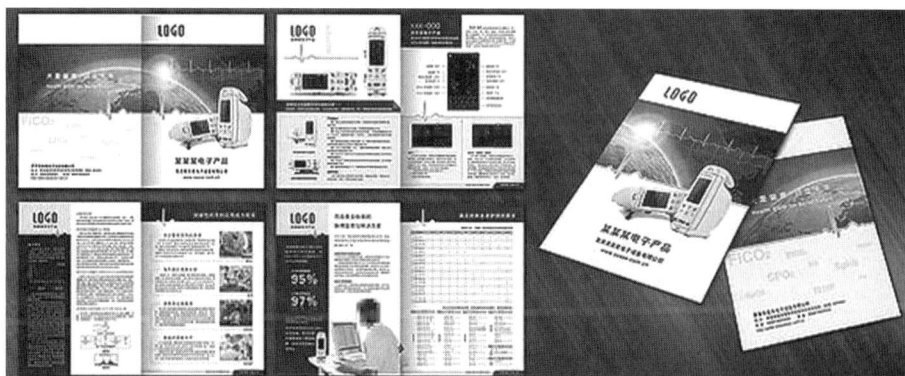

图 2 - 66　公司画册

4. 参考同行产品

（1）搜索行业热门关键词（参考自然排名前 5 名的产品，看别人是如何展现产品优势的）。

（2）查看详细的参数、性能等（参考别人如何表述该产品）。

（3）查看交易信息（价格、MOQ、付款方式、产能等，对比看自己的交易信息是否有优势）。

（4）操作方式。

第一，搜索产品，从自然排名产品当中找出同类产品，在产品主图下方的"Compare"功能，选中所要参考的产品。

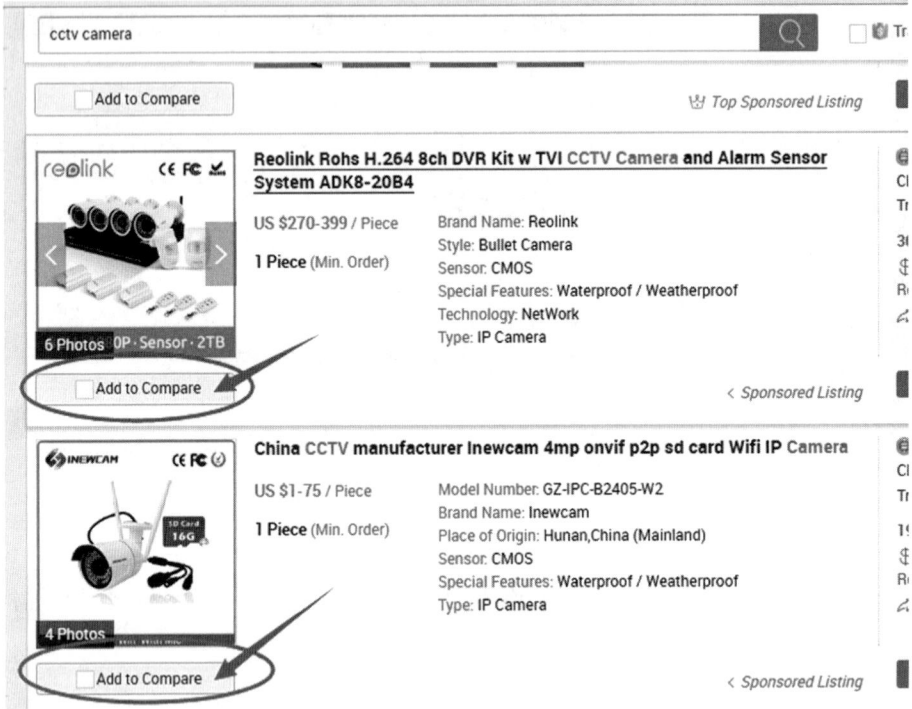

图 2－67　搜索产品界面

第二，选好产品后，点击右下角的"My Cart"→"Compare"，进入对比页面。

图 2－68　比较选择界面

第三，进入对比页面后，针对对应的内容进行横向对比。

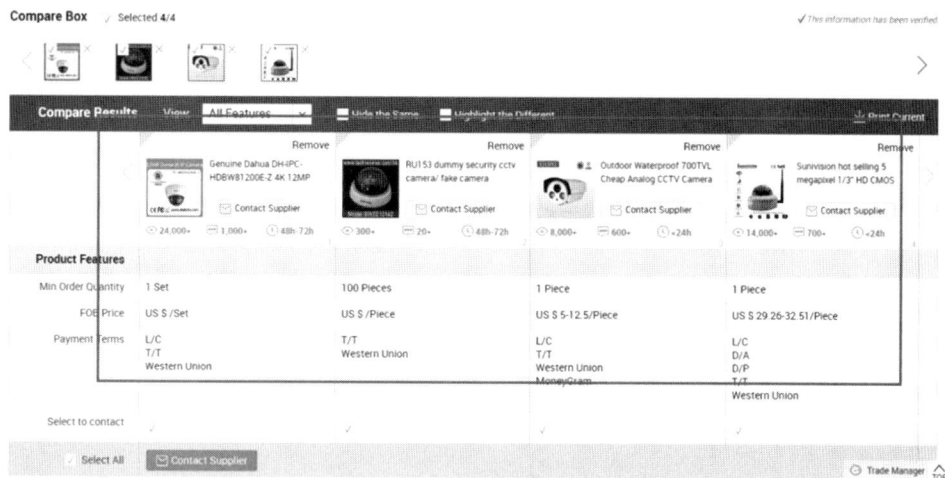

图 2 – 69 产品对比界面

5. 参考不同平台的产品信息

虽然阿里巴巴国际站是一个 B2B 平台，但是关于行业的资信，还可以参考目前国际上比较知名并且用户较多的 B2C 平台，如 Ebay、Amazon、Aliexpress 等。这样可以直接了解到有什么新品、热销品，有利于保持行业的敏锐度，同时也可以参考各大网站对于同一款产品的展现形式有什么不同，从而"取其精华"。

6. 到工厂实地考察学习

最实际也是最快捷的方法，就是到工厂，请生产线专业产品人士讲解。可以具体了解如下内容：

（1）产品分类；

（2）产品生产流程；

（3）产品材质；

（4）制作工艺；

（5）表面处理；

（6）产品核心关注点。

7. 筛选关键词学习产品

（1）针对不同的产品和行业，筛选出精准匹配各类产品的关键词，在筛选关键词的过程中会遇到很多专业词、陌生词、禁用词等。

（2）对于不确定、不熟悉的词则进一步查询和了解。这个过程也是一个快速学习和了解产品的方式。例如，筛选关键词的过程中，如果对 cycling jersey 这个词是否精准匹配自己的产品不确定，那么就将 cycling jersey 放到国际站首页进行搜索，查看同行都放哪些产品，跟自己的产品是否一致，这个过程也是在了解产品。

（3）一些品牌禁用词，如运动服装的篮球服如果带有"NBA"等词，就要慎用了。

四、快速分析行业途径

1. 站内途径

（1）利用国际站搜索页。

①国际站首页产品 Compare；

②横向对比 Similar products（参考类似产品）；

③国际站首页浏览参考出现频率高的产品款式。

操作方法：用对应关键词去国际站搜索页进行搜索，浏览查看前 5 ~ 10 页的相关产品，看看哪些产品类型出现频率最高、哪种主图风格出现最多，对比对应的交易信息等。

（2）参考同行网站。

①参考同行的国际站旺铺；

②参考同行的官网。

（3）参考 RFQ 内容。

①通过搜索 RFQ，参考买家发布的 RFQ 类型及关注的产品信息，可以了解近期内行业变化的新动态；

②参考买家当前阶段需求（如款式、材质、颜色等）；

③估算主要需求国家有哪些（分析潜在市场）。

> **知识拓展**
>
> 行业视角
>
> 在"行业视角"界面下可了解行业趋势、买家大洲分布、热门搜索国家或地区、竞争度分析、卖家全国分布等情况，从而多方面分析目标市场以及市场的竞争度等情况。

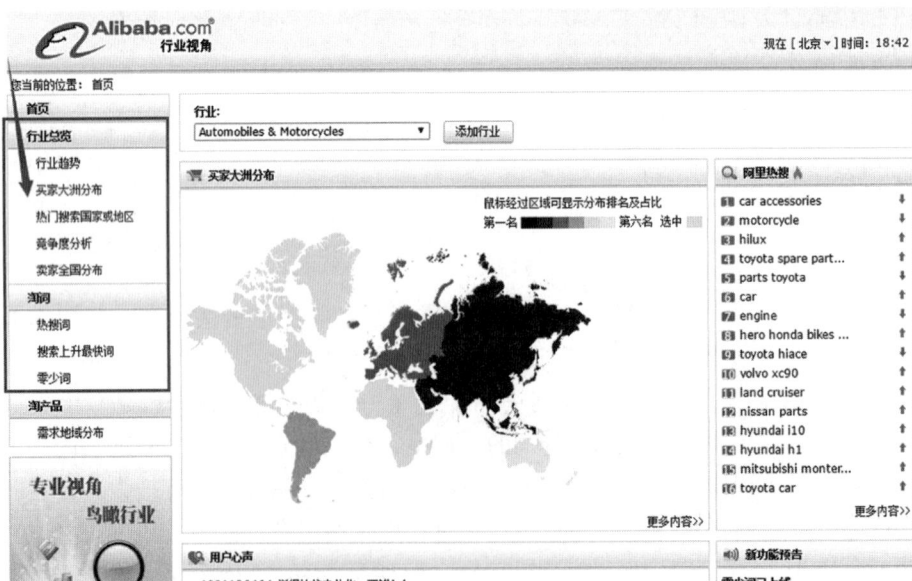

图 2 - 70 行业视角界面

2. 站外途径：展会

在展会上可直观地了解到行业内的新动态，例如，新研发成果、新产品、新功能、买家相对比较感兴趣的产品类型等。

3. 了解同行的竞争力

关于了解同行的竞争力，则直接从以下六个方面去了解同行的情况，再进行对比，找出对手的优势，看下能否参考或利用：①工厂面积；②工厂规模；③产品质量；④产品类别；⑤地理位置；⑥价格、交期、包装等。

【课堂讨论】

1. 学习产品的目的是什么？

2. 如何入手学习产品？

3. 快速学习产品的途径有哪些？

4. 快速分析行业的途径有哪些？

课堂小测

1.【多选题】关于快速分析行业的途径中，属于站内的途径有哪些？（20 分）

A. 利用国际站搜索页　　　　　　B. 参考同行旺铺

C. 展会　　　　　　　　　　　　D. 搜索 RFQ

E. 热门搜索词　　　　　　　　　F. 行业视角

2.【简答题】简单说明从国际站操作层面来考虑，快速学习产品的目的是什么？（20 分）

3.【简答题】简单列举快速学习产品的途径有哪些？从何入手？（至少列出 5 点）（30 分）

4.【简答题】进入新公司，接触新产品，想要全面了解产品，应该学习产品的哪些方面？请列举至少 7 点主要内容。（30 分）

2.4　产品管理和发布

2.4.1　产品发布前的准备

【课前思考】

产品发布前需要准备哪些材料？

阿里巴巴国际站跟我们国内的购物平台很相像，卖家把产品展示在平台上，买家则到该平台搜索产品。图 2－71 为阿里巴巴国际站的搜索页面展示：

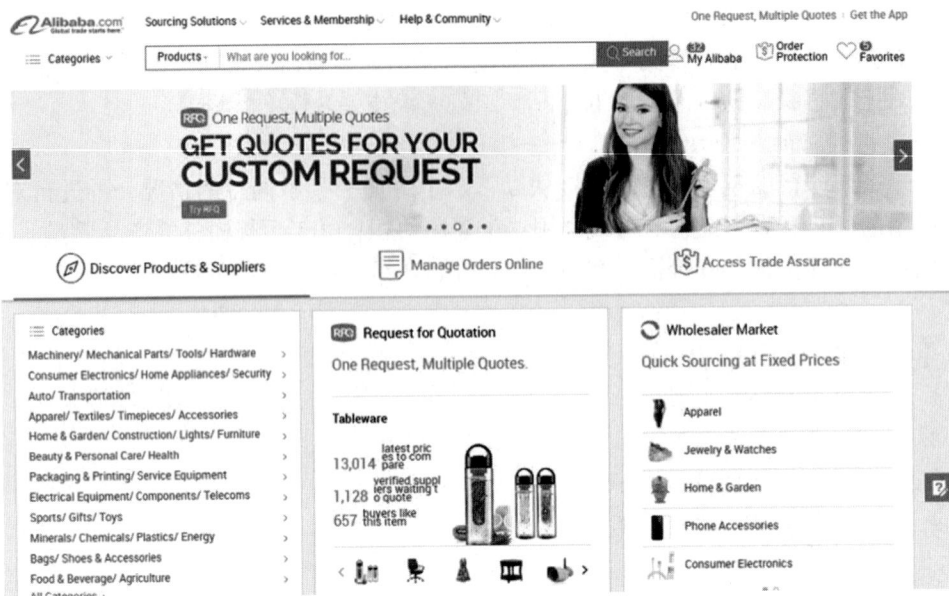

图 2-71　国际站搜索页面

阿里巴巴国际站就像一家大型商城，而平台商家就是驻扎在里面的一家家店铺，当客户进入商城来买商品时，最先看到的是商家的产品，因此商家需要在平台上进行产品发布。

不同于真实店铺可以真实地看到产品、触摸到产品，在网店只能通过图片去判断产品及供应商的质量。因此，网店在发布产品的时候，对于发布的素材需要用心处理，包括图片设计、商品信息描述、公司介绍、公司店铺等，做到第一时间吸引客户。如果只是草率地把几张图片放上去，信息展示不够或不清晰就无法快速和买家建立信任，就很容易流失客户。

课前小组活动：

步骤1：分组，4人为一小组，以小组为单位进行讨论。

步骤2：打开网址 http://www.alibaba.com，在产品搜索框中输入电子产品相关的关键词进行搜索，例如，Smart Watch、Cell phone、Power bank 等。

步骤3：找出一款你认为产品详情描述不够吸引的产品，及一款你认为比较具有吸引力的产品。

步骤4：讨论并列出国际站产品的详情页面需要展示的内容模块。

步骤5：小组派代表进行小结。

一、产品发布规则

产品发布先给平台审核：发布的产品首先要遵守平台的规则，产品通过平台的审核买家才可以看到。

在国际站上发布产品的规则有：

1. 保证发布的产品是真实、准确、合法、有效的

（1）产品描述、公司信息不可以虚假或夸大。

（2）不得发布违规禁止发布的产品，例如，枪支弹药、色情影片等。

（3）符合英文网站的内容，可以用小语种发布。

2. 防止侵权

不可以发布假货、仿货等侵犯他人知识产权的信息；未经权利人许可，不得使用他人的品牌专利。

3. 禁止重复铺货

重复铺货是指第二次及以上发布完全相同或近似的同一产品信息。完全相同的同一产品信息指产品信息的标题、关键词、属性、描述及图片完全相同。近似的同一产品信息指产品信息的标题、关键词、属性、描述及图片高度相似。

二、产品发布步骤

发布一款产品，必经步骤有：

1. 发布产品

进入阿里巴巴国际站后台（以下图片均来源于酷校实训平台），在业务管理版块中"产品管理"项下选择"发布产品"。发布完成后的产品可以在"管理产品"中进行查看。

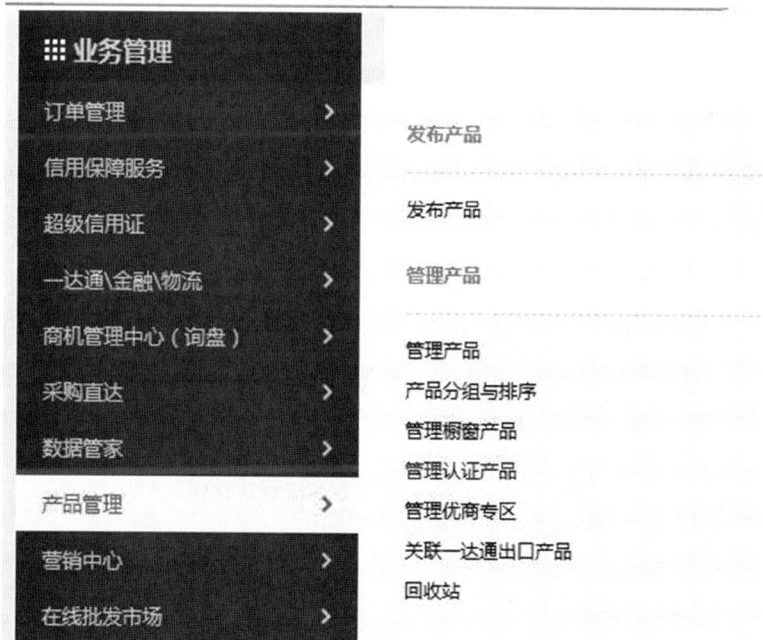

图 2 - 72　产品管理版块

2. 选择类目

进入"发布产品"界面后，可以在搜索框中输入产品关键词，选择产品所属类目。

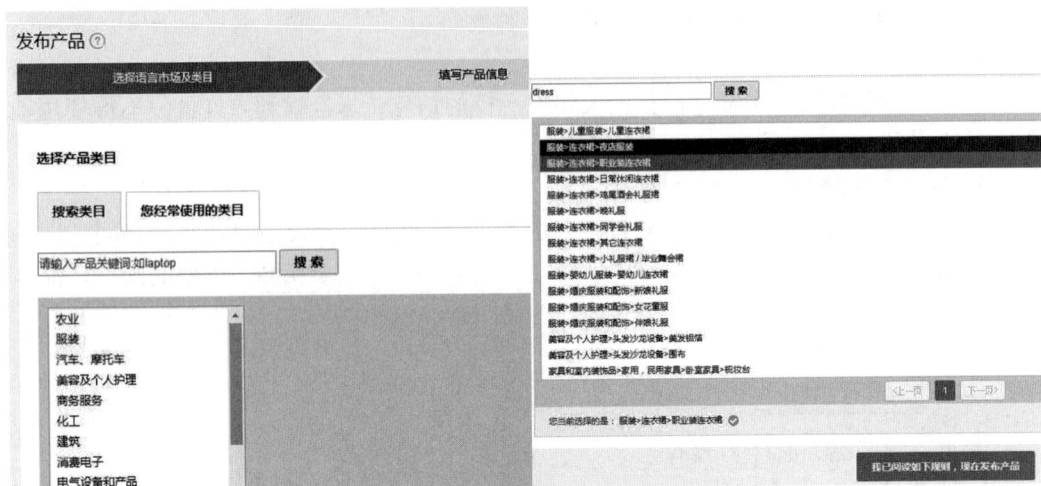

图 2 - 73　产品类目选择界面

3. 填写产品标题和关键词

产品标题的书写应符合英文规范，具体规则会在下一节内容中详述。产品关键词至少要填写 1 个，最多可以填 3 个。

图 2 - 74　填写产品标题和关键词界面

4. 填写产品属性

可以根据具体的产品填写自定义属性，如颜色、尺寸、材质等，最多可以填写 10 个。

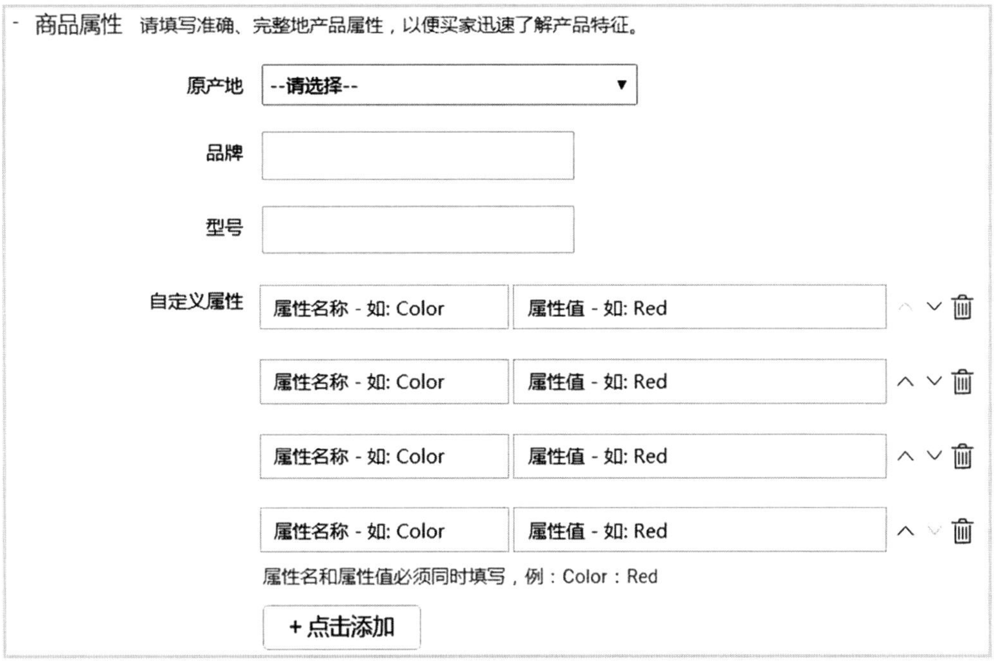

图 2-75　填写产品属性界面

5. 上传产品主图

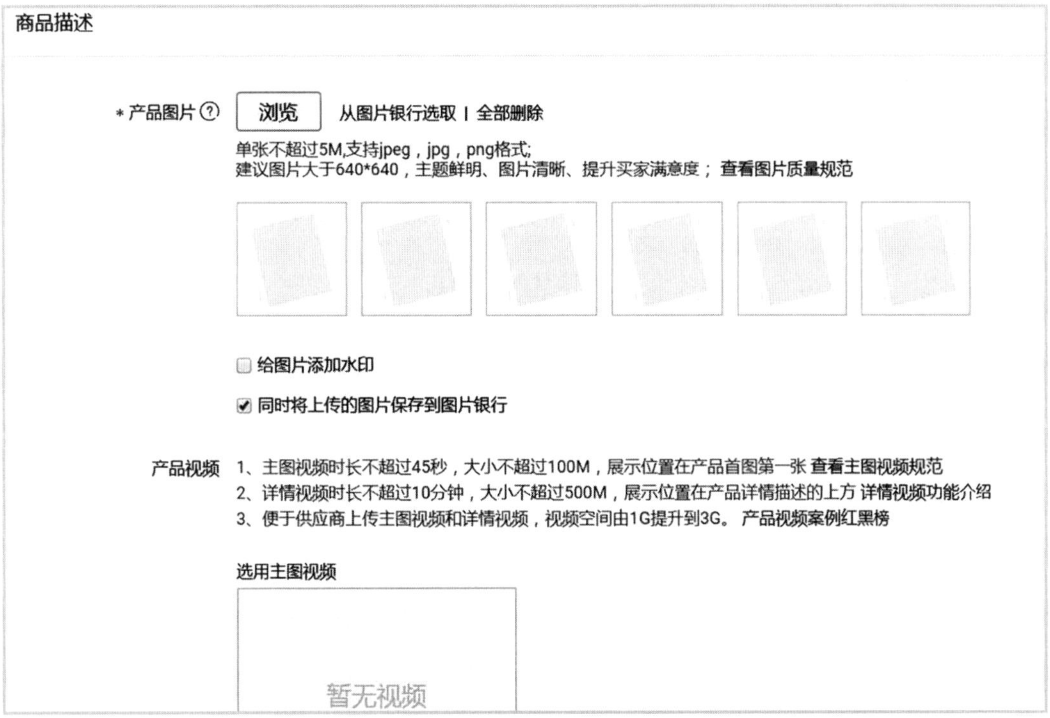

图 2-76　上传产品主图界面

6. 描述商品详情

描述商品详情有两种编辑方式可供选择，一种是智能编辑模式，一种是普通编辑模式。普通编辑模式下最多可以放 15 张图片。

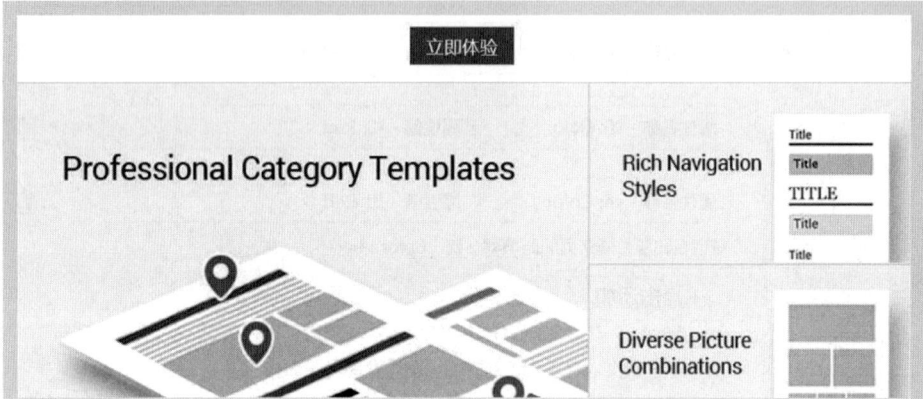

图 2-77　商品详情描述：智能编辑界面

图 2-78　商品详情描述：普通编辑界面

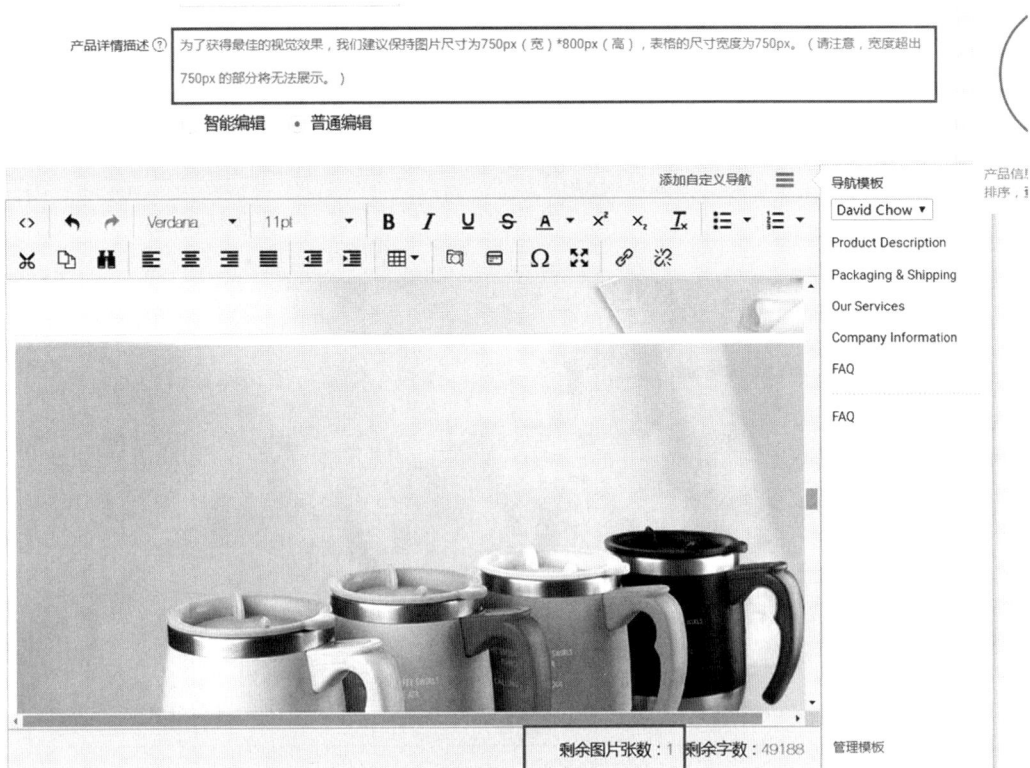

图 2 - 79　普通编辑模式下查看剩余图片数量

7. 填写产品交易信息及物流信息

交易信息　完善交易信息，方便买家做出采购决定。

图 2 - 80　填写产品交易信息界面

图 2-81 填写产品物流信息界面

【课堂讨论】

1. 简述在阿里巴巴国际站发布产品的规则。
2. 简述在阿里巴巴国际站发布产品的步骤。

2.4.2 产品关键词

【课前思考】

1. 什么是产品关键词？
2. 产品关键词有什么作用？

一、关键词的定义

1. 什么是关键词

关键词源于英文 keywords，即产品的中心词，是指单个媒体在制作使用索引时所用到的词汇。客户用来搜索某一件商品所使用的词语就叫关键词。关键词搜索是网络搜索索引主要方法之一，是希望访问者了解产品、服务和公司等的具体名称用语。关键词的设置一般为 3~5 个。

bedroom furniture	1429	273	14000
office furniture	1310	235	10000
outdoor furniture	1588	363	9000
garden furniture	1075	219	8000
wooden furniture	1449	138	7000
wood furniture	1449	138	7000
otobi furniture in bangladesh price	134	15	7000
hotel furniture	1015	189	6000
home furniture	2067	259	6000
furniture living room	349	25	5000
living room furniture	1692	240	4600
rattan furniture	468	180	4400
modern bedroom furniture	817	89	4400
furniture outdoor	396	43	4100
kitchen furniture	770	105	4100
school furniture	594	103	3600
dining room furniture	1062	116	3500
bed room furniture	386	27	3200
restaurant furniture	592	70	3000
rattan outdoor furniture	375	110	3000
bedroom furniture set	825	112	3000
modern furniture design	850	35	2900
wilson and fisher patio furniture	148	14	2700
antique furniture	748	58	2600
patio furniture	557	101	2600
used bedroom furniture for sale	206	14	2400
kid furniture	548	46	2400
salon furniture	431	59	2200
baby furniture	330	19	2200
furniture diwan	92	3	2100

产品关键词表

图 2 - 82　产品关键词表

2. 关键词分类

关键词可分为核心词、目标词和长尾词。核心词通常指的是最简单的词语，同时也是搜索量最高的词语。目标词通常指产品系列最核心的词语，如 women shoes，数量相对较多，特征是搜索量大、竞争激烈、采购目标相对明确。长尾词通常指在目标词的基础上加入客户对产品的要求修饰，也就是包含了核心词的短语，如 black leather women shoes，数量不多，特征是搜索量小、竞争不激烈、采购目标精准。

图 2 - 83　产品关键词分类

二、关键词的重要性

关键词是匹配客户搜索最重要的因素：当客户在搜索框中输入关键词，系统就会匹配哪些商家标题里含有客户目前搜索的关键词，再根据商家产品的好评度、信息质量完整度、服务质量等分数由高到低推送产品给客户。

因此，在发布产品之前就要知道客户是怎么叫这款产品的，这款产品的其他叫法有哪些，这样才能让客户精准地找到商品。

三、查找关键词

为什么要查找关键词？对于同一个产品每个人的叫法各有不同，所以要知道客户在搜索这款产品的时候用的是什么关键词，在发布产品的时候都设置对应的关键词才有可能让客户搜索到。

图 2 - 84　手机关键词示例

常用关键词搜集方法：

1. *数据管家——热门搜索词*

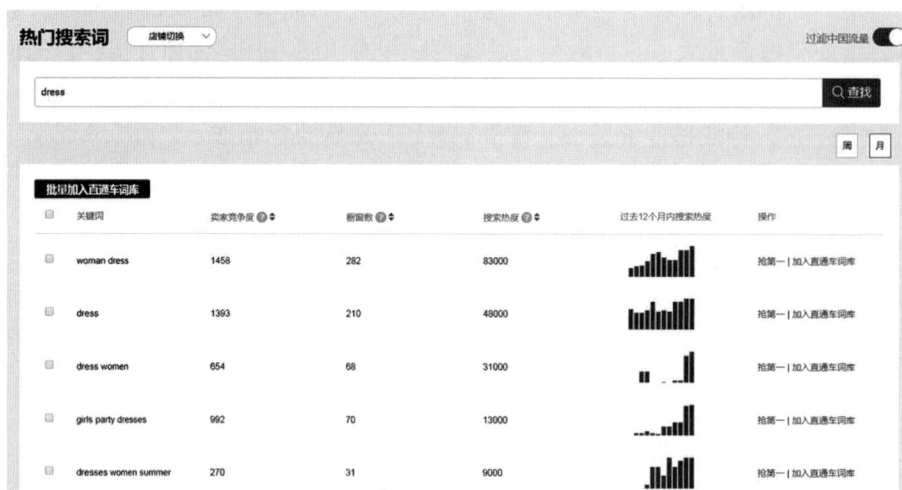

图 2 - 85　热门搜索词界面

操作步骤：打开热门搜索词，键入所销售的产品名称，如 dress；再根据供应商竞争度、橱窗数、搜索热度，以及关键词与产品的匹配度进行筛选，选出优质关键词。

小提示：热搜词里关键词包罗万象，高热度、低热度，精准词或长尾词都在其中，所得数据须经仔细分析、分类。

2. 数据管家——行业视角热搜词

图2-86 行业视角热搜词界面

操作步骤：打开行业视角的热搜词，选定行业及产品类别，即可搜出热门国家的热搜词。

小提示：通过行业视角所得关键词一般为周期性的某特定国家/地区有较高热度的词，对产品判读比较精准，部分可适当用作橱窗或上新产品关键词。

3. 数据管家——访客详情

图2-87 访客详情界面

操作步骤：打开访客详情，浏览各买家常用搜索词。

小提示：常用搜索词可以补充访问过公司网站的客户最新搜索用词，可适当加以利用作为关键词。通过观察一段时间内的访客及反馈情况，可分析最终客户没做出反馈的某些成因，并加以改进。

四、关键词设置原则

1. 关键词设置原则

设置关键词对让买家能更精确找到网售的产品有着重要的意义。在设置关键词时，应遵循以下五个原则：

（1）要有针对性。

在设置关键词的时候，要针对行业、产品性能等方面去选择曝光率高且比较具体的关键词，以便提高潜在客户的点击率，进而提升转化为订单的有效率。例如，"汽车润滑剂"，在设置关键词时，建议不要设置"化工"这个词，而应设置与"汽车润滑剂"有关的词。

（2）站在客户角度考虑。

作为卖家，对自己的行业有比较深刻的认识，对自己的产品有比较专业的把握，潜移默化中就会想当然地以为一些比较专业的词汇就是客户和商家要搜索的关键字。然而，事实并非如此。因此，在设置关键词时，不妨对客户进行调查，搜集他们搜索时常使用的关键词。网上的关键词没有冷热之分，只要有客户去搜索，就是好的关键词。

（3）不要以公司名作为关键词。

为了尽可能吸引最多的潜在客户，瞄准目标也不要太小，要在保证词汇不宽泛的同时，尽量提高关键词的涵盖度。不要为了保证自己的排名去设置一个较长的词汇，更不要用公司名称作为关键词，甚少有人会去搜索特定公司名，除非该公司"声名显赫"。

（4）和自己的产品要相关。

有些卖家为了提高流量去尝试一些热门的话题关键词，比如"金砖四国"等，希望可以引来更多的网友。殊不知，这种"作弊"手法，引来的却是匆匆过客，进来的多是对产品不感兴趣的网友，看一眼便离开了。这样有流量没有销售量的浏览不具有任何意义。

（5）固守本性，扩大特色。

设置关键词的时候要注意自己的产品优势和与同行业产品不同的特点。例如，店铺的等级（×钻、×皇冠），特价促销（包邮、打折、清仓等），品牌，质量保证（韩国原装、如假包换等），图片信息（实物拍摄、真人秀等），销售情况（最多好评、最具人气等），名人效应（某明星在某剧中穿着、佩戴等）等。

2. 设置关键词常见的误区

（1）三个关键词必须填满。关键词是否填满并不影响搜索结果顺序，主关键词必填，另两个关键词是供产品有多种叫法时候使用，如果没有就不必非得填满。

（2）关键词比产品名称重要。产品名称是第一匹配要素，关键词是对产品名称的补充，两者都需要认真填写。

（3）罗列关键词对搜索结果有利。罗列关键词会让机器辨别不出主次关键词，不利于排名。

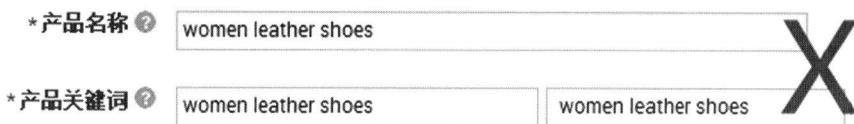

图 2 - 88 关键词误区示例

（4）用不同的或相近的关键词持续发布产品信息对排序有利。铺词行为会导致网站上出现大量的重复产品，严重影响买家体验；产品基数越大管理维护成本也越大，会导致网站上出现大批量零效果产品；产品数量越多、零效果产品的占比越大，排名受负面影响的程度也会越大。

（5）三个关键词设置相同对排序有利。三个关键词相同与设置单一关键词情况下的搜索结果并无异样，且关键词对产品排名没有影响作用。

小贴士：

1. 建议选择买家常用的热门关键词，让买家快速搜索到相应产品。

2. 关键词避免过长或含公司内部产品型号，买家较少用很长的词搜索，若产品型号非行业内通用，买家搜索热度可能不高。

3. 每个产品可设置三个关键词，同等重要且不分先后，不建议设置三个完全一样的关键词，例如，手机的"产品关键词"为 mobile phone，"更多关键词"可设为 cell phone、mobile 等。

4. 关键词不分大小写。

【课堂讨论】

1. 关键词的分类。

2. 关键词的重要性。

3. 如何查找关键词？

4. 关键词的设置原则。

【课堂练习】

请说出 1. Pink Lady cashmere sweater ；2. Charm moving E6 Bluetooth headset 中的核心词、目标词和长尾词。

【实操练习】

任务详情：你开了个网店，卖的产品是裙子，现在要对这个产品进行关键词查找，找的关键词越多，分数越高。请登录酷校实训平台进行关键词查找。

【实操要求】

1. 查找并搜集关键词，把找到的词复制到表格里。

2. 所找的词必须是符合该产品的英文关键词。

评分标准：找到 5~10 个 5 分，找到 10~15 个 8 分，找到 15~20 个 10 分。

理论自测

一、单选题

1. 以下哪个是搜集关键词最重要的渠道？（　　　）

A. 词来源

B. 热门搜索词

C. 访客详情

D. 我的词

2. 对于关键词的选用，以下哪种说法是正确的？（　　　）

A. 关键词要选用有热度的

B. 关键词要选用跟产品匹配的

C. 关键词可以选用他人的品牌来提高流量

D. 关键词可以自己创造

3. 关于影响关键词搜索热度的因素，以下说法错误的是（　　　）。

A. 行业大词的搜索热度最高

B. 搜索热度低的词没什么作用

C. 行业趋势

D. 季度性产品关键词搜索热度波动较大

4. 若关键词中包含品牌词，该如何处理？（　　　）

A. 挑选使用

B. 没有关系，直接使用

C. 坚决不用

D. 确认是否拥有专利，避免侵权

二、判断题

5. 提升主打关键词的排名能够有效带动长尾关键词的排名，这样的说法是否正确？（　　　）

6. 在阿里巴巴后台查看关键词展示及点击情况可以到【数据管家】→【知己】→【我的词】界面下操作，这样的说法是否正确？（　　　）

7. 在阿里巴巴后台查看热门搜索词的相关信息可以到【数据管家】→【知行情】界面下进行操作，这样的说法是否正确？（　　　）

8. 在阿里巴巴后台可以通过"加词＞出价＞完成"的操作方式使用关键词工具进行操作，这样的说法是否正确？（　　　）

9. SEO 是一种利用搜索引擎的搜索规则来提高目的网站在所有有关引擎内排名的方

式，这样的说法是否正确？（　　　）

10. 网页的最后修改日期也有可能成为搜索引擎排名的因素之一，这样的说法是否正确？（　　　）

11. 站在客户的角度做营销决策有助于提升营销效果，这样的说法是否正确？（　　　）

12. 关键词越简短，客户需求越模糊，这样的说法是否正确？（　　　）

13. 通常来说，日本当地的搜索引擎效率会优于谷歌日本，这样的说法是否正确？（　　　）

三、多选题

14. 在阿里巴巴后台可以通过以下哪些方式添加关键词？（　　　）

A. 搜索关键词　　　　B. 系统推荐词　　　　C. 手动添加关键词　　　D. 以上都不正确

15. 在拓展海外市场时，借助高效的工具可以提升工作效率，以下描述正确的是：（　　　）

A. 网站 www. nicetranslator. com 适用于拓展日本市场。

B. 网站 www. dragon-guide. net 适用于开拓日本市场。

C. 网站 www. nicetranslator. com 适用于在线翻译多国语言。

D. 网站 www. dragon-guide. net 适用于在线翻译多国语言。

16. 下列关于"关键字（词）"描述正确的是：（　　　）

A. 关键字（词）出现在网页中可以帮助搜索引擎找到网页。

B. 关键字（词）出现的次数影响排名的顺序。

C. 关键字（词）以自然语句的频率出现效果最佳。

D. 过度人为插入关键字（词）的行为，可能被归类为作弊。

17. 在 My Alibaba 后台，可以通过以下哪几个维度查看关键词？（　　　）

A. 我的词　　　　　　B. 他的词　　　　　　C. 热门搜索词　　　　D. 行业视角

18. 阿里巴巴国际站内长尾词可以通过哪些途径获得？（　　　）

A. 热搜词　　　　　　B. 行业视角　　　　　C. 外贸直通车　　　　D. 外贸邮

19. 阿里巴巴国际站外长尾词可以通过哪些途径获得？（　　　）

A. GOOGLE AD　　　B. UOL　　　　　　　C. YANDEX　　　　　D. SINA

20. 通过本课程的学习，下列属于打造行业 TOP10 数据的要素有哪些？（　　　）

A. 主打关键词排名优化　　　　　　　B. 长尾关键词大量覆盖

C. 流量有效转化为询盘　　　　　　　D. 以上都不对

2.4.3　产品标题

【课前思考】

标题和关键词哪个重要？

一、标题的重要性

开通网店，当然是希望客户无论通过哪个关键词搜索，自己的产品都能够出现在客户面前，销量也会随之而来。如果想让客户搜索到产品，那么标题里必须含有客户搜索的关键词。

二、标题制作范例

现在假如要发布这款产品，一般我们建议标题的组合方式为：标题＝营销词＋属性词＋热搜词。

营销词：产品营销性词语。例如，new arrival、hot sale、hot、promotion 等。

属性词：该产品的属性词。例如，red（红色）、PU（这款产品用的是 PU 皮）、lady（这款是女式包）等。

热搜词：别人对这款产品的叫法。例如，hand bag、lady hand bag、leather hand bag、tote bag 等。

图 2－89　产品样图

于是组合该产品的标题：2019 new arrival red lady handbag PU leather designer tote bag for sale。

标题里含有的营销词：2019 new arrival、for sale，一般会放在句子前面或者后面。

属性词：red、lady、PU、leather、designer，即描述该产品属性的词语，有利于客户精准搜索到该产品。

热搜词：hand bag、tote bag。

三、跨境电商产品名称设计应注意的问题

产品名称是买家搜索的第一匹配要素，名称的设置决定了买家是否能精准搜索定位到产品。换句话说（同等产品信息质量的前提下），产品名称书写是否专业，决定了产品排名是否靠前。名称设计具体注意事项如下：

1. 产品名称和搜索词的相关性

以 black high heels 举例：

如果买家在用 black high heels 搜索产品时，以下三种标题描述方式，从文本相关性上讲，都是一样的。

New arrival sexy woman black leather high heels 2016.

2016 lady fashion black genuine leather high heel shoes.

High – end black high heels.

上述案例都有一个特点，即各产品名称内均包含关键词"black high heels"，使得买家在使用该特定关键词时三个相关产品均有被曝光的可能性，在设置产品名称过程中需注意配合关键词设计。

2. 使用"with"或者"for"突出产品属性及用途

2015 exhibitor Canton fair with CE – ROHS and GS blood circulation machine.

这个名称中，核心词 circulation machine 放在了最后，但是也是错误的，因为在有 with 或者 for 时，系统会判断 with 或者 for 前面的是核心词。

因此，标题可以写成：2015 exhibitor Canton fair blood circulation machine with CE – ROHS and GS.

再举个正确的例子：Waterproof mobile phone hard case for samsung galaxy S6.

3. 产品名称长度要适当

根据买家搜索词的字符限制可见，产品的名称能恰当地突出产品部分优势特性即可，应尽量避免产品名称过长。

4. 避免产品名称中关键词堆砌

产品标题中包含多个不同的名称，买家用这些不同的名称搜索都能搜索到该产品吗？其实这是个误区，产品名称罗列和堆砌不但不会提升产品的曝光可能，反而会降低产品与买家搜索词匹配的精度，从而影响搜索结果，影响排序。

5. 慎用特殊符号

产品名称中慎用特殊符号"/""－""（ ）"等，它们可能被系统默认成无法识别字符，影响排序。如需使用，请在符号前后加空格。

【课堂讨论】

1. 标题的组合方式。

2. 请在阿里巴巴国际站搜索一款你喜欢的产品，并为其编制一个标题。

【课后作业】

请以生活中的物品为例，拍一个产品图并为其设计商品标题，把图片和标题发给老师。

2.4.4 产品主图

【课前思考】

1. 当你在网上购物选择产品时，最先吸引你注意力的是什么？

2. 什么是主图？主图有什么作用？

一、视觉营销

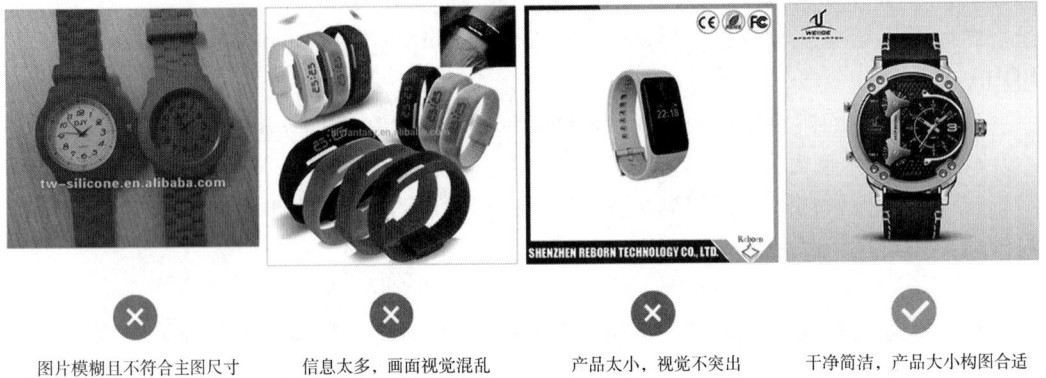

| 图片模糊且不符合主图尺寸 | 信息太多，画面视觉混乱 | 产品太小，视觉不突出 | 干净简洁，产品大小构图合适 |

图 2 - 90 视觉营销案例

1. 什么是视觉营销

视觉营销，顾名思义就是在客户的视觉感官上下功夫，引起客户的共鸣，产生对产品深刻的认同感，从而达到营销的目的。

视觉是手段，营销为目的。所有视觉效果的实现都是以营销目标为前提，就叫作视觉营销。

在国际站中，视觉上最直观的就是看到的图片，通过曝光可以看到图片，而图片会最直接地影响到国际站的点击量以及询盘量。

2. 为什么要注重视觉营销

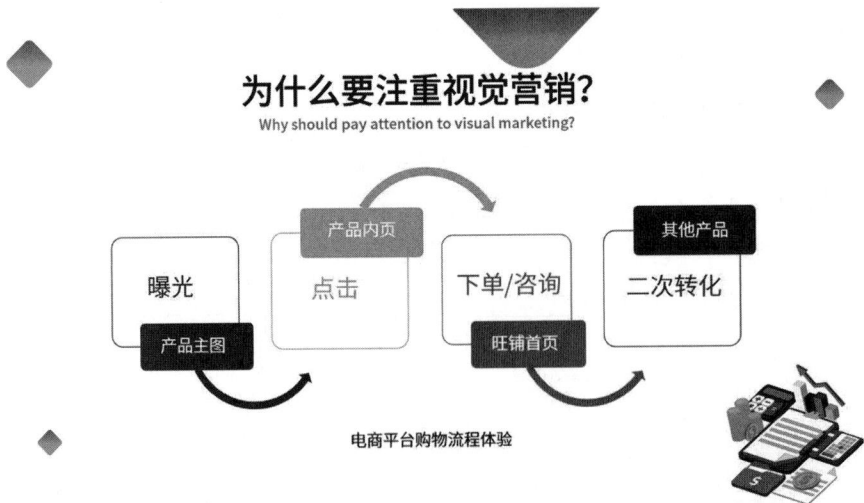

图 2 - 91 视觉营销的重要性

买家浏览国际站的流程：第一，通过搜索关键词会查找到很多的产品，而挑选产品最直观的就是看到产品的主图。第二，当买家对这个主图感兴趣后就会点击查看。第三，接下来就会看到产品内页，如果产品内页直接符合买家需求，买家会下询盘。第四，还抱有疑问或者想了解更多产品的情况下，买家会进入店铺的首页或者关联页面去了解更多关于公司的信息，或者考虑公司的其他产品，最终再做决定。

纵观整个流程，都离不开图片，图片的视觉营销直接影响了点击量以及反馈量。

产品主图关系到点击量，所以制作主图时需思考：图片够不够清晰、精美？图片能否吸引眼球？图片能不能引起访客的点击欲望？图片是否突出卖点？图片是否具备视觉冲击性？

产品内页关系到询盘量，所以需考虑：详情页模块是否完美？卖点提炼如何表达？页面中买家到底想看到什么？画面表现能否消除买家顾虑？

公司首页则能够让访客对产品和公司加深了解，所以需要明确：产品定位是高大上还是廉价促销？性价比看上去如何？从画面上看值得购买吗？公司规模怎么样？是不是有别的产品选择？等等。

3. 如何做好视觉营销

第一，必须要有明确的主题，所选的元素都必须围绕这个主题来展现。主题一般都是价格、折扣等促销内容，还有产品卖点等信息应该放在视觉焦点上。例如，双十一大促、情人节、中秋节，各种时事热点都可以成为主题，让人能够一眼看出你想要表达什么。

第二，目标明确，美化模特及产品。

（1）符合目标人群审美特征：国家、性别、年龄、人群定位（如学生、家长、上班族等）。

（2）符合目标人群的心理期望：模特既要与目标人群特征相符，也要和产品特点吻合。（投射效应，让消费者把自己想象成画面中的模特，或者是想象自己使用产品后的效果。）

第三，做好字体的选择、色彩的搭配以及构图的方式。

（1）字体：首先要确定字体的类型。设计时，字体应该有大有小、有粗有细，重点词应该着重凸显；其次要确定店铺核心字体，一般情况不超过3种字体，不同字体的类型给人的感觉是不一样的，黑体让人感觉正式，宋体让人感觉艺术，促销类的会使用较为粗大的字体，应该根据需要去选择合适的字体。

确定字体的类型(英文字体同理)

确定符合主题的字体类型（如黑体、宋体、幼圆等），选用字体尽量不超过3种

宋体 衬线　宋体 VS SONG

黑体 无衬线　黑体 VS HEITI

书法 手写体　书法 VS Shufa

方正兰亭特黑
方正兰亭大黑
方正兰亭粗黑
方正兰亭中粗黑
方正兰亭中黑
方正兰亭黑简体
方正兰亭纤细黑
方正兰亭刊黑
方正兰亭超细黑

不同字体给人的感觉各不相同

字体有粗有细，有主有次

图 2－92　字体选择

（2）色彩：①首先要考虑公司、产品适合什么样的主题色。例如，跟健康有关的一般会选用绿色，跟清洁和科技有关的一般会选用蓝色，跟促销有关的一般会选择红色或者橙色等。其次，主色和辅助色应该呼应和统一，要突出不一样会选用对比色，要画面整体和谐会选用同类色或者邻近色。②要清楚色彩是有感情的，会给人带来联想，所以在食物方面一般会选用暖色的红或者橙色，增加食欲；蓝色会给人安静舒适的感觉；紫色是浪漫与梦幻；绿色是活力与健康等。根据产品和主题去完善我们的配色，整个画面看起来才更有感觉。

当对色彩把握不大的情况下，简单的控制色彩的方法是用色尽量不超过3种，确定好主色调、辅助色和对比色，这样画面看起来就不会显得脏乱了。

（3）构图：注重构图与对齐的方式。①集群构图：人们总把位置靠近的看成一体的，所以把关联性高的主要信息组合在一起便于一次性传达。②常规结构：左中右结构、左右结构、三角构图。③文字对齐：左对齐及居中对齐较为常用。没有把握以及不熟悉的构图方式尽量少用。

4. 视觉营销要点总结

（1）图片清晰：图片要干净清晰，模糊的图片会让顾客感到不安。

（2）突出主题/卖点：主题要清晰明了，告诉买家你想要表达什么。

（3）美化产品/模特：产品图优化产品，模特图美化模特，挑选合适群体的模特。

（4）符合企业定位：企业定位是高端品牌，还是中端的具有好的性价比，抑或是低端的价格比拼？

（5）设计美观：做好字体颜色以及整体构图的搭配。

二、设计主图

1. 定义

产品主图是对所销售商品的一种最直接的视觉展示方式，是对文字描述的补充。使用图片直观展示产品，可以让买家在浏览产品时获得更多的产品细节特征，丰富的高品质图片会很大程度上影响买家转化。在设计产品主图时，应以美观、能充分展示促销信息为原则，且尽可能制作成正方形。

产品主图的设计要求是：

（1）图片清晰，产品主体突出，背景干净。

（2）图片与产品描述相符，多角度展示，细节展示，图片适当展现卖点（特质、亮点、认证等）。

（3）加水印或企业 Logo，保护自身的知识产权。

（4）建议像素：1 000×1 000px。

2. 主图上传的基本要求

图 2-93 主图上传的基本要求

国际站主图上传的系统要求：

（1）单张图片文件大小不超过 5MB。

（2）图片格式支持 Jpg、Jpeg、Png，但一般是上传 Jpg、Jpeg 格式（Png 是一种含有透明通道的图片格式，这种格式的图片就只包含单纯的产品，没有背景效果）。

（3）图片大小要求 640×640 像素（像素越大，图片越清晰，文件也会越大）。

2. 主图制作的参数建议

国际站做图建议:

操作软件:PS(Photoshop)

宽高: 800x800像素

分辨率: 72像素

颜色模式: RGB

导出web格式(JPG): 文件小于400KB

注:1.国际站主图不能出现中文

2.未认证的产品避免出现认证信息(SGS、CE等)

图2-94   主图制作的参数建议

主图制作的参数建议:

(1)工具选择:建议使用 Photoshop(PS)。因为 PS 是一个功能非常强大的工具,它可以做出很多特别的效果,只要学会运用一些简单的操作就可以制作一个主图。

(2)图片大小:建议大家制作主图的像素用 800×800px。因为这个大小已经可以做到足够清晰,文件也不会太大。

(3)分辨率:分辨率一般在网页中显示,72 分辨率已经足够,分辨率越高,图片文件越大;如果是需要拿去打印的图片,那么建议分辨率在 300 以上。

(4)颜色模式:选用 RGB 颜色模式,CMYK 模式一般用于印刷。

(5)文件大小:导出图片文件小于 400KB,文件小,客户加载图片的时间才快,不需要等待太长时间加载,这也是要控制文件大小的一个原因。

3. 主图设计的风格定位

(1)产品分析。分析产品的卖点、适合的颜色、风格、适用的人群等。

如果我们在考虑的时候感觉比较迷茫,也可以去分析一下优秀的同行,看看他们的主图是怎么做的,要突出的点是什么。确定了这些点我们再去动手制作。

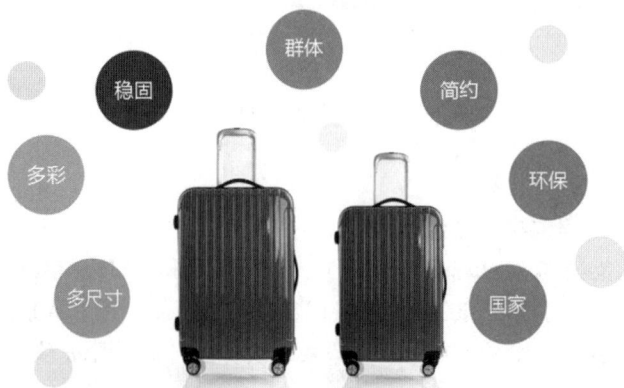

图2-95   产品主图分析案例

（2）结合国外卖家喜好。

制作国际站主图跟一般制作淘宝天猫店的主图不一样，因为淘宝天猫店主要是针对国内买家，只需了解国内买家的喜好即可。如果到跨境平台，我们就要结合国外买家喜好、忌讳的风格以及颜色，投其所好去设计国际站主图。

例如，美国人用色很鲜亮，喜欢白色、黄色、蓝色、红色等，在他们看来白色是纯洁的象征、黄色是和谐的象征、蓝色和红色是吉祥如意的象征。他们忌讳黑色，认为黑色是肃穆的象征，是丧葬时用的色彩，在设计上我们应该避免大量使用黑色。

此外，国外买家一般都比较喜欢干净简约的主图，所以在设计主图时从简即可，保证产品的大小以及图片的清晰。

4. 国际站主图设计建议

分析国际站主图特点[1]：

（1）3 个基础门槛要求必须满足，否则无法发布商品。

新发商品或编辑原有商品时，不满足以下任一条件都将无法发布。对于已发布商品，系统会检测出来，推送至搜索诊断中心—产品诊断界面，让大家尽快优化。

①图片大小：不超过 5MB。

②图片比例：近似正方形（比例在 1 : 1 ~ 1 : 1.3 或 1.3 : 1 ~ 1 : 1 之间）。

③图片像素：大于 350 × 350px（类似 750 × 750、1 000 × 1 000 尺寸，近正方形都是可以的）。

（2）参考行业化建议。作为优质图片建议，参【必看】链接，但是图片质量不佳会影响买家点击效果，进而影响搜索排序。

【必看】各行业的优图建议见链接：https://activity.alibaba.com/pc/588125f6.html。

另外对买家偏好度低的问题图片，在国际站后台的诊断中心进行检测和提示；同时，在发布产品时，上传主图后，如果图片有问题，系统会直接提示具体哪里有问题，可针对优化。

---

[1]　内容节选自阿里巴巴国际站外贸圈《Alibaba.com 商品主图发布公告》。

图 2 - 96　图片优化建议

（3）常见问题解析。

①必须满足这么多行业要求吗？不满足有什么影响？

答：如上所述，规范分为 3 个基础硬性规范和优图建议。硬性规范必须满足，否则无法发布商品；而优图建议规范不强制要求，可以参考，目的是引导大家优化，后续搜索只会针对差图做排序影响，主要围绕（图片背景清晰、图片主体突出）等几个方面。

②全行业通用建议的某些点非常不适合我的行业怎么办？

答：如果你的行业有特别强的个性化要求，以上规范无法满足你的需求，可以给我们提供建议：https：//survey. alibaba. com/survey/kwK8E － VI4？ spm = a2728. 8780708. j3fa58 nz. 1. 16KfwV。

③为什么不建议加边框？

答：之前平台没有明确过对图片边框的详细要求，但客户可能从一些非官方渠道收到建议加边框会提升点击量的声音。但从目前的情况来看，加边框会显得杂乱无章，对买家的购买体验并不好。为了提升买家体验，统一规范，平台明确了方向（不建议加边框），希望大家据此优化自己的图片！

④主图不加水印盗图怎么办？

答：平台对于盗图是有投诉流程的，同时我们也会尽快上线其他工具来解决盗图问题！

盗图惩罚新规则：https：//rule. alibaba. com/rule/detail/6392. htm。

⑤主图什么都不让加，如何体现我的产品特色？

答：可以在商品的第二、第三、第四张图及详情中体现你的产品特色！

⑥为什么我按照提示优化了图片并且发布成功，但是诊断中心还提示图片质量不佳？

答：目前诊断中心的数据同步有 4～5 天的滞后，只要您在编辑产品时没提示有问题，就说明没问题了！

5. 国际站主图制作步骤建议

（1）产品实拍，并进行适当的优化。除了产品，主图不加其他东西，以免被误认为是赠品。

（2）设计边框简洁，最多加上 Logo，建立品牌感。

（3）产品占主图 80% 以上。

（4）白底。

（5）800×800 像素（正方形）。

（6）1 张主图，5 张细节图（不同角度、颜色、款式）。

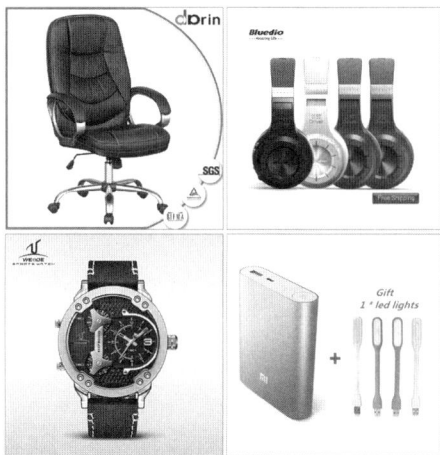

图 2-97 优秀主图案例

【课堂讨论】

1. 视觉营销的重要性。

2. 视觉营销的要点。

3. 产品主图的设计要求。

4. 主图上传的基本要求。

5. 主图制作步骤。

理论自测

1.【单选题】产品主图最多可以上传（　　）张？

A. 6 　　　　　　　　B. 4 　　　　　　　　C. 5 　　　　　　　　D. 8

2.【单选题】在拍摄反光性产品时，是从（　　）角度进行拍摄的。

A. 侧面 　　　　　　　B. 正面

3.【单选题】以下哪项关于视觉营销的说法是错的？（　　）

A. 可以利用色彩、图像和文字等造成冲击力，吸引潜在顾客的关注。

B. 视觉营销是做好营销必不可少的营销手段之一。

C. 视觉营销就是网络营销。

D. 视觉营销可以增加网站和产品的吸引力。

4. 主图实操进阶考核（参考图 2-97 优秀主图案例，在酷校实训平台完成主图实训考核）。

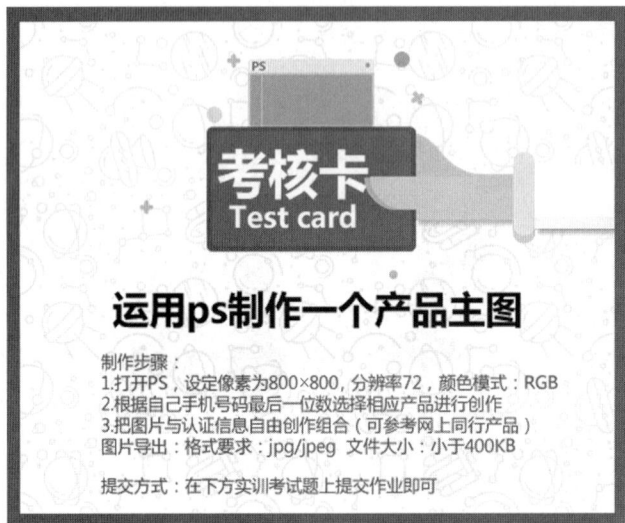

图 2-98 主图实训

主图考核评分标准：

（1）图片不符合系统要求，选择产品不符合要求，产品变形或抠图效果太差：6 分以下（不及格）。

（2）白底抠图完成基本主图制作：6~7 分（有待提升）。

（3）能做好抠图与认证信息结合：7~8 分（基本掌握）。

（4）抠图与认证信息结合好，大小主次控制好，做好排版与文字以及背景处理：8~9 分（熟悉掌握）。

（5）在做好以上前提的情况下能结合卖点进行创作：9 分以上（完全掌握主图制作技能）。

2.4.5 产品内页

【课前思考】

1. 什么是产品内页？

2. 请观察国内主流电商平台（淘宝、天猫、京东等）产品详情页面由哪些部分组成？

一、产品内页定义

网站内除了首页以外的所有网页均称为产品内页（也称为详情页），其中包括产品页、内容页等。详情页，顾名思义，就是用于介绍产品的功能（价值点）以及那些与众不同的地方，进而促进买家购买的介绍页面。在经营店铺的过程当中，详情页设计的好坏，直接影响客户的去留。客户在页面停留的时间越长，询盘下单的机会就越大。详情页设计不好，就无法引起客户的购买欲望。

二、产品内页设计

1. B2B 产品内页 FABE 营销法则

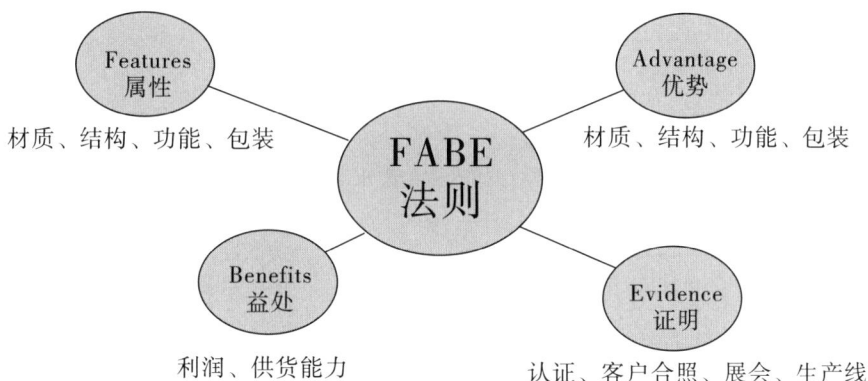

图 2 - 99　B2B 详情页营销法则

（1）属性（Features）：包括产品的材质、结构、功能、包装等。

（2）优势（Advantage）：告知客户产品的材质、结构、功能、包装等好在哪里，与同行相比，优势在哪里。

（3）益处（Benefits）：客户为什么要购买你的产品，你的产品能带来的利润以及如何体现供货能力。

（4）证明（Evidence）：通过展示产品的认证信息、与客户的合照、参展图片、生产线图片等证明公司实力的图来获取客户的信任。

2. 产品内页详情描述

（1）两个根本点：①把所有客户都当成非专业人士；②寻找产品的价值点而非促销点。

（2）六个要点：①谨记三秒钟注意力原则；②描述前三页决定买家是否购买商品；③描述一定要有情感营销的因素在，且能引起买家的共鸣；④描述一定要诉求出利益的因素，即 FABE 利益排序法；⑤消除一切使买家分心或者暂缓购买的详情页内容；⑥记住最重要的一点——商品卖点有且只有一个，要不停地告诉买家。

3. 产品内页详情描述版块

（1）产品图片：一般展示产品整体外观以及整体功能优势。

（2）产品参数/细节：让买家更加清楚产品的相关属性。

（3）产品优势：将产品的卖点逐一解释清楚。

（4）公司介绍：国际站买家会非常关注公司的实力和资质，加强买家的信赖度。

（5）解决疑惑：常见的 FAQ，解决买家的常见疑惑，减少客服的工作量。

（6）我们的服务：突出服务优势，加强买家的信任感。

（7）工厂信息及生产实力：制作工艺是怎样的，生产实力如何，让买家认可公司的实力。

（8）联系方式：方便买家直接找到你进行咨询联系。

（9）更多产品：让顾客有更多的选择，减少引进来的流量的流失。

（10）下单指引：让买家更便捷地下单购买。

（11）返回首页：让顾客更全面地了解公司产品/信息，加强购买信心。

产品标题	
产品主图2张	正面图
产品细节图2张	多角度图
表格	
产品优势3张	材质、结构、功能、包装
下询盘页面1张	设计+超链接
公司实力2~3张	客户合照、展会、信保、生产线、团队、展厅
同类产品推荐2张	同款式产品+超链接
回到首页1张	设计+超链接

产品内页基础版块

- 产品图片
- 产品参数/细节
- 产品优势
- 公司介绍
- 解决疑惑
- 我们的服务
- 联系方式
- 工厂信息及生产实力

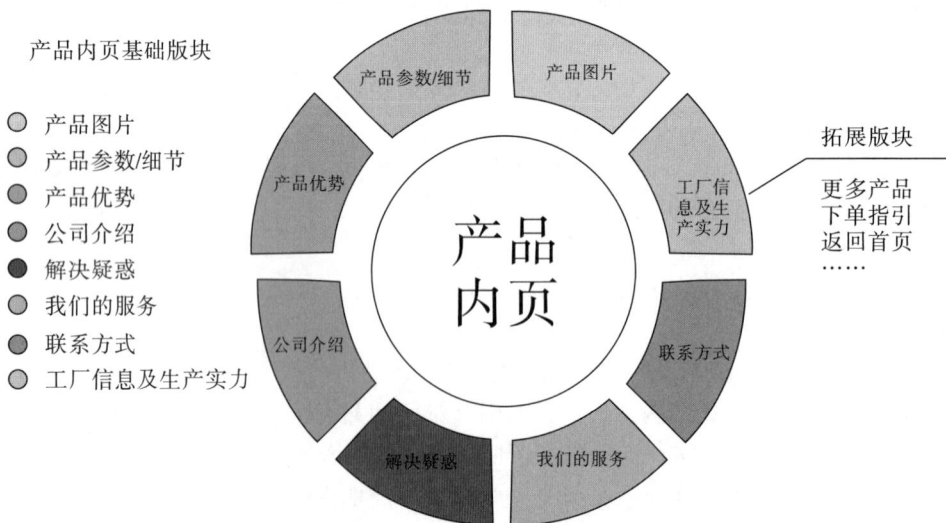

图 2-100　详情页构成

4. 国际站内页上传的基本要求

系统要求单张图片尺寸为 750×800 像素（这里对高度没有太多的限制，只要不超过 800 即可，具体要根据自己的需要去作图）。

系统最多支持上传 15 张图片（如果按每张图片 800 像素来算，那么整个页面的高度必须控制在 12 000 像素之内）。

注：右边有一个导航模板，点击进去可以看到管理导航的后台。这是为了方便管理自己的模板（详细参考后面的实操视频）。

5. 产品导航基础认识

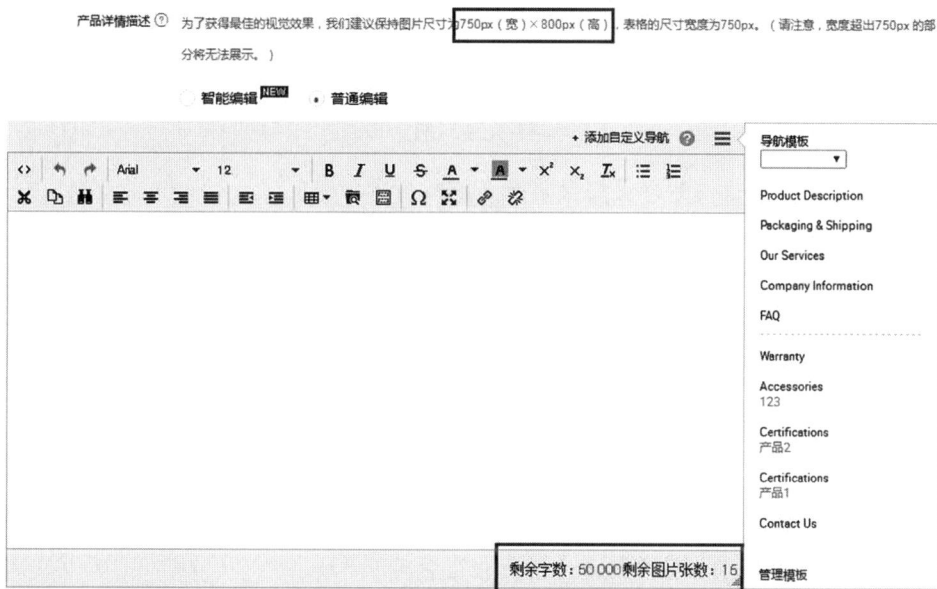

图 2－101　产品导航基础认识

产品描述导航功能可以将产品细分拆成模板，方便操作者管理产品详情页面信息结构，并且可以让买家快速定位到产品描述关键信息，起到快速查看的作用。

图 2－102　管理导航模板

6. 产品内页模板设计要求

（1）风格统一：模板设计要体现公司的文化底蕴，适合产品自身的特点，并适合国际市场不同国别文化的要求。

（2）图片精美：要能抓住买家眼球，并与内容详情相匹配。

（3）展示全面：充分展示产品的内容，尽可能把买家的疑问消灭在产品介绍中。

（4）产品卖点：充分展示产品的卖点，体现出专业性并尽量满足买家的需求。

【课堂讨论】

1. 请解析 B2B 详情页 FABE 营销法则。

2. 产品内页由哪些模块组成？

理论自测

1.【单选题】详情描述普通编辑里最多能放多少张图？（　　）

A. 15 张　　　　　　　B. 16 张　　　　　　　C. 13 张　　　　　　　D. 10 张

2.【单选题】产品详情中出现图片失效的原因有可能是（　　）。

A. 该图片在图片银行中被删除　　　　　B. 图片格式不对

C. 产品是零效果产品　　　　　　　　　D. 图片太大

3.【单选题】发布产品时，详情页的表格尺寸宽度最大为（　　）。

A. 800px　　　　　　　B. 600px　　　　　　　C. 500px　　　　　　　D. 750px

4.【单选题】关于发布新产品，以下描述正确的是（　　）。

A. 只要设置了关键词，标题中没有也是没关系的。

B. 产品的类目可以在推荐的 3 个类目中随便选一个。

C. 产品图片越大越好。

D. 产品属性要填写完整、专业。

5.【单选题】产品的曝光跟什么因素有直接关系？（　　）

A. 产品的排名　　　B. 产品标题　　　C. 产品的详情页面　D. 产品图片

6.【单选题】橱窗产品跟普通产品相比，具有什么特权？（　　）

A. 点击率更高　　　B. 反馈率更高　　　C. 排名优先　　　D. 一定会上首页

7.【单选题】全球旺铺"多商家在线"版块（即悬浮旺旺）可以设置几个旺旺 ID？（　　）

A. 5 个　　　　　　　B. 7 个　　　　　　　C. 3 个　　　　　　　D. 1 个

8.【判断题】通过本课程的学习，我们不难发现产品图片是影响曝光到点击率转化的最主要因素，这样的说法正确吗？（　　）

9.【判断题】通过本课程的学习，我们不难发现产品详情模板是影响点击到询盘转化率的最主要因素，这样的说法正确吗？（　　）

10.【判断题】通过本课程的学习，我们不难发现公司全球旺铺不是影响客户信任建立的最主要因素，这样的说法正确吗？（　　）

11. 【判断题】在服装模特的展示过程中不要放入人脸，这是很多外国人喜欢看图的一个特点，这样的说法正确吗？（　　）

12. 【判断题】产品相关性不影响产品在阿里巴巴平台上的产品搜索结果，这样的说法正确吗？（　　）

13. 【判断题】高质量的产品信息会影响整个网站的权重及关键词的排名，这样的说法正确吗？（　　）

14. 【多选题】关于阿里巴巴国际站旺铺主图，如下描述正确的是（　　）。

A. 主图是客户在列表页看到我们产品的第一张图。

B. 主图就是一张图片，不需要在意。

C. 制作主图时要重点突出主产品。

D. 产品大小比例按照 0.618 黄金分割点来占比和布局。

15. 【多选题】关于在阿里巴巴国际站上发布产品，以下描述正确的是（　　）。

A. 产品类目要选择准确。　　　　　B. 产品名称必须包含买家搜索词。

C. 简要描述相当于产品广告语。　　D. 以上都不对。

16. 【多选题】在阿里巴巴国际站上发布产品时，通过哪些模块的描述可以提高产品专业度？（　　）

A. 结构化文字，可以便于买家阅读。

B. 参数表格，可以体现产品重要的参数细节。

C. 细节图片，可以把产品重要的细节展现出来。

D. 以上都不对。

17. 【多选题】为了打造优质阿里巴巴平台产品模板，描述产品时可以包含以下哪些内容？（　　）

A. 生产流程线　　　B. 产品构造示意图　C. 产品描述　　　　D. 产品认证

18. 【多选题】为了打造优质阿里巴巴平台产品模板，描述公司时可以包含以下哪些内容？（　　）

A. 公司外观图　　　B. 工厂景观　　　　C. 工厂车间图　　　D. 合作客户或品牌

2.4.6　产品视频

产品视频包括主图视频和详情页视频。主图视频是产品给予买家的第一印象，在网店中放上产品主图视频，将使商品的展示更为直观，更具有吸引力。详情页视频则能够介绍产品的详细信息，完整地展示产品的卖点和优势。因此，卖家在拍摄产品视频的时候需要掌握主图视频和详情页视频的基本要求并应用一定的技巧，做到事半功倍。

一、基本操作

阿里巴巴国际站产品视频已面向全体中国供应商会员免费开放使用，卖家发布审核通过的产品视频，将会在产品详情页的主图位置和前台搜索结果页面打标区分非视频产品（如图 2-103 所示），卖家可以将自己的主打产品、新品、热品进行拍摄和发布。

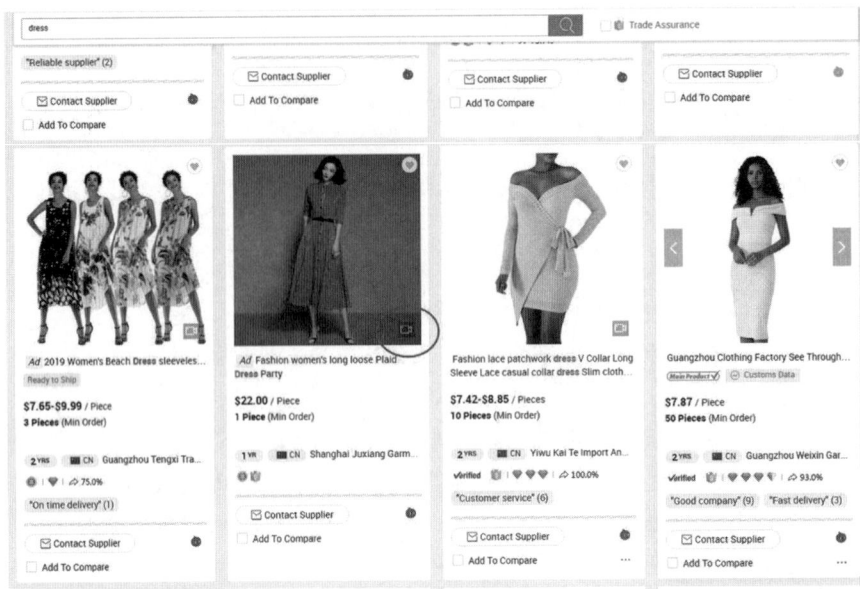

图 2 - 103　视频图标

1. 操作流程

产品视频可以全方位多角度地展示产品信息，彰显产品的专业度，增加商机。虽然产品视频目前没有直接对排名产生帮助，但是优质的视频对于买家有较大吸引力，能提升买家对店铺产品的好感度。产品详情页则会截取产品视频的第一帧进行封面展示。卖家可以进入"My Alibaba"后台发布产品，进行视频上传，具体操作流程如下：

（1）请先将阿里巴巴国际站旺铺升级为新版 2.0 旺铺，旧版旺铺没有视频功能。

（2）将拍摄比例为 16：9（或 4：3）的高质量视频上传至"视频银行"。

（3）到旺铺 2.0 编辑后台添加视频。进入旺铺 2.0 电脑版"旺铺首页/自定义页"的编辑器，在左侧导航栏的"视频"模块中，拖拽并添加到装修展示区。

（4）完善视频模块内容。视频模块除添加视频外，还有更多设置项，可帮助你完成自定义区的内容填充。

图 2 - 104　添加视频操作

2. *产品主图视频质量要求*

（1）用户须保证上传视频中包含的商品、品牌、音乐、文字、肖像、背景等均真实、准确、合法，不侵犯其他任何方的权益。

（2）视频时长不超过45秒。不论是无线端主图视频，还是电脑端主图视频，时长要求都在45秒以内。而卖家在拍摄主图视频的时候，最好将时长控制在9秒到30秒之间。这是因为时长过短的视频无法展现产品的全貌或细节，而时长过长的视频不仅不会吸引消费者，反倒可能会因为冗长而导致消费者观看得不完整，也无法展示产品的全部卖点。

（3）视频清晰度须为480P及以上。

（4）视频大小不超过100MB。

（5）每个产品只能关联一个视频，每个视频关联不超过20个产品。

3. *产品详情页视频质量要求*

（1）用户须保证上传视频中包含的商品、品牌、音乐、文字、肖像、背景等均真实、准确、合法，不侵犯其他任何方的权益。

（2）视频时长不超过10分钟。

（3）视频清晰度须为480P及以上。

（4）视频大小不超过500MB。

（5）视频比例要求4∶3（视频分辨率的宽度除以高度，数值接近或超过1.7的尺寸为16∶9，数值接近13的尺寸为4∶3）。

（6）视频展示位置：在产品详情描述的上方。

二、视频内容

视频营销的关键在于"内容"，视频的内容决定了其传播的广度。主图视频最主要的功能就是可以通过几十秒的视频分段，将产品的卖点清晰地表达出来，并快速吸引消费者的兴趣进而促使其达成购买意愿。因此，主图视频的内容除了要展示产品的全貌和效果外，更重要的是将产品的卖点逐一展现在消费者面前。提炼产品卖点时，卖家首先需要了解消费者对于产品的详细需求和期望，然后根据消费者的关注点来设置视频呈现的高品卖点，从而刺激消费者的消费欲望，形成购买行为。

需要注意的是，主图视频要尽可能将商品完整地呈现，但是在一些细节上不必面面俱到。商品卖点要以展现商品的优点为基础，太多的细节展现反而会影响消费者的决策。

2.5　店铺优化

2.5.1　平台数据分析

【课前思考】

如何判断店铺是否需要优化?

一、认识数据管家

数据管家是阿里巴巴国际站为帮助用户分析数据提供的一个后台功能。目前的版本有:旧版数据管家包含知己、知买家等版块,后续会下线;新版数据管家包含基础版、企业版,其中基础版为出口通用户享用的版本,企业版为金品诚企用户享用的版本。

数据管家为卖家呈现在阿里巴巴国际站上操作及推广效果的数据。它通过多维度的数据统计分析及诊断,让卖家不仅能了解自身的推广状况,有针对性地进行效果优化,而且能洞察买家行为和行业趋势,从而进一步把握商机,提升店铺整体推广效果。

登录国际站账号,进入后台,点击"数据管家"即可进入界面。

图 2 - 105　后台数据管家界面

二、熟悉并学会运用数据管家的常用功能

通过学习分析后台数据可以针对平台存在的问题做出相应的优化,从而达到更好的展示效果,产生更大的收益。

（一）数据分析版块功能介绍

1. 商家星等级

数据概览版块用于查看分析国际站平台运营的整体效果，以"星等级"来评判效果如何。"星等级"评判主要从信息展示、沟通服务、交易转化和履约保障四个方面进行。网站会根据评级情况给出相应的优化建议。

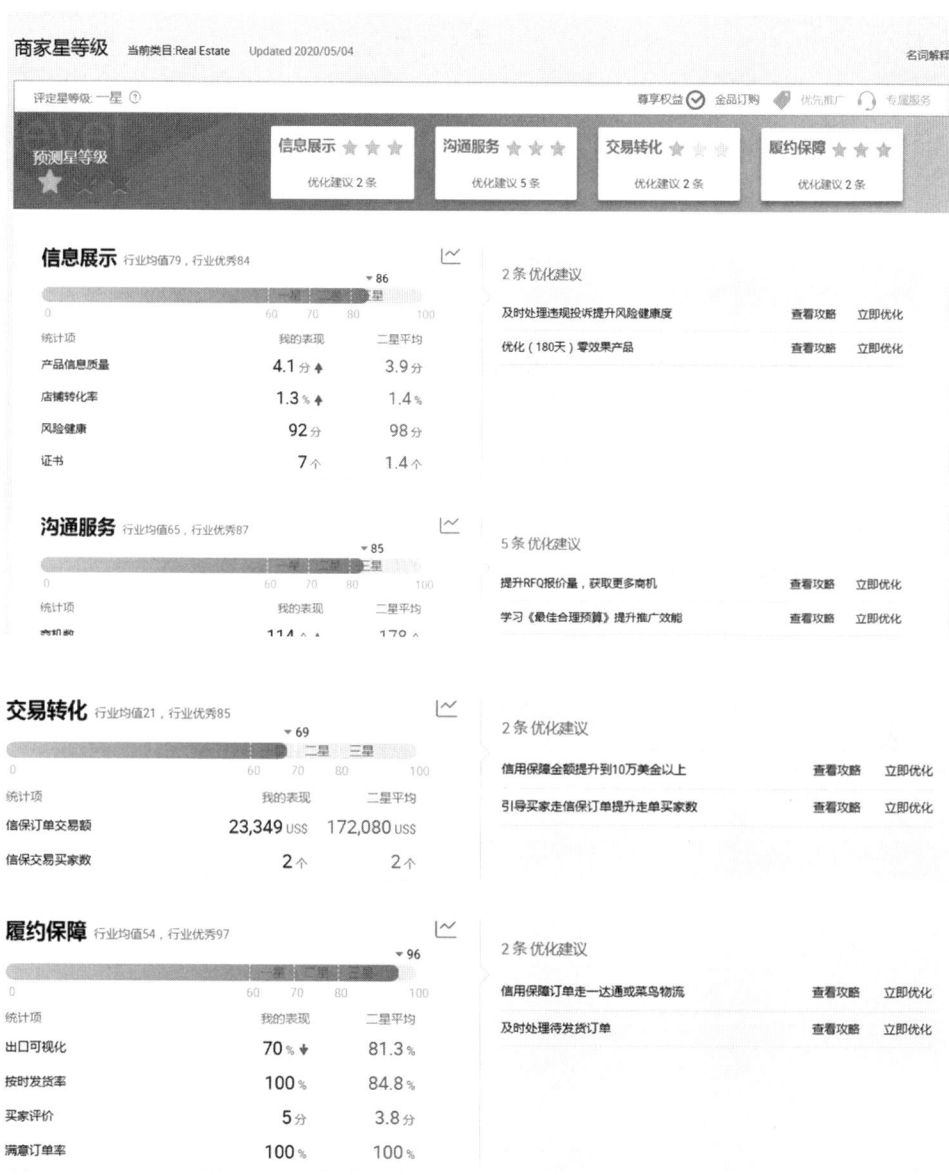

图 2 - 106　商家星等级版块界面

2. 数据概览

（1）数据概览版块实时更新，可以看到与昨日进行对比的店铺访问次数及询盘个数，实时把握店铺访客情况。

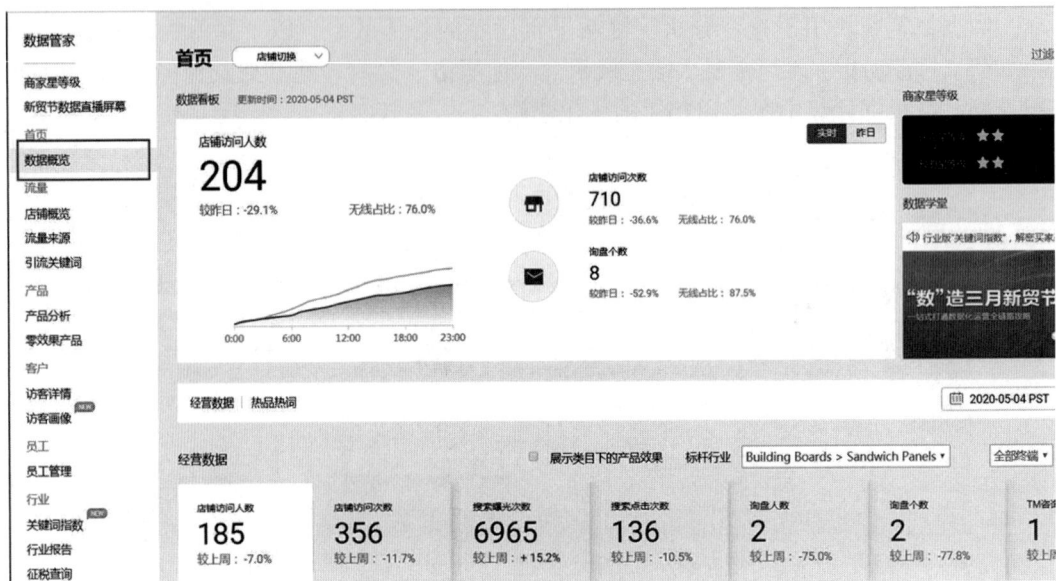

图 2 - 107　数据概览版块界面

（2）经营数据版块显示店铺的访问人数、次数、搜索曝光次数、搜索点击次数、询盘人数、询盘个数、TM（Trade Manager）咨询人数、信保交易订单个数、信保订单交易金额等情况，并与上周数据进行对比。

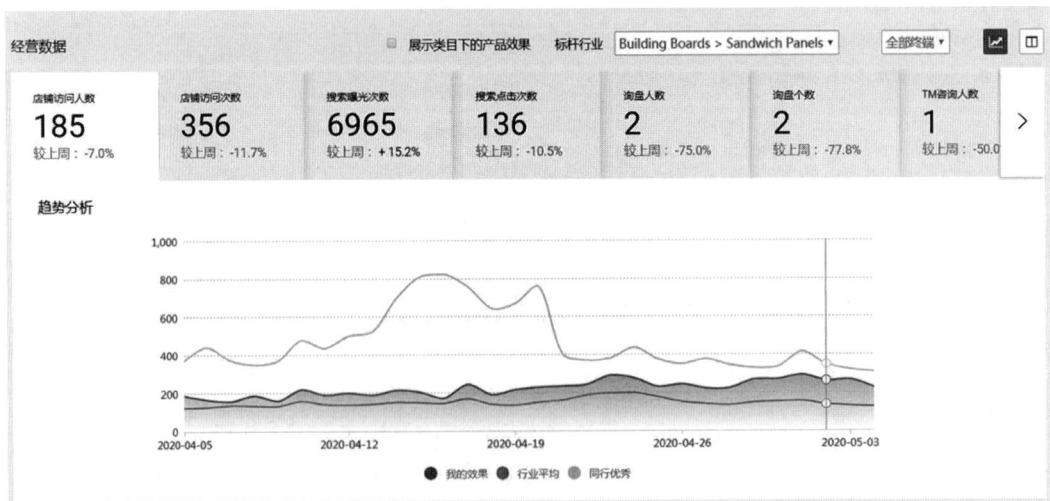

图 2 - 108　经营数据版块界面

（3）国家及地区分析版块可以分析客户来源是否精准。若流量来源不精准，就要有针对性地进行调整和修改。

国家及地区分析

店铺访问人数占比

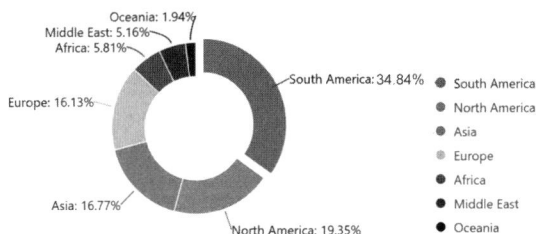

国家及地区TOP10	店铺访问人数	店铺访问人数占比
Brazil	36.0	23.23%
Argentina	6.0	3.87%
Uruguay	2.0	1.29%
Costa Rica	1.0	0.65%
Peru	1.0	0.65%
Paraguay	1.0	0.65%
Puerto Rico	1.0	0.65%

图2-109　国家及地区分析版块界面

例如，产品主推的是欧美市场，但访客来源大部分来自非洲、亚洲等，这种情况则与自身的推广方向不相符。

有些平台回复率总卡在一个点上不去，则要从以下三点着手：

①邮件和TM咨询设置了自动回复，一般自动回复是不计算回复率的。

②收到询盘后，人为判断为垃圾邮件的，建议先进行简单回复或发一个表情后再删除或拉进垃圾邮箱。

③收到推销或者货代的TM咨询，建议先进行简单回复或发一个表情后再删除或者拉黑。

知识拓展

● 点击率：点击率＝点击量/曝光量。点击率可以反映出该平台产品或公司在搜索结果页面是否足够吸引买家。

● 访客：访问了该平台产品页面、公司页面的买家，或者通过其他页面给该平台发送询盘或TM联系的买家。主要有两种类型用户：①访问该平台全球旺铺/企业网站页面中任何一个页面的买家；②通过该平台全球旺铺/企业网站以外的其他页面，给该平台发送询盘或用TM与该平台沟通的买家。

● 及时回复率：30天内询盘及时回复率与TM及时回复率。

3. 店铺概览

店铺概览版块主要是看店铺的具体流量情况，包括店铺访问人数、店铺访问次数、店铺询盘人数、店铺TM咨询人数、店铺询盘个数、店铺转化率等数据。

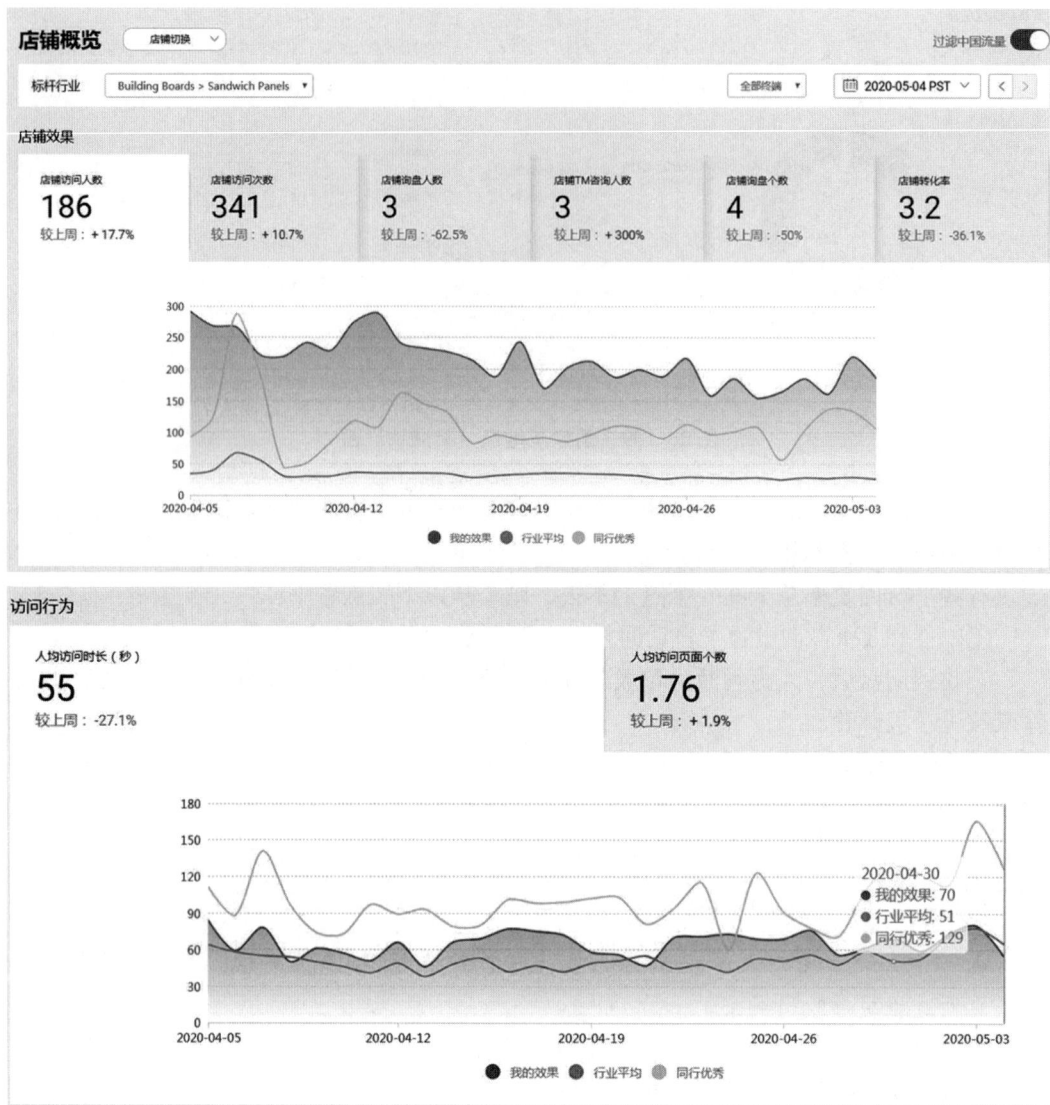

图 2 – 110 店铺概览版块界面

通过曲线图可以直观看到数据的升降；同时，也可以看到自己平台的数据与同行平均、同行优秀水平的对比。根据变化趋势是否相同从而判断自身的变化是行业的客观因素导致，还是自身的操作问题等导致的。

旺铺访客数、旺铺 TM 咨询访客数、旺铺反馈数、旺铺转化率等是影响旺铺效果的因素。

实际收到的 TM 咨询来自阿里巴巴国际站的各个页面，如搜索结果列表页面等。"我的全球旺铺" TM 咨询人数只包含来自全球旺铺的，如图 2 – 111 所示：

店铺访问详情

页面类型	访问人数 ⇕	人均访问时长（秒）⇕	TM咨询人数 ⇕	询盘个数 ⇕	点击次数 ⇕	点击详情
Home	4	26.3	0	0	4	点击查看详情
Product Categories	2	48.5	0	0	0	点击查看详情
Company Profile	2	11.5	0	0	0	点击查看详情
Contacts	2	624.5	0	0	0	点击查看详情
Detail	220	67.3	1	2	0	点击查看详情

图 2 – 111　店铺访问详情界面

图中可见，产品页面访问者最多，同等的点击次数以及反馈数也最多。

（1）访客多的页面是主战场，买家来得最多，要在产品图片或者产品内容上给予买家足够的诱惑。

（2）访客多，但点击少的页面，需要重点优化，在优化上考虑是否可以将企业概况做得更完善。

旺铺页面访问详情

页面类型	访客数 ⇕	TM咨询访客数 ⇕	反馈数 ⇕	点击次数 ⇕	点击详情
Home	16	0	0	4	点击查看详情
Products					点击查看详情
Company Profile					点击查看详情
Contacts					点击查看详情
Other					点击查看详情

Products 页面模块点击详情　　　　　　　　　×

模块名称	模块类型	点击人数 ⇕	点击次数 ⇕
产品详情	产品详情	4	22
公司名片	公司名片	4	4
站内信	快速反馈	3	3
导航	导航	2	2
产品分页浏览	产品分页浏览	1	1

‹ 1 ›

Product Listing Policy - Inte...　　　　　　　　　　　　　　　　　　de

© 1999-2011 Alibaba.com. All rights reserved.

图 2 – 112　旺铺页面访问详情界面

4. 我的产品版块

该版块主要统计和平台上的产品有关的数据，由此诊断分析平台的产品问题。

"我的产品"—"有效果产品"版块则主要分析平台的产品问题，现在平台中自带的标签则有以下四种：①高曝光低点击；②高点击低曝光；③高点击低反馈；④有反馈低曝光。

常见"高点击低反馈"和"有反馈低曝光"两种情况。一般是产品的主图主要影响点击、产品的详情内页主要影响反馈，那么则需要有针对性地进行优化和调整。

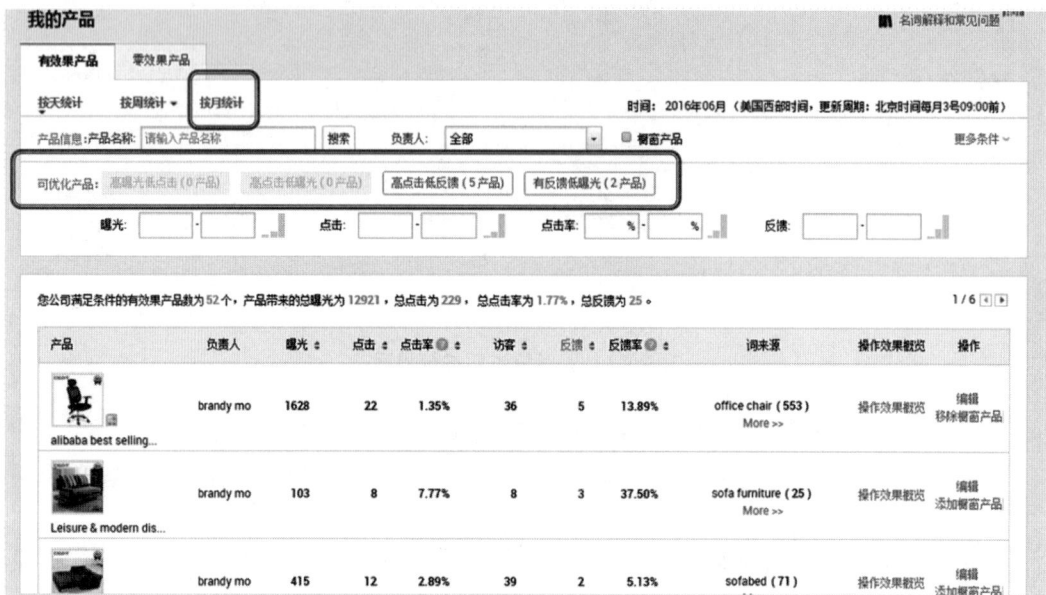

图2-113　我的产品版块：有效果产品界面

该版块主要内容包括网站近一个月的有效果产品以及15天以上的零效果产品。

（1）有效果产品是指在统计周期内，曝光、点击、访客、反馈任一大于零的产品。如图2-113所示，访问了某个产品或者对某个产品发送询盘/TM咨询的访客将被统计为产品的访客。"我的产品"中，一个访客若访问过多个产品，则分别计入这些产品的访客数。我的效果、访客详情中的访客是指访问了该平台全球旺铺，或者给该平台发送询盘/TM咨询的访客。一个访客在一天时间内，如果访问多个产品，在我的效果、访客详情中只记为一个访客。

（2）零效果产品是指持续15天或者15天以上，曝光、点击、反馈、访客均为零的产品，需要删除或者优化。单纯更新零效果产品作用不大，建议检查产品的标题、关键词是否包含有搜索热度的关键词，以及产品本身的市场行情是否处于淡季等（注意：如果针对零效果产品仅做下架处理，日后该产品重新上架，零效果的天数仍然会累计在内）。零效果产品版块如图2-114所示。

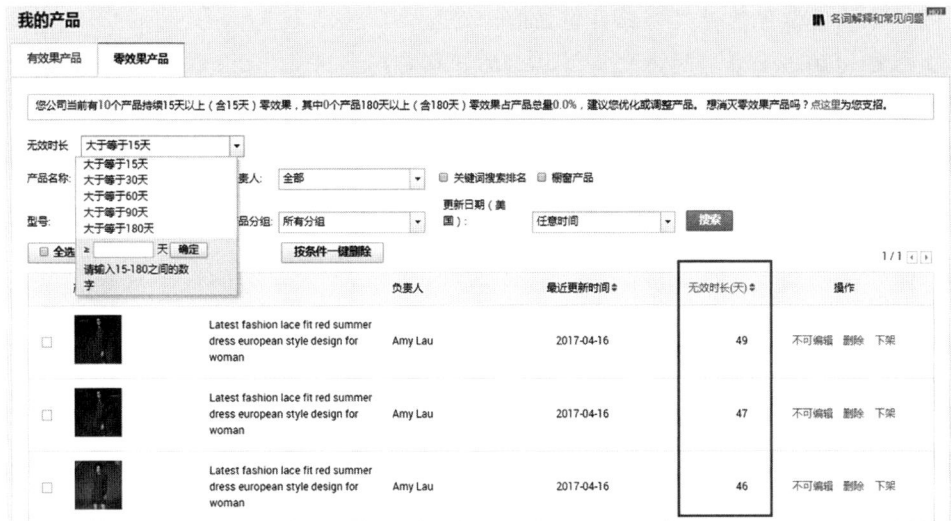

图 2 - 114　我的产品版块：零效果产品界面

知识拓展　从"我的产品"版块查看分析橱窗利用率

对于应用平台基础套餐的商家来说，橱窗就是最大的资源。如果没有利用好橱窗资源，则很大程度上拉低整体水平。

备注：一般以利用率达到 70% 作为通用参考，具体情况根据行业和产品的不同而有所变化。

这里通过两种途径来分析橱窗的利用情况：

（1）橱窗产品带来的询盘数量（与当月询盘数量的比例）。

如图 2 - 115，如橱窗产品月询盘数量为 18，当月总询盘数量为 36，那么该比例为 $18 : 36 \times 100\% = 50\%$，这种情况下橱窗的利用率不够好，则需要对橱窗进行调整和优化等。

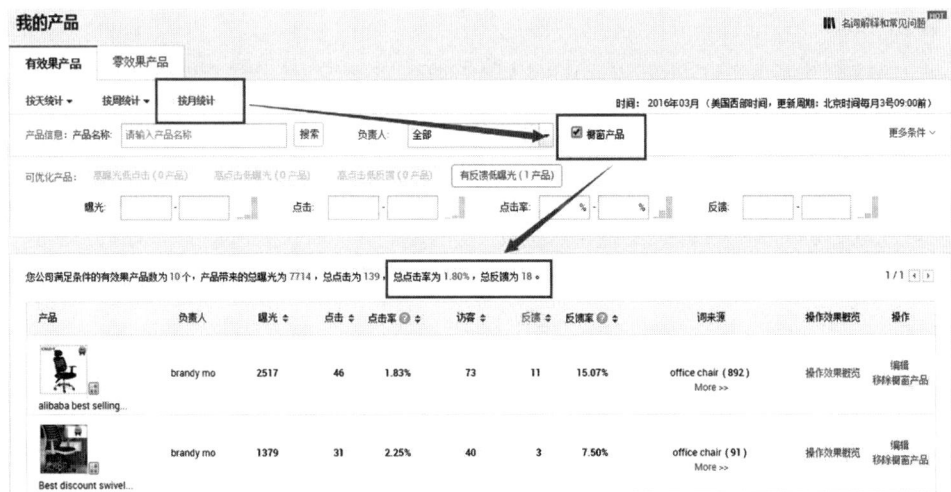

图 2 - 115　橱窗产品带来的询盘数量案例

（2）来询盘橱窗数量（与总橱窗数的比例）。

如图 2－116，平台总橱窗数量为 10，带来询盘的橱窗有 5 个，则该比例为 5∶10×100%＝50%。

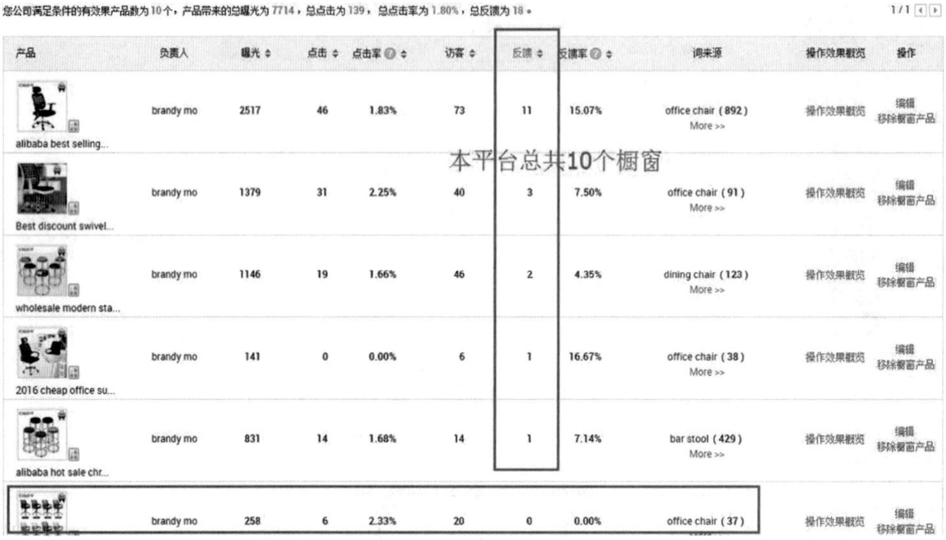

您公司满足条件的有效果产品数为10个，产品带来的总曝光为7714，总点击为139，总点击率为1.80%，总反馈为18。 1/1

产品	负责人	曝光	点击	点击率	访客	反馈	反馈率	词来源	操作效果概览	操作
alibaba best selling...	brandy mo	2517	46	1.83%	73	11	15.07%	office chair (892) More >>	操作效果概览	编辑 移除橱窗产品
Best discount swivel...	brandy mo	1379	31	2.25%	40	3	7.50%	office chair (91) More >>	操作效果概览	编辑 移除橱窗产品
wholesale modern sta...	brandy mo	1146	19	1.66%	46	2	4.35%	dining chair (123) More >>	操作效果概览	编辑 移除橱窗产品
2016 cheap office su...	brandy mo	141	0	0.00%	6	1	16.67%	office chair (38) More >>	操作效果概览	编辑 移除橱窗产品
alibaba hot sale chr...	brandy mo	831	14	1.68%	14	1	7.14%	bar stool (429) More >>	操作效果概览	编辑 移除橱窗产品
	brandy mo	258	6	2.33%	20	0	0.00%	office chair (37)	操作效果概览	编辑 移除橱窗产品

图 2－116　来询盘橱窗数量案例

5. 我的词

“我的词”按周统计部分，北京时间每周二上午更新；按月统计部分，每月 3 日上午更新。

“我的词”由两部分构成：一是设置的关键词或参加外贸直通车推广的词（开通直通车推广的平台才有）；二是买家找到“我的词”。界面请见图 2－117。

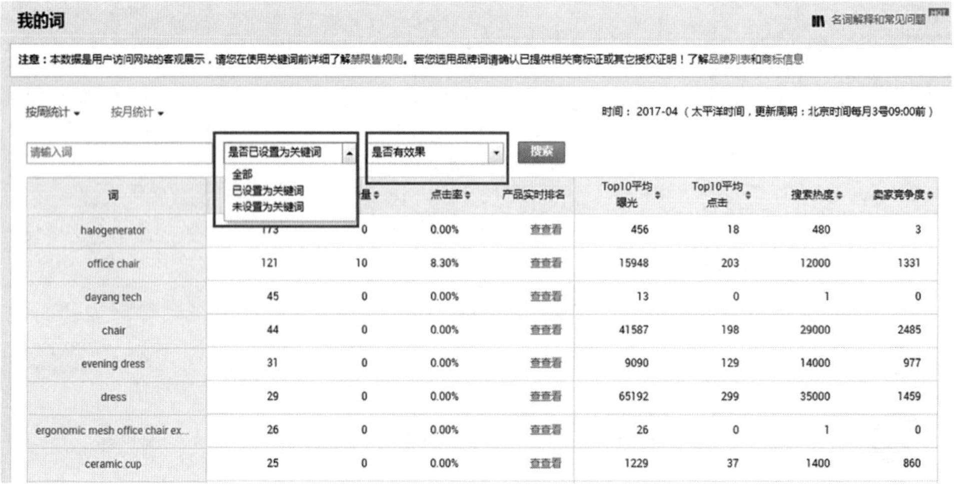

词		量	点击率	产品实时排名	Top10平均曝光	Top10平均点击	搜索热度	卖家竞争度
halogenerator	173	0	0.00%	查查看	456	18	480	3
office chair	121	10	8.30%	查查看	15948	203	12000	1331
dayang tech	45	0	0.00%	查查看	13	0	1	0
chair	44	0	0.00%	查查看	41587	198	29000	2485
evening dress	31	0	0.00%	查查看	9090	129	14000	977
dress	29	0	0.00%	查查看	65192	299	35000	1459
ergonomic mesh office chair ex...	26	0	0.00%	查查看	26	0	1	0
ceramic cup	25	0	0.00%	查查看	1229	37	1400	860

图 2－117　“我的词”界面

（1）已设置的关键词。

（2）还没有设置，但买家通过这些词找到了该平台产品。

（3）若购买了外贸直通车产品，还包含参加外贸直通车推广的词。

"我的词"中还会出现三种图标（如图2-118所示），分别表示：

图2-118　"我的词"图标

"我的词"主要分析平台已用的词效果如何，以及分析能为平台带来效果却未被设置成关键词的情况。如图中圈中地方选中"未设置为关键词""有效果"则可以在这些词里面进行筛选，选出匹配自身产品的词再用来发布产品。

知识拓展　为什么"我的词"中词的曝光、点击，和"我的产品"中词来源的曝光、点击不一样？

"我的词"统计同一个词给多个产品带来的曝光、点击；"我的产品"中的词来源统计给相应产品带来曝光、点击的词。

6. 我的子账号

"我的子账号"主要是各账号阶段性情况的汇总，以周和月维度统计。

为了便于业务员日常管理产品，产品负责人变化后24小时内信息会同步更新。虽然一个阶段内产品负责人会有变化，但统计必须有一个时间点，按周统计是根据美国时间每周六当天的产品负责人进行统计，按月统计则根据美国时间每月最后一天的产品负责人情况进行统计。

从"子账号"这一版块主要可以分析出平台的活跃度问题，主要从My Alibaba登录天数、TM在线时长、数据管家访问天数、产品数、新发产品数、审核通过的报价量、曝光、点击、反馈等判断。

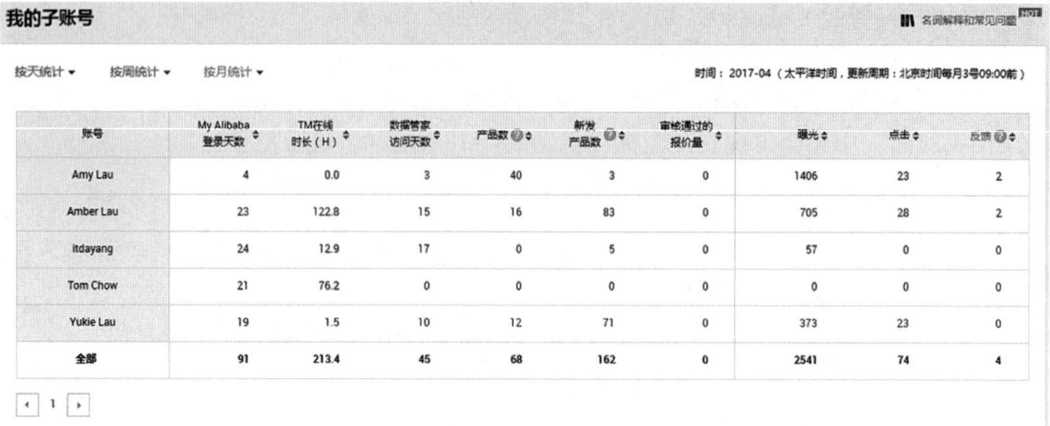

我的子账号

按天统计 ▾   按周统计 ▾   按月统计 ▾   时间：2017-04（太平洋时间，更新周期：北京时间每月3号09:00前）

账号	My Alibaba 登录天数	TM在线 时长（H）	数据管家 访问天数	产品数	新发 产品数	审核通过的 报价量	曝光	点击	反馈
Amy Lau	4	0.0	3	40	3	0	1406	23	2
Amber Lau	23	122.8	15	16	83	0	705	28	2
itdayang	24	12.9	17	0	5	0	57	0	0
Tom Chow	21	76.2	0	0	0	0	0	0	0
Yukie Lau	19	1.5	10	12	71	0	373	23	0
全部	91	213.4	45	68	162	0	2541	74	4

◂ 1 ▸

图2－119　"我的子账号"版块界面

知识拓展 ▷ "我的子账号"中的总数据与"我的效果"中的总数据为什么不一致？

（1）"我的子账号"中的曝光、点击是根据各子账号负责的产品获得的曝光、点击汇总得到；"我的效果"中的曝光、点击除了产品获得的曝光、点击，还有公司获得的曝光、点击。

（2）"我的子账号"中数据统计多语言原发产品的效果，而"我的产品"中不包含原发产品的效果，所以数据会不一致。

7. 产品管理—搜索诊断

通过调研及客户投诉发现，供应商发布的产品存在重复铺货、类目错放等一些作弊行为，这些行为打乱了正常的市场秩序，侵害了正常产品的效果利益，降低了买家的用户体验，故这类作弊产品在搜索排序中会受到影响。搜索诊断工具会将这些产品提示给供应商并给予一定的操作建议，同时搜索诊断工具未来不仅限于提示排序受到影响的作弊产品，其他诸如信息质量过差导致的搜索排序效果不佳的产品也会被提醒。

操作流程：产品管理—搜索诊断—供应商诊断优化—关键词诊断优化—产品诊断优化。

这个版块主要查看，平台是否存在一些产品信息不完整、标题堆砌、标题拼写错误、存在180天以上零效果产品、重复铺货等问题。

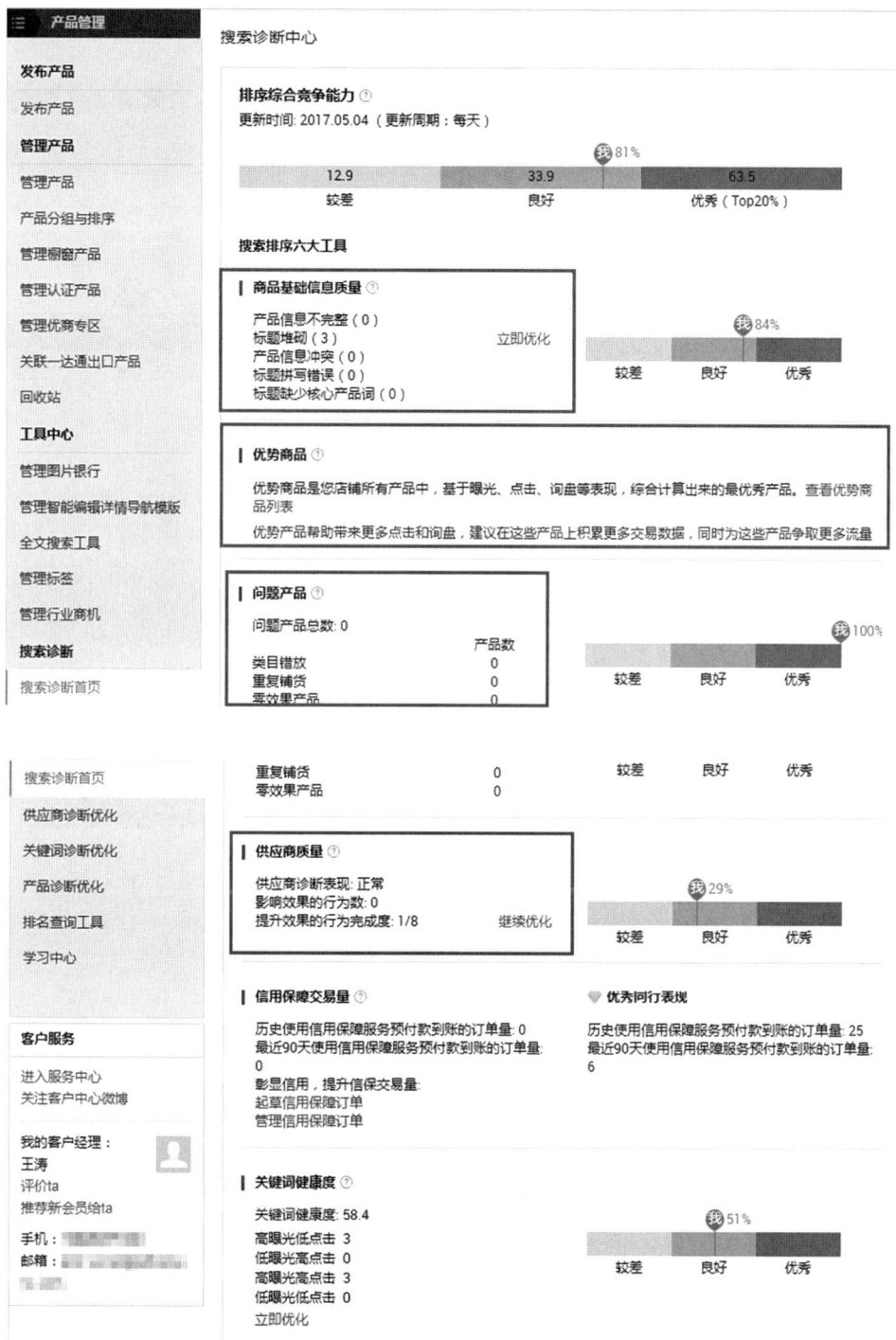

图 2 - 120 产品管理：搜索诊断版块

在"搜索诊断"版块中，常用的是"商品基础信息质量"和"问题产品"两个诊断版块，主要分析平台总体存在的一些问题。

如"商品基础信息质量"中，显示出"标题堆砌"问题，点击右侧的"立即优化"则可以进入对应问题产品进行优化。

商品基础信息质量⑦

产品信息不完整（0）
标题堆砌（3）
产品信息冲突（0）
标题拼写错误（0）
标题缺少核心产品词（0）

立即优化

我 84%

较差　　　良好　　　优秀

图 2 - 121　"商品基础信息质量"版块

如"问题产品"中，主要看平台是否存在一些问题产品，这些问题产品会导致平台的整体效果受影响，如产品类目错放会影响产品信息质量的相关性，继而影响排序，所以出现这方面问题，一定要尽快处理。

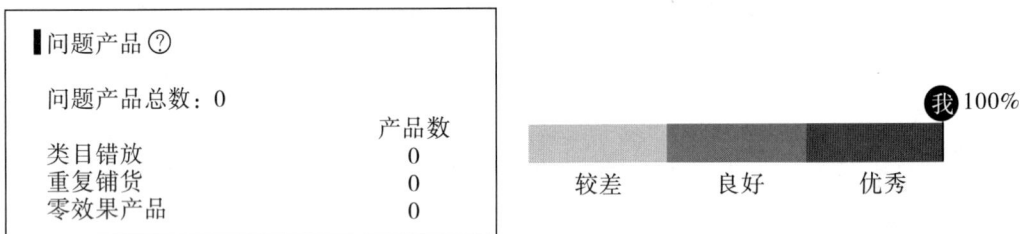

问题产品⑦

问题产品总数：0

类目错放　　　　　0
重复铺货　　　　　0
零效果产品　　　　0

产品数

我 100%

较差　　　良好　　　优秀

图 2 - 122　"问题产品"版块

处理方法：

（1）类目错放问题：重新选择正确类目。如果产品数量较多并且是同类产品，也可以使用"批量修改类目"；如果发现没有自己需要的类目，或者觉得自己明明放对了类目却还是收到提醒，可以直接单击对应产品后面的"反馈原因"。

（2）重复铺货问题：同一个平台下，会有不同的子账号，例如 A 业务员账号、B业务员账号也尽量避免同一款产品发布的信息高度相近。

（3）零效果产品问题：①检查产品信息质量，例如，检查产品信息是否填写完整，检查标题、关键词、属性等各方面是否符合国外买家的采购习惯；②检查买家搜索词（关键词）是否存在选择的偏差，例如，检查关键词是否有实际搜索热度；③检查买家搜索词是否存在使用的偏差，很可能是过多地重复使用某个买家搜索词（关键词），所以不建议多个产品使用同一个搜索词；④验收修改后的零效果产品，一般修改 1～2 周后，再次查看该产品效果。

（二）如何优化后台，提升效果

1. 整治平台整体流量问题

（1）平台整体流量偏低优化。

针对流量少的问题，主要从以下三点入手：

①增加曝光量。

第一步，提升平台的关键词覆盖率。ABCDEF 关键词都符合你的产品，你是否只用了 ABCD？

第二步，优化产品的排名。世界上最遥远的距离不是你跟买家隔了几个国度的距离，而是买家去搜索产品的时候找不到你的产品。试想，你逛淘宝的时候会去看 10 页甚至 20 页之后的产品吗？

第三步，充分利用资源。例如，P4P 直通车、基础的橱窗资源利用好了吗？顶级展位有没有带来显著的效果？

②提升点击量。

第一步，检查图文匹配性。图片放的是白色连衣裙图片，你却选了 red lace dress？

第二步，优化主图风格。多用核心关键词去国际站首页搜索产品，浏览并观察前 5 页甚至前 10 页的产品，看看别人更多的是用哪一种主图风格？是产品白底图？还是产品应用实拍图？是否带边框？是否带有其他元素？如信保标志、金品诚企的标志等。

第三步，优化交易信息。对比同行，看看你的价格是偏高还是偏低？价格不是越高越好，同样，也不是越低越好。高了买家望而却步，低了买家担心质量问题。所以，要定一个合理的价格及 MOQ 填写，或者选择不填。

③提升询盘量。

第一步，优化交易信息。

第二步，优化产品详情页。你的产品详情页是否详细展示出买家关心的信息？检查一下你的产品详情页是否有详细的产品版块、营销版块，以及公司介绍版块。可根据自己的产品及行业特点来增减具体内容。

（2）流量来源不精准。

第一步，找出问题。查看已发产品，找出已使用的有热度，却与目标市场不一致的关键词。例如，你的产品主推方向是中东市场，但是你在发布产品的时候，有没有用 European hot sale、American express hot sale 之类的词。

第二步，调整修改。既然已经找出那些"不适合在一起"的词，那么就着手把这些与目标市场不一致的修饰词替换过来或者删除。

第三步，找词。筛选出并使用符合自身产品推广方向的词，建议从行业视角、买家的描述、对应国家网站找词。

（3）旺铺效果不佳，买家停留时间短。

检查一下旺铺是否做到以下几点？①产品内页突出买家关注的产品卖点；②产品内页、旺铺产品添加对应链接跳转至旺铺；③保持旺旺在线状态。

2. 整治平台产品问题

（1）高曝光低点击产品。

①先诊断图文（关键词、标题）是否匹配；

②主图风格是否符合买家偏好；

③主图是否够清晰；

④检查交易信息是否有优势。

（2）高点击低反馈产品。

①先诊断图文（关键词、标题）是否匹配；

②内页是否突出产品优势卖点（参数、细节、工艺）。

（3）零效果产品增多。

超过180天以上的产品要删掉。具体零效果产品的处理，要看具体平台的产品数量。如果产品数量较多，如7 000～20 000，那么一般超过100天的产品都建议删除；其他则观察一段时间后，如果一直是零效果产品再进行删除。

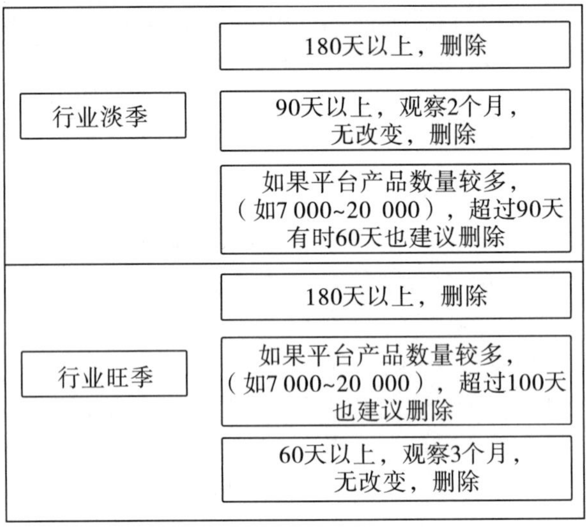

图 2 – 123　零效果产品处理

（4）橱窗利用率不高。

第一步，找出无效果橱窗产品。找出1个月甚至两三个月内没有带来任何效果的橱窗产品，包括低曝光、低点击、零反馈。

第二步，替换橱窗产品。在按月统计数据中查看，数据（曝光、点击、点击率、反馈）表现良好的非橱窗产品替换原来没有带来任何效果的橱窗产品。

第三步，新发产品设置橱窗。如果没有找到适合替换的产品，则建议重新发布产品替换为橱窗产品。

3. 整治平台活跃度问题

（1）保持每个账号每月登录 26 天左右；

（2）保持旺旺 24 小时在线；

（3）定期查看后台数据；

（4）保持平台活跃度，每天定量（5～10 个）精准发布产品；

（5）积极报价 RFQ。

【课堂讨论】

1. 什么是数据管家？如何进入数据管家界面？

2. 请解析数据分析版块及其功能。

3. 什么是零效果产品？

4. 后台诊断常见问题有哪些？

5. 平台整体流量问题有哪些？如何整治？

6. 平台产品问题有哪些？如何整治？

7. 平台活跃度问题有哪些？如何整治？

理论自测

1.【单选题】数据管家在我的产品页面看不到哪类产品？（　　　）

A. 直通车产品　　　B. 普通产品　　　C. 在线批发产品　　　D. 橱窗产品

2.【单选题】诊断店铺数据情况最好按什么时段统计分析？（　　　）

A. 按周统计　　　B. 按工作日　　　C. 按月统计　　　D. 按天统计

3.【单选题】下面哪个版块不属于数据管家？（　　　）

A. 搜索诊断　　　B. 我的效果　　　C. 诊断总览　　　D. 访客详情

4.【单选题】诊断总览的更新时间是？（　　　）

A. 两个星期　　　B. 一个星期　　　C. 一个月　　　D. 每天

2.5.2　橱窗产品设置

【课前思考】

你在实体商场购物时，通常吸引你进入店铺的因素有哪些？

一、橱窗的定义

橱窗（橱窗展示位），是一种营销推广工具。商家添加到橱窗的产品，在同等条件下享有搜索优先排名权益（无额外标志），同时可在全球旺铺中做专题展示。商家可根据公司推广需求，自行选择需推广的产品，如推广效果好的产品、新品或主打产品等。

国际站出口通服务包含 10 个橱窗（若是合作金品诚企服务，包含有 40 个橱窗），还可联系客户经理另行购买。

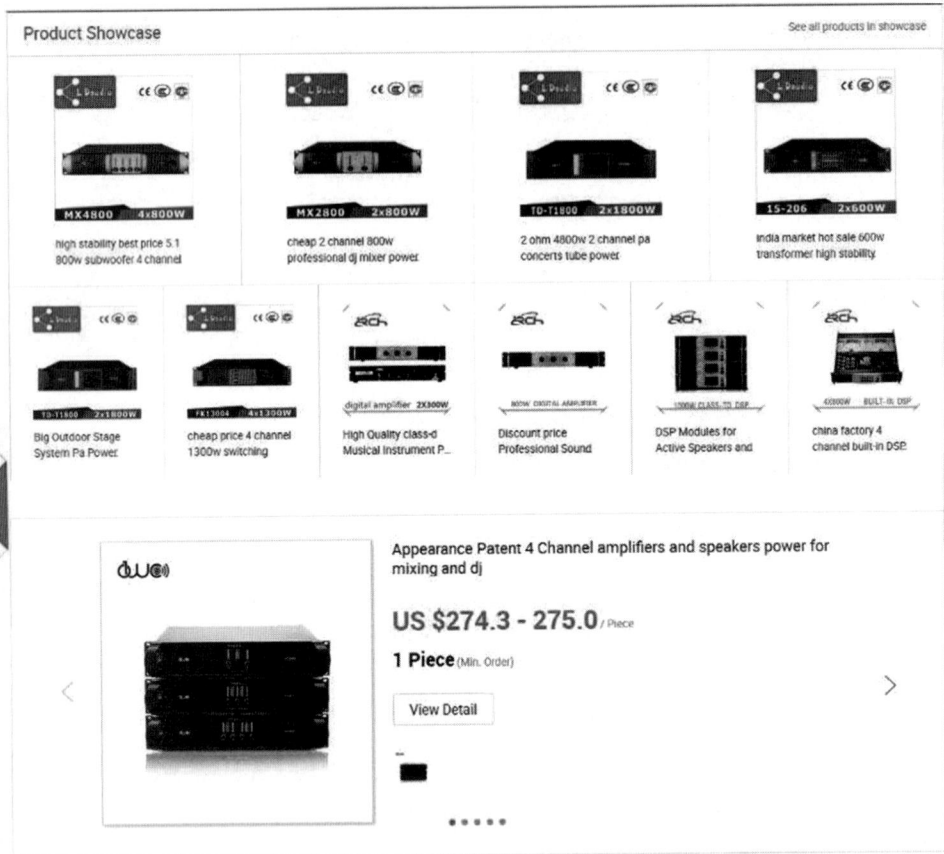

图 2 – 124　橱窗产品图例

二、橱窗开通操作方法

第一，使用主账号进入：My Alibaba 后台—营销中心—橱窗—橱窗订单管理—待开通橱窗（或点此进入）。

第二，查看您需要开通的订单，点开通按钮，选择开通日期点击"确认"即可。

注意：赠送的橱窗订单请务必在签约后 90 天内设置开通时间，如未提前设置系统将自动开通。

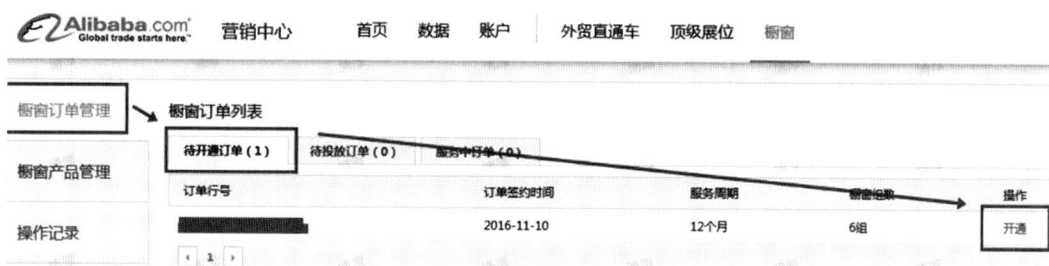

图 2 – 125　橱窗订单管理界面

一般付费会员自带的 2 组共 10 个橱窗，是不需要额外操作开通的。只有以下三种情况，需要额外到后台操作开通：

（1）找客户经理单独购买的橱窗产品；

（2）赠送的橱窗产品；

（3）金品诚企橱窗产品（共 40 个橱窗，只需操作开通其中 30 个，其中 10 个橱窗无须额外开通）。

三、添加橱窗产品

第一，登录 My Alibaba—营销中心—橱窗—橱窗产品管理—服务中橱窗，鼠标定位在需要添加的橱窗位图片上，点击"＋"号，会弹出选择产品框。

第二，点选您想要替换的新产品，点击左下角的"提交"按钮，系统会自动替换并保存，无须再单独保存。

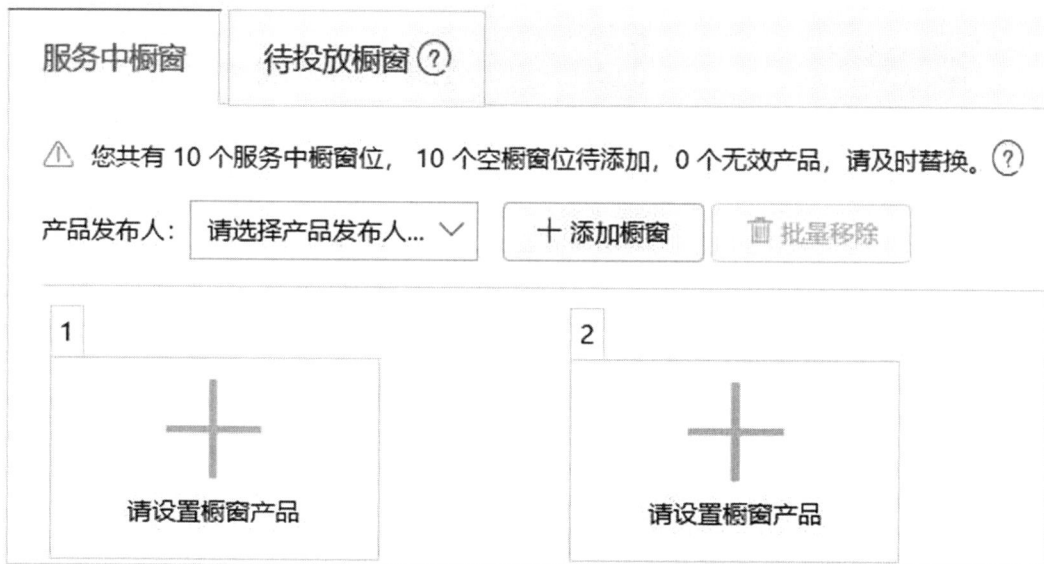

图 2 – 126　添加橱窗产品界面

温馨提示：

（1）只有管理员和制作员可操作和管理橱窗产品，且没有次数限制。

（2）图片银行中的图片无法直接添加为橱窗，您需要先发布为公共产品且审核通过才可以添加到橱窗。

四、移除橱窗产品

（1）登录 My Alibaba—营销中心—橱窗—橱窗产品管理（或点此直接进入），鼠标定位在需要移除的橱窗上，点击移除产品。

（2）移除后可能导致空缺，您可点击后方"＋"号来再次添加。

温馨提示：

（1）随时可以更改。

（2）只有管理员和制作员可操作和管理橱窗产品，且没有次数限制。

图 2－127　修改橱窗产品界面

五、橱窗产品排序

用管理员或者制作员账号登录 My Alibaba—营销中心—橱窗—橱窗产品管理界面。

方法一：鼠标移动到您需要调整在旺铺上展示排序的橱窗产品上，点击浮出的"修改排序"，写上调整后的排序数字，点击保存。

方法二：点击每个橱窗位左上角的数字标，直接修改数字并保存。

注：原页面通过拖拽移动修改排序的方式，已经取消。

图 2 - 128　橱窗产品排序操作步骤

六、橱窗产品替换

（1）登录 My Alibaba—营销中心—橱窗—橱窗产品管理（或点此直接进入），鼠标定位在需要替换的橱窗位图片上，点击"替换产品"，会弹出选择产品框。

（2）点选您想要替换的新产品，点击左下角的"提交"按钮，系统会自动替换并保存，无须再单独保存。

温馨提示：随时可以更改，没有次数限制。

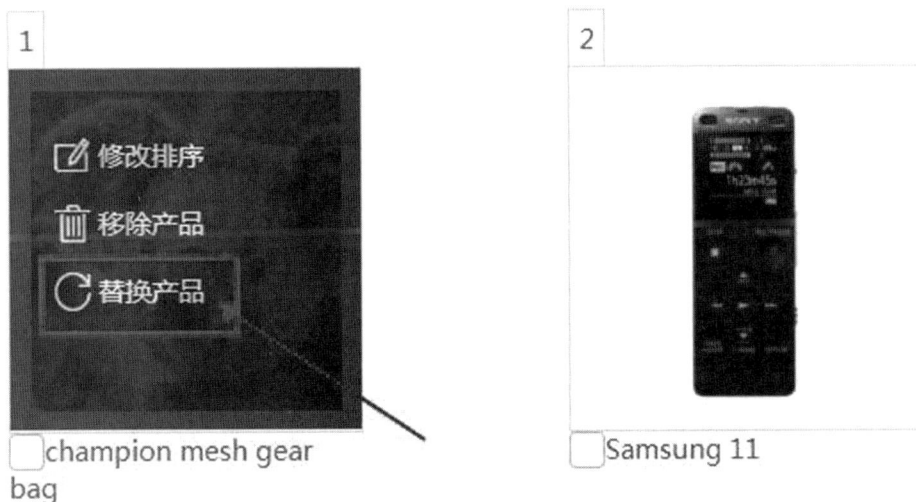

图 2 - 129　橱窗产品替换操作步骤

七、更换橱窗产品负责人

（1）操作权限：主账号。

（2）操作方法：请进入 My Alibaba—产品管理—管理产品（或点此直接进入），选择高级搜索，勾选橱窗产品，然后勾选要替换的产品，点击分配给具体负责人。

图 2 - 130　更换橱窗产品负责人界面

八、查看橱窗产品效果

My Alibaba—数据管家—产品分析（或点此直接进入），勾选橱窗产品，即可查看对应橱窗产品的曝光、点击及反馈情况。

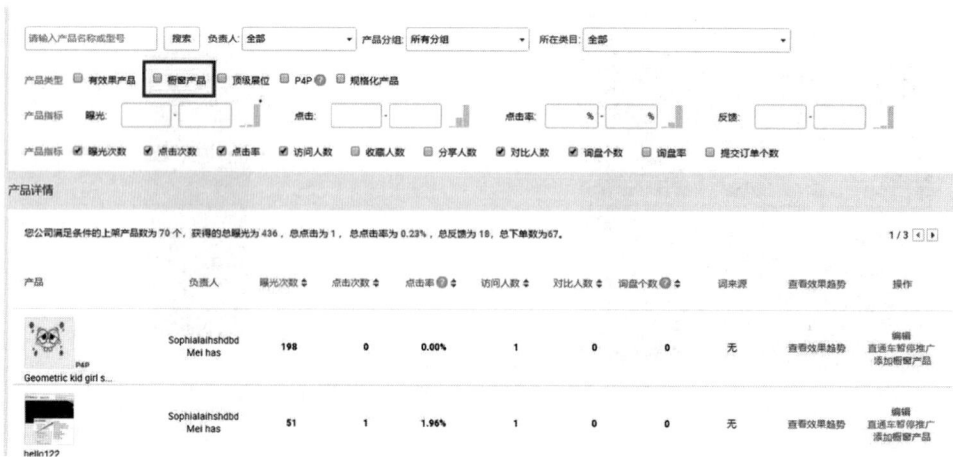

图 2 - 131　查询橱窗产品效果界面

【课堂讨论】

1. 什么是橱窗？
2. 橱窗开通的操作方法。
3. 如何添加橱窗产品？
4. 如何移除橱窗产品？
5. 如何对橱窗产品进行排序？
6. 如何替换橱窗产品？
7. 如何更换橱窗产品负责人？
8. 如何查看橱窗产品效果？

理论自测

1.【单选题】橱窗产品的直接优势是什么？（　　）
A. 点击率更高　　　　　　　　　　B. 排名更靠前
C. 询盘更高　　　　　　　　　　　D. 稳定在搜索第一页

2.【单选题】以下哪个地方不能进行橱窗的调整？（　　）
A. 产品管理—管理橱窗产品　　　　B. 数据关键—我的产品
C. 旺铺首页—橱窗产品　　　　　　D. 营销中心—橱窗

3.【单选题】阿里巴巴国际站出口通会员每年自带（　　）个橱窗。
A. 5　　　　　　　B. 10　　　　　　C. 15　　　　　　D. 20

4.【单选题】在同等条件下，橱窗产品比普通产品具有（　　）倍的曝光优势。
A. 7　　　　　　　B. 8　　　　　　C. 5　　　　　　D. 6

2.5.3　外贸直通车（P4P）营销推广

【课前思考】

国际站的产品推广方式有哪些？与国内主流电商平台相比有什么异同？

一、认识外贸直通车

1. 外贸直通车的概念及其特点

外贸直通车的中文含义是"按效果付费"。它可以让客户的产品在多个关键词的黄金位置进行免费展示，在产生点击的情况下才会产生费用。阿里巴巴会员企业通过自主设置多纬度关键词免费展示产品信息，通过大量曝光产品来吸引潜在买家，并按照点击付费的全新网络推广方式，是提升产品曝光量非常有效的工具之一。外贸直通车有以下优势：一是按点击付费，根据海外买家点击和查看后的结果，产生推广费用（国内点击不收费）；二是灵活可控，有效控制每日推广预算，淡旺季推广方案灵活可控。

2. P4P 的展示位置

P4P 的展示位置在不同的端口，所展示的位置和数量是不一样的。

（1）电脑端。

①当我们在国际站搜索一款产品，产品中心位置有五款产品的右下角带有（Sponsored Listing）（点击付费产品）标志的是 P4P 产品。

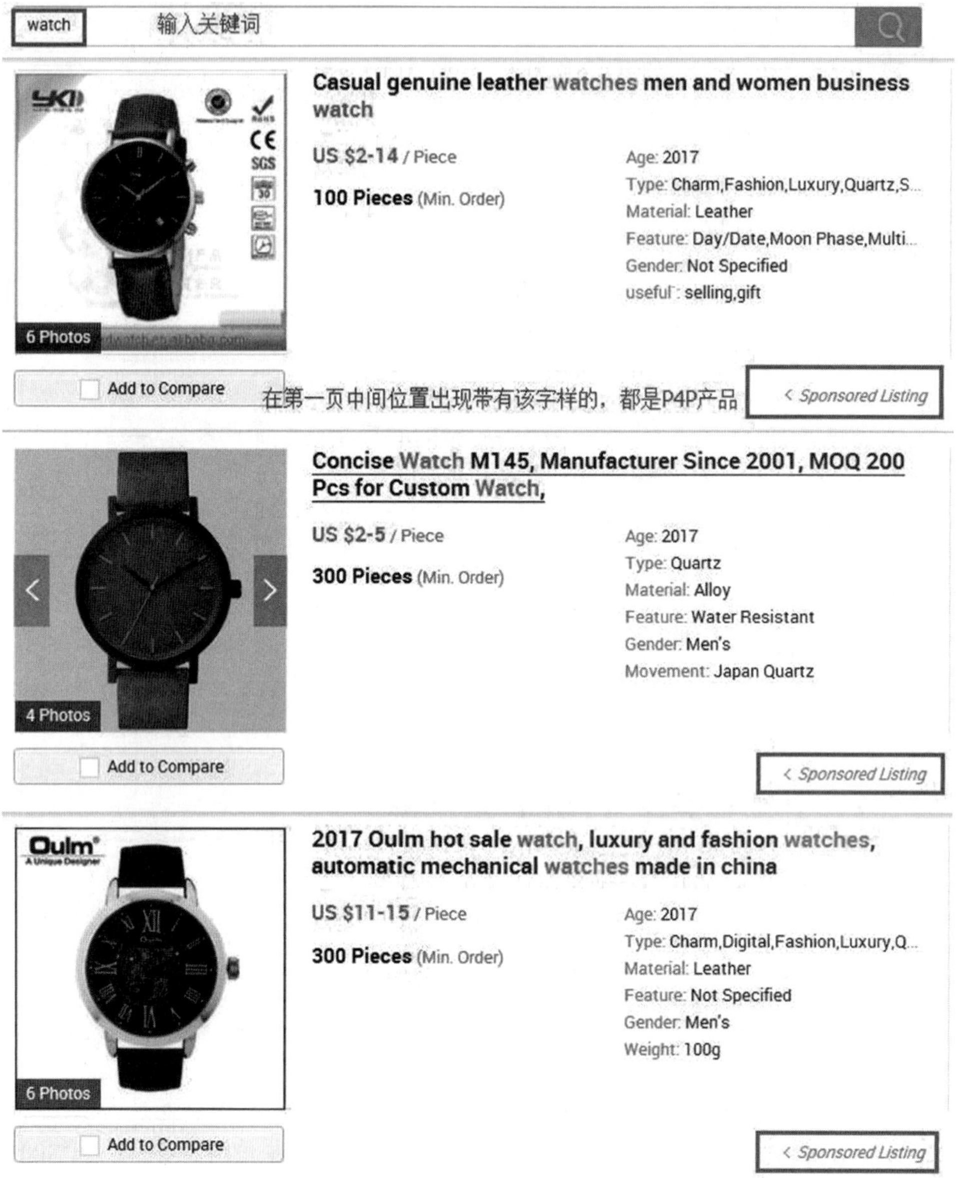

图 2 - 132　P4P 展示：产品中心位置界面案例

②搜索页右侧有 10 个属于 P4P 的产品。

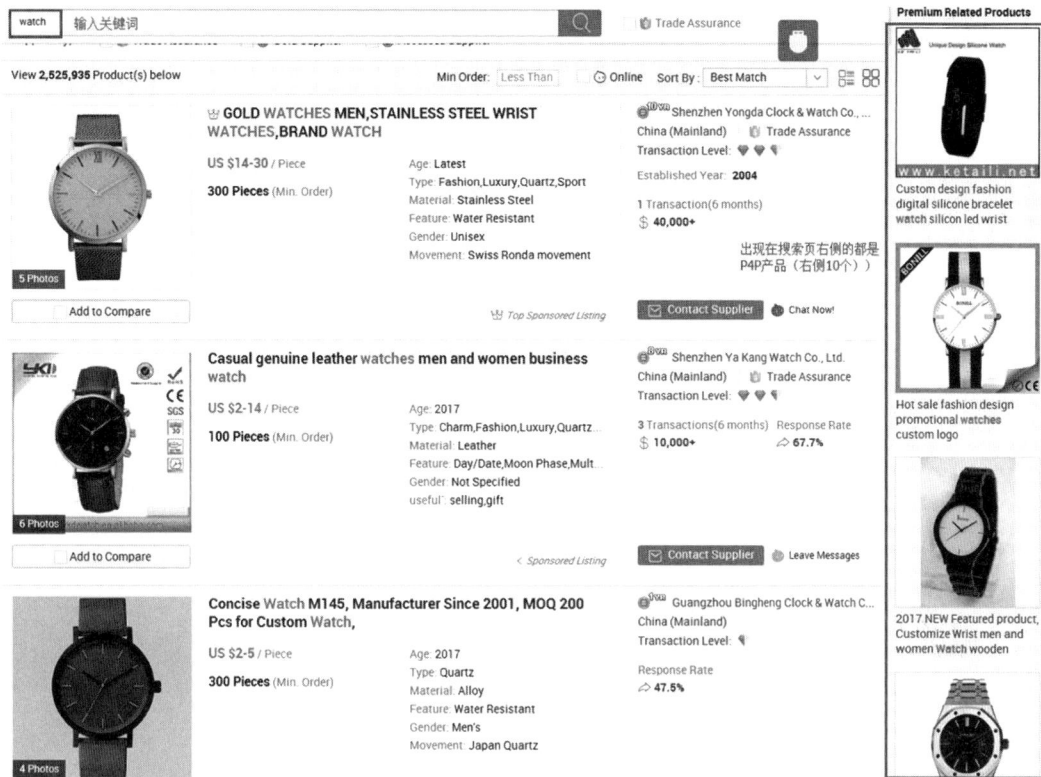

图 2 - 133　P4P 展示：搜索页右侧界面案例

③搜索页下方写着"Premium Related Products"的还有 4 个 P4P 产品。

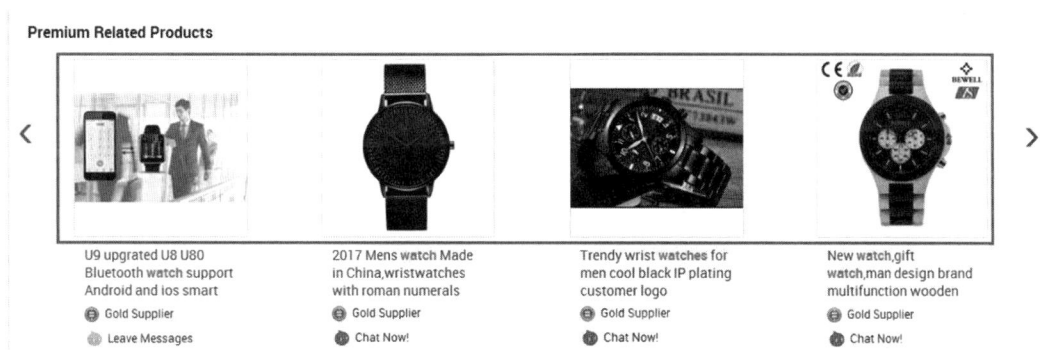

图 2 - 134　P4P 展示：搜索页下方界面案例

因此大家可以看到，当你搜索一款产品，在第一页搜索页，就有 19 个 P4P（付费推广广告位）产品。注意，第一页有 19 个 P4P 产品，第二页以后只有 14 个，中间 5 个 P4P 位置只出现在第一页。

图 2-135　P4P 展示位置：综述

（2）手机端。

手机端又分为手机浏览器端和 App 端。

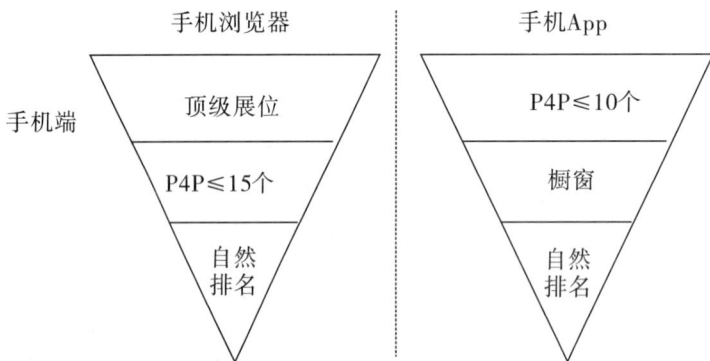

浏览器产品排序规则：（顶级展位）—P4P（2）—自然排名（1）—P4P（2）—自然排名（1）

图 2-136　P4P 展示位置：手机端综述

①手机浏览器端：通过手机浏览器查看国际站商品，输入关键词首先出现的是顶级展位产品（即买了该关键词第一名位置），接着是 15 个 P4P 产品，接着才是自然排名的产品。

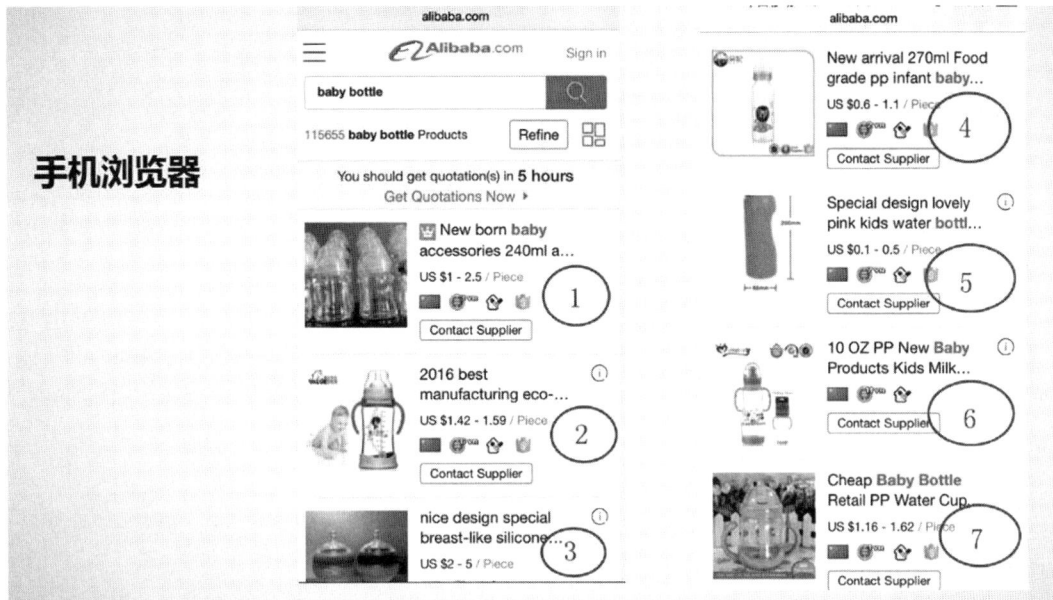

图 2 – 137　P4P 展示位置：手机浏览器界面案例

②手机 App 端：通过手机 App 查看国际站商品，首先出现的是小于或等于 10 个 P4P 产品，然后到橱窗产品，最后到自然排名产品。

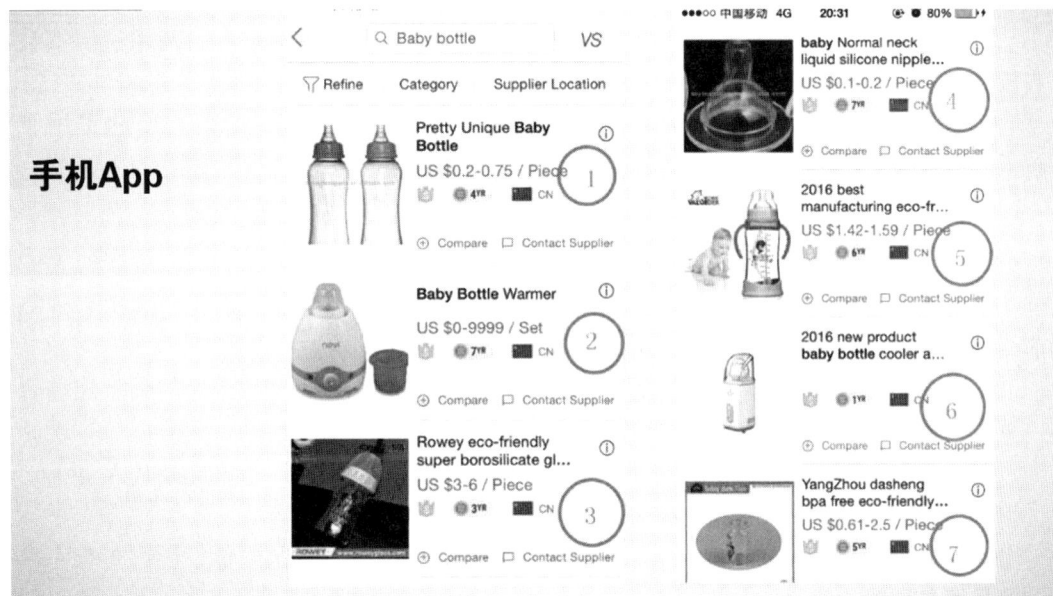

图 2 – 138　P4P 展示位置：手机 App 界面案例

3. P4P 的优势

（1）快速获取流量。

流量指的是用户浏览量，阿里巴巴国际站直通车的流量占了 60% 以上，地位可见一斑。通过国际站内优质 P4P 展示位以及站外的引流，可以迅速为店铺获取大量流量。

（2）获得优质询盘。

利用 P4P 精准推广主推产品以及关键词，可以有效获得更多优质询盘，为业务转化提供更多的资源支持。

直通车推广的产品可以对应到关键词，当客户搜索某些关键词的时候可以指定出现某款产品，或者在某个时间段推广某些产品。比如我们的目标市场是美国，P4P 可以设置推广时间段从下午六点开始（美国的上班时间）。这种精准的匹配有利于获得更精准的询盘。

（3）快速积累店铺数据，提升产品排名。

通过 P4P，店铺能够很快积累大量数据，从而提升店铺的排名权重，最后达到提升产品排名的目的。

通过 P4P 推广的产品获得大量的曝光后，点击和反馈也会随之而来，整个平台的权重就会提升，从而提升店铺权重。店铺权重越高，产品排名越容易排在前面。

（4）打造爆款。

利用 P4P 集中推广某一款产品，让流量集中到该产品上，打造成店铺爆款产品，让其询盘越来越多。

4. 外贸直通车的扣费规则

（1）客户对关键词的出价不代表会按此进行扣费，产生一次点击的费用一定不会高于客户的出价（大多数情况下会低于客户的出价）。

（2）扣费规则中，推广评分将影响到扣费。推广评分越高，所需付出的费用就越低。

二、外贸直通车的排名规则

（1）外贸直通车的排序是按照"推广评分×出价"来计算的，乘积越大排名越靠前，且数据会根据供应商的动态实时更新。

（2）只有 3~5 星的词有资格通过出价的方式在前五名展示，1~2 星的词只能在每一页右边或者下方的智能推荐位上被展示出来。

P4P 展示位置：①电脑端：首页（中 2~6 + 右 10 + 底 4）+ 次页（右 10 + 底 4）。②移动端：网页（顶展 +2 个 P4P +1 个自然 +2 个 P4P +1 个自然）。

因此，如果想尽可能在前几名或者前几页出现的话，不仅仅是出价，还需要有完善的产品信息质量、较高的关键词与产品的匹配度等。

三、外贸直通车的操作方法

1. 进入界面

外贸直通车的操作是用主账号或者被授权的制作员账号登录 My Alibaba 后台，选择"营销中心—外贸直通车"进入界面。

图 2 – 139　P4P 进入界面

2. 操作步骤

外贸直通车操作步骤：a 添词—b 分组—c 添加产品—d 出价—e 星级优化。

第一步：添词。

把你需要推广的关键词加入 P4P 后台。

①"推广工具"—"关键词工具"。

②通过"系统推荐"或者上方搜索框中输入查找相关词，或者左侧直接手动输入关键词中任一方式，选择想要推广的关键词。例如，使用系统推荐功能，从系统推荐的关键词中找到想要推广的词单击后，关键词就会出现在左侧的加词清单中，接着点击下一步。

图 2 - 140 P4P 操作：添词

第二步：分组。

推广的关键词有射灯、灯泡等，对于不同产品的关键词进行分组，也可以按曝光量、点击率、花费最高的词等进行分组。

图 2 - 141 P4P 操作：分组

第三步：添加产品。

当客户搜索关键词时，你希望出现哪一款产品，可以进行对应的设置。

图 2 - 142　P4P 操作：添加产品

第四步：出价。

添加完关键词后，根据你期望的排名和可以承受的价格对关键词进行出价。

①添加完关键词后，点击左下角"下一步"进入出价页面。

②对关键词进行价格调整，点击对应关键词的价格：对于 3 ~ 5 星的关键词输入想要出的价格或者直接点选想要排在第几名，然后点击"确定"。

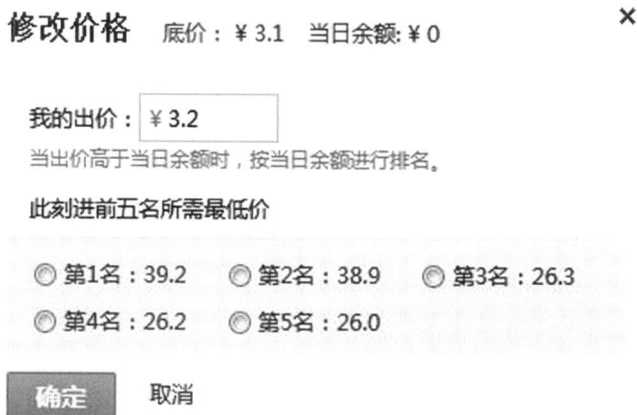

图 2 - 143　P4P 操作：出价

第五步：星级优化。

在外贸直通车后台上：营销中心—外贸直通车—优化工具—质量分优化。这里已经将所有目前需要优化的1~3星潜力关键词的提升点进行了展示，您只需要点击优化即可进入产品信息编辑界面，或者可以点击左上角的下载，将产品给到对应的业务员进行优化。

优化主要从以下三个方面入手：

①产品类目是否准确，尽量避免放在"Others"下，尽量使用发布产品时候的推荐类目。

②产品名称及产品描述是围绕着该关键词进行的，与关键词紧密相关且产品信息质量尽可能好。

③是否符合买家喜好度，点击率是否高等。

【课堂讨论】

1. P4P 的展示位置。

2. P4P 的优势。

3. P4P 的扣费规则。

理论自测

1. 【单选题】在阿里巴巴国际站中，首页主搜区有"Sponsored Listing"字样的产品属于(   )。

A. 顶级展位产品   B. 橱窗产品   C. P4P 推广产品   D. 普通产品

2. 【单选题】以下哪个标志是搜索前端直通车的标志？(   )

A. Product Showcase   B. Top Sponsored Listing

C. Product Wholesale   D. Sponsored Listing

3. 【单选题】搜索前端第二页页面内最多能显示多少个直通车产品？(   )

A. 5   B. 19   C. 15   D. 14

4. 【单选题】P4P 采取点击付费的方式，其中不包括内地和(   )。

A. 尼日利亚   B. 叙利亚   C. 港澳地区   D. 保加利亚

5. 【单选题】在 P4P 中，关键词共分为几个星级？(   )

A. 4   B. 5   C. 6   D. 7

6. 【判断题】在 P4P 中，星级评定的"相关性"可以理解为关键词与推广的产品关联度高不高，这样的说法正确吗？(   )

7. 【判断题】制作员权限的账号不可以登录阿里巴巴后台的外贸直通车版块，这样的说法正确吗？(   )

8. 【判断题】在阿里巴巴平台上固定排名的展示位优于 P4P 的展示位，这样的说法正确吗？(   )

9. 【判断题】在阿里巴巴平台上，P4P 产品排名 = 关键词出价 × 推广评分，这样的

说法正确吗?(   )

10.【多选题】在 P4P 中,优化关键词可以从以下哪几个方面入手?(   )

A. 优化已推广的产品

B. 整理星级低的词,重新发布产品

C. 检查产品类目是否正确

D. 以上都正确

2.5.4 旺铺装修

【课前思考】

什么情况下需要对店铺进行装修?

一、旺铺装修的核心价值

1. 旺铺装修的重要性

通过前面的学习知道曝光量受到产品排名和关键词的影响,点击量主要受主图影响,产品内页影响反馈量,而旺铺装修主要指首页,做好旺铺装修最主要的目的就是为了留住客户。通过旺铺装修,能够展示公司更多的产品,让顾客有更多的选择,同时还能体现公司的实力与规模以及产品的定位、公司的服务等,可以很好地消除买家的顾虑,让他们对公司以及产品有信心,进行二次转化,从而留住客户。

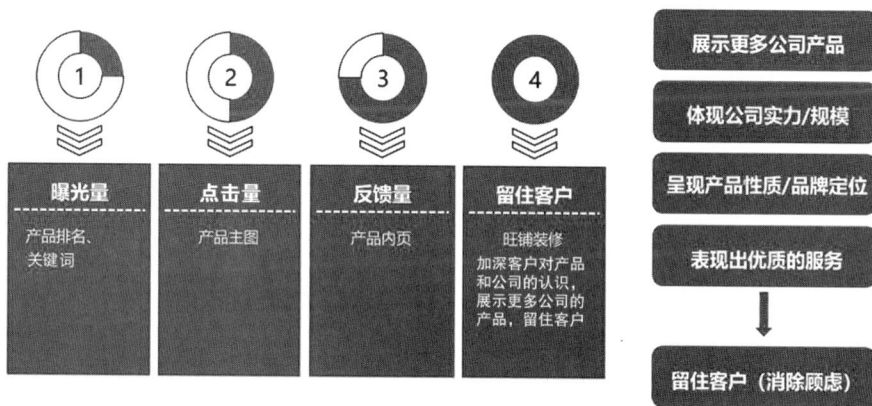

图 2 - 144 旺铺装修的作用

2. 旺铺装修的核心价值

旺铺装修可以让 PC 端一键同步无线端,从而更方便地装修成大宽屏的样式。操作上更加便捷,分类更加清晰,同时,还添加了多媒体展示功能,例如,视频版块等。

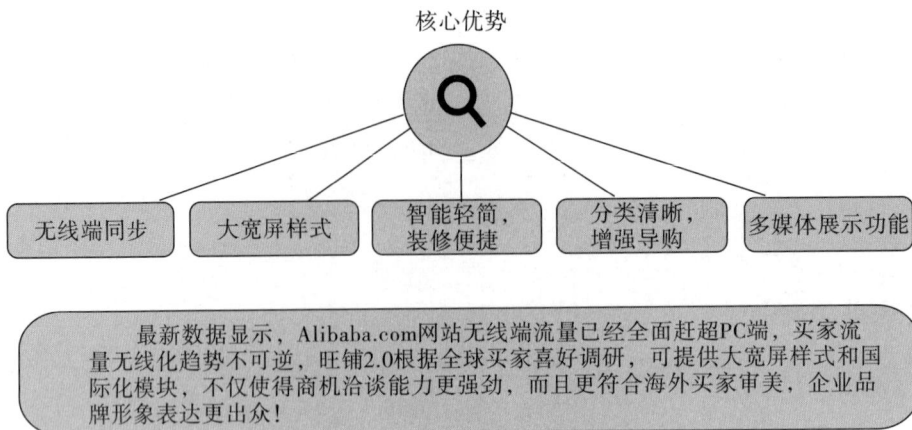

图 2-145　旺铺装修的核心优势

二、店铺装修详解

1. 旺铺装修 2.0 主要版块

（1）店招版块：①店铺招牌；②导航栏。

（2）页面背景：①页面主题色；②页面背景色。

（3）产品版块：①平铺；②橱窗产品；③带类目产品；④重点推荐；⑤单品；⑥主营类目；⑦智能产品推荐；⑧产品分组；⑨主营产品认证。

（4）图文版块：①通栏 banner；②滚动 banner；③热区切图；④自定义内容区；⑤限时折扣等。

（5）视频版块：旺铺视频。

（6）公司版块：①公司介绍；②多语言快链；③询盘直通车；④公司名片；⑤客服版块。

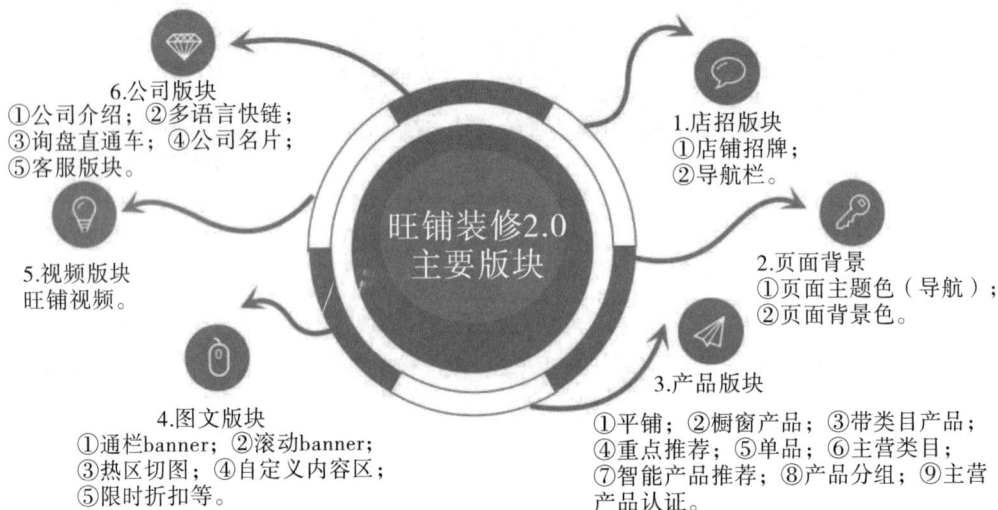

图 2-146　旺铺装修主要版块

2. 店招版块

（1）店铺招牌版块一般包含公司名、公司 Logo、公司地址、联系方式等。

旺铺 2.0 店铺招牌版块底图尺寸为 1 200×280px，无线端店招图片建议尺寸为 750×240px。

（2）导航栏占 44px 的高度。

图 2－147　旺铺装修：店铺招牌案例

图 2－148　旺铺装修：店招设计界面

使用系统默认店招可以在后台自定义修改字体大小、颜色以及店招底图；亦可自行设计好店招进行上传（需对公司简介进行隐藏）。

3. 页面背景设置

（1）页面主题色。选色器上颜色可以自由选择，主题色的选择直接控制导航条颜色以及版块组件上的强调色。

图2-149　旺铺装修：页面主题色

（2）页面背景色。可根据选色器自由选择，亦可按尺寸进行设计然后自定义上传（全屏尺寸为1 920px）。

图2-150　旺铺装修：页面背景色设置界面

4. 店铺分类版块

（1）主营类目。可以自动或手动选择，手动可以自主选择4个主营类目，每个主营类目可以选择6个产品。

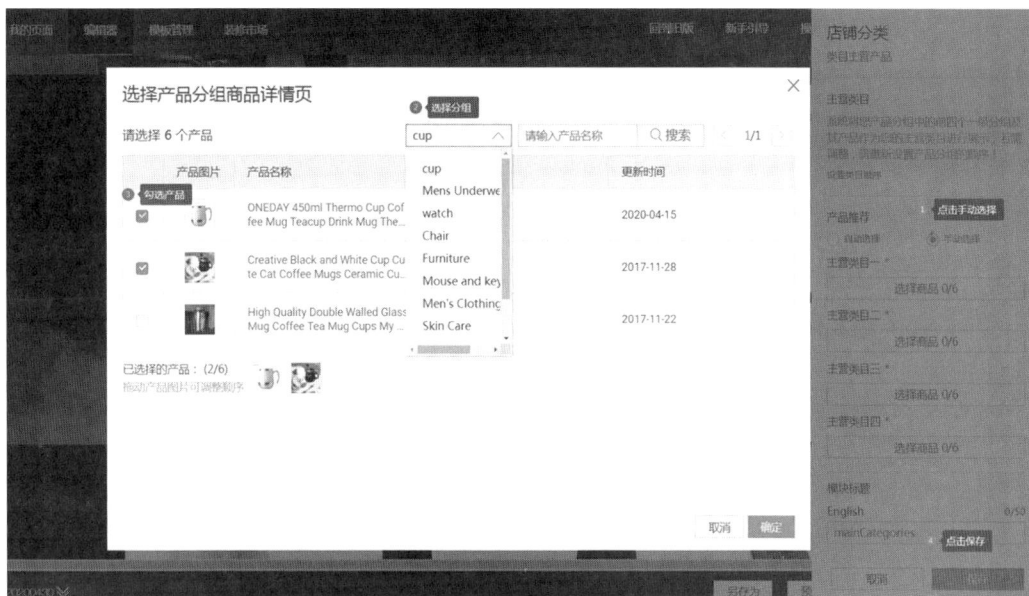

图 2 - 151　旺铺装修：主营类目设置界面

（2）产品分组。只能在窄栏添加，版块最多添加 1 个。

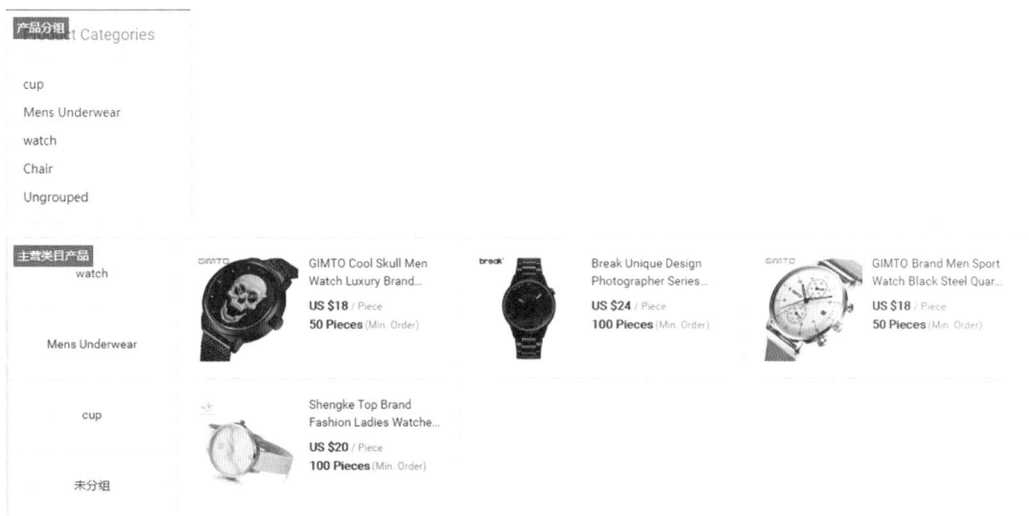

图 2 - 152　旺铺装修：产品分组设置界面

5. 旺铺视频版块

（1）视频版块。视频比例为 16：9，尽量保证视频达到高清模式（1 920 × 1 080px）。

（2）视频可以居左/居右放置。

（3）可以根据尺寸要求设计视频封面 & 版块底图进行上传。

图 2 - 153　旺铺装修：旺铺视频设置界面

6. 公司介绍版块

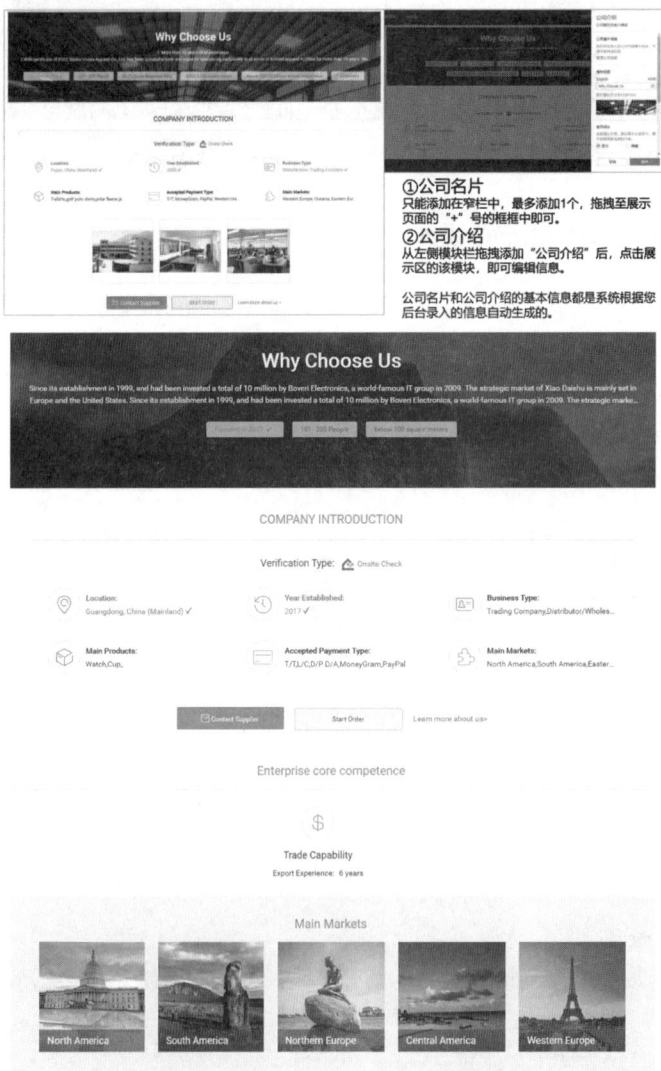

①公司名片
只能添加在窄栏中，最多添加1个，拖拽至展示
页面的"+"号的框框中即可。
②公司介绍
从左侧模块栏拖拽添加"公司介绍"后，点击展
示区的该模块，即可编辑信息。

公司名片和公司介绍的基本信息都是系统根据您
后台录入的信息自动生成的。

图 2 - 154　旺铺装修：公司介绍设置界面

7. 产品推荐版块

（1）橱窗产品（通栏：4 大 6 小图；双栏：10 个小图）。此版块默认将把后台上传的橱窗产品按顺序进行展示。

如果需调整，可通过 My Alibaba 后台的"管理橱窗产品"来调整前端展示的产品和顺序（如果是刚做调整，需等待同步时间≤24 小时才能显示）。

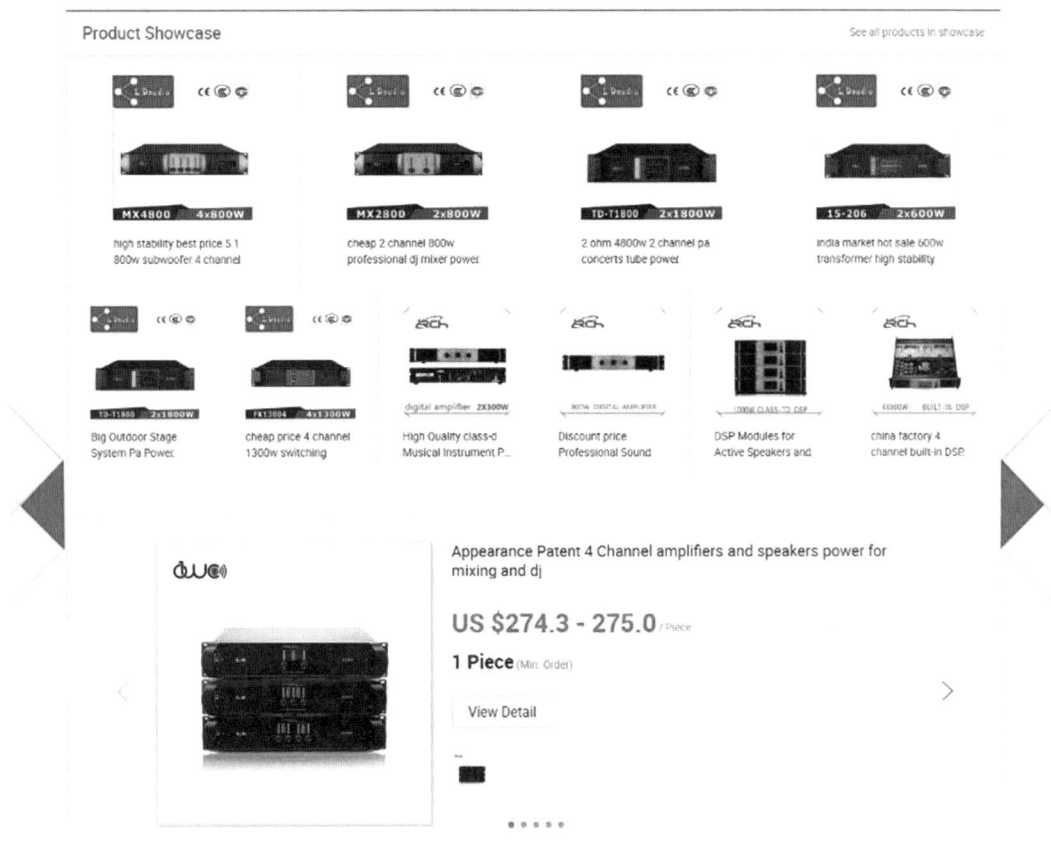

图 2-155　旺铺装修：产品推荐—橱窗产品设置界面

（2）带类目产品。点击版块进行编辑，系统已自动配置了类目与产品，可以选择手动配置。

①自动选择：可按照产品分组来选择产品组，产品组下展示逻辑按照最新产品逻辑展示。

②手动选择：可以自行选择 4 个产品；展示形式为 1 大图 3 小图。

图 2 – 156　旺铺装修：产品推荐—带类目产品设置界面

（3）单品。可以手动/自动选择展示的产品，只能展示 1~5 款单品，展示形式为轮播。手动选择产品的界面如图 2 – 157 所示：

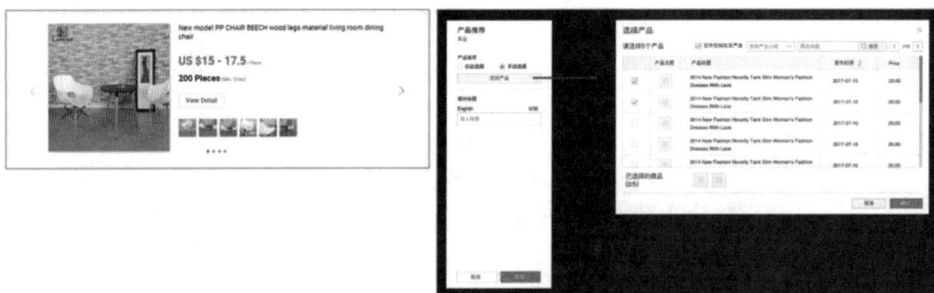

图 2 – 157　旺铺装修：产品推荐—单品手动选择界面

（4）平铺。通栏/宽栏/窄栏下都可以添加该版块（最多可添加 10 个），点击展示栏的该版块，可自动/手动设置展示的产品，如图 2 – 158 所示：

图 2 – 158　旺铺装修：产品推荐—平铺设置界面

（5）重点推荐。可自动/手动选择产品，手动选择时可选择产品分组，可勾选是否只展示在线批发商品，可选6个产品。

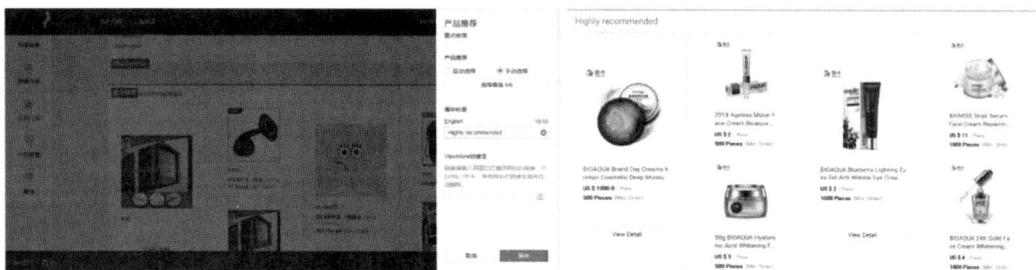

图 2 - 159　旺铺装修：产品推荐—重点推荐设置界面

（6）主营产品认证。此版块主要针对开通了金品诚企的旺铺开放，有专属的认证标志，可自动/手动选择产品。

①自动选择：金品诚企 10 个产品按最近更新时间排序。

②手动选择：选择产品分组，可以勾选是否只展示在线批发商品，可选 10 个产品。

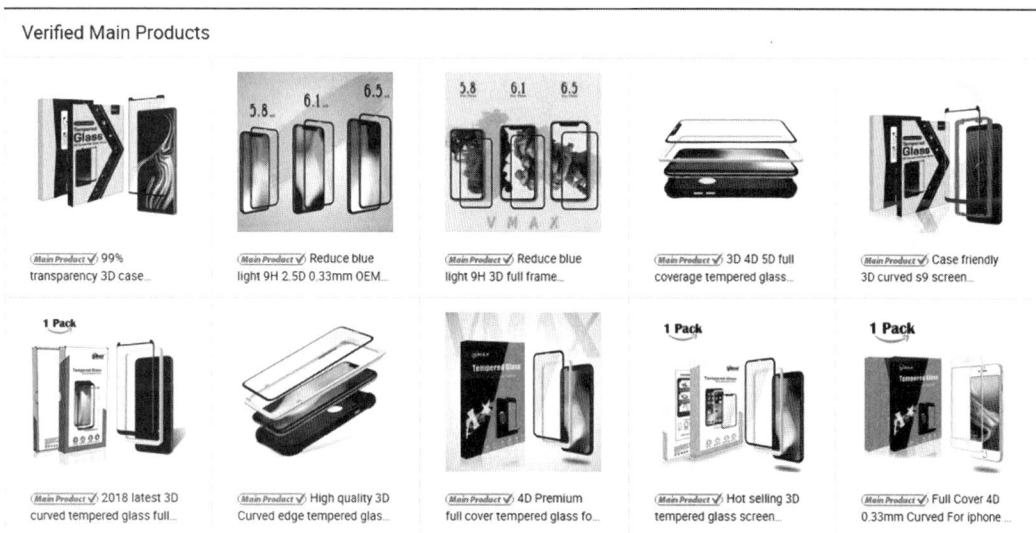

图 2 - 160　旺铺装修：产品推荐—主营产品认证设置界面

（7）智能产品推荐（千人千面版块），根据买家偏好自动显示产品。

该版块不支持编辑，为系统自动生成。添加后效果如图 2 - 161 所示。

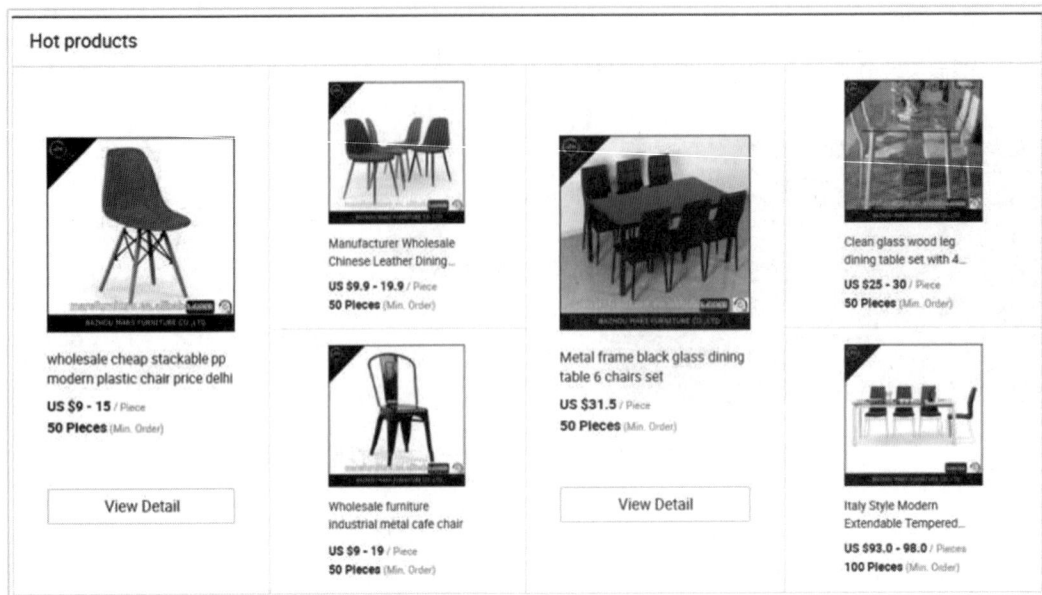

图2-161　旺铺装修：产品推荐—智能产品推荐案例界面

8. 营销推广版块

（1）通栏（全屏海报）。宽度均为1 920px，高度有550px和650px两种可选，具有统一性，最多可上传5张图片并可添加产品链接。

①轮播时间设置：手动切换、每五秒切换、每十秒切换。

②图片设置：点击"上传/编辑图片"，即进入通栏图上传编辑页，如图2-162所示：

图2-162　旺铺装修：营销推广—通栏banner设置界面

（2）轮播。只能在通栏下添加，添加上限2个，宽度统一为1 200px。

①图片高度可设3种：250、350、450，系统默认图片高度为350，具有统一性。

②轮播时间设置：手动切换、每五秒切换、每十秒切换。

③图片设置：点击"上传并编辑图片"，即进入轮播图上传编辑页，如图2－163所示。

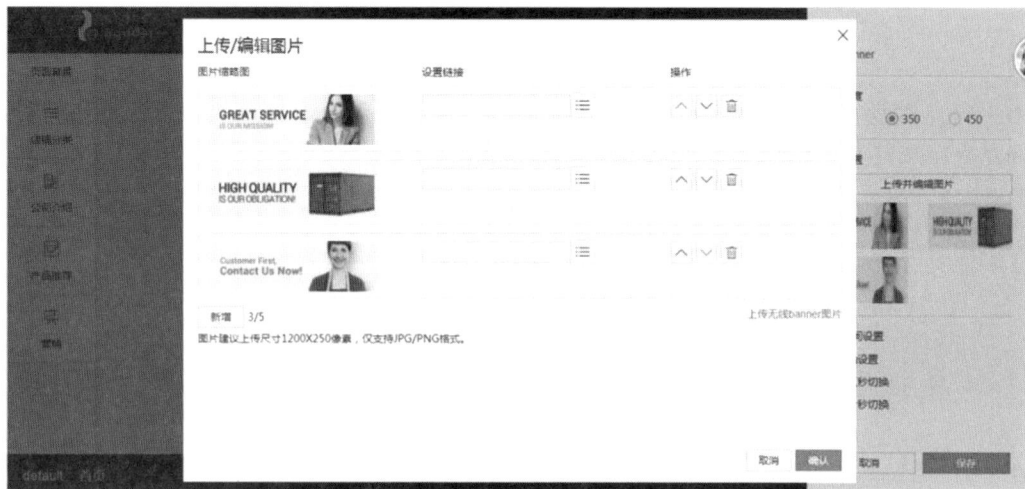

图2－163　旺铺装修：营销推广—轮播 banner 设置界面

（3）自定义内容区。在自定义内容区添加个性化版块，自定义内容区的高度和可添加图片数量都不设限（一般结合网页代码进行编辑）。

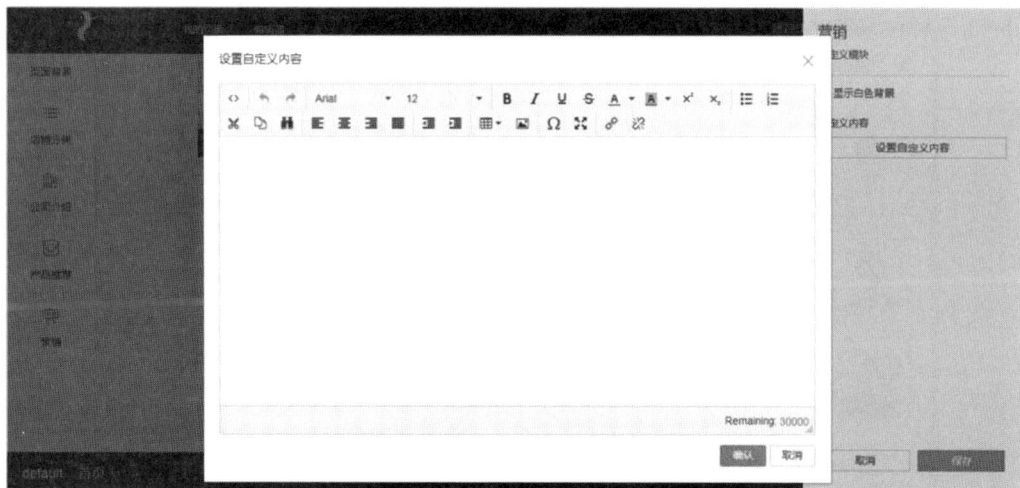

图2－164　旺铺装修：营销推广—自定义内容区设置界面

（4）多语言快链。直接拖拽添加，该版块不支持编辑。

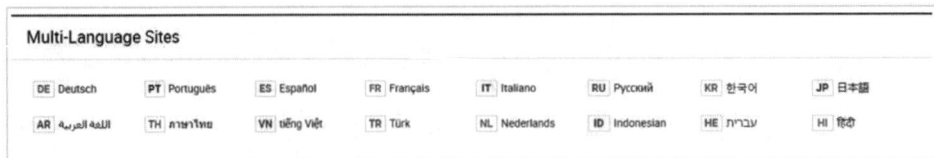

图 2 – 165　旺铺装修：营销推广—多语言快链设置界面

（5）询盘直通车。系统已默认配置该版块，该版块仅限现加一块，且不支持编辑。询盘直通车可添加在宽栏或通栏。

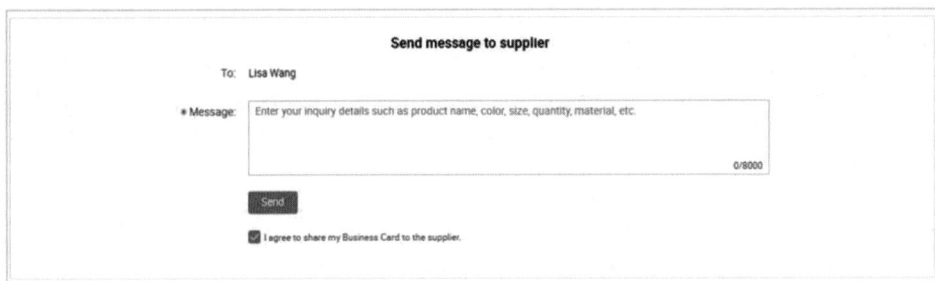

图 2 – 166　旺铺装修：营销推广—询盘直通车设置界面

（6）客服版块。点击客服版块，可设置客服头像、前台展示名称以及 TM 账户，可以添加 6 个账号。建议头像尺寸为 100 × 100 像素，仅支持 Jpg/Png 格式，点击保存后生效。

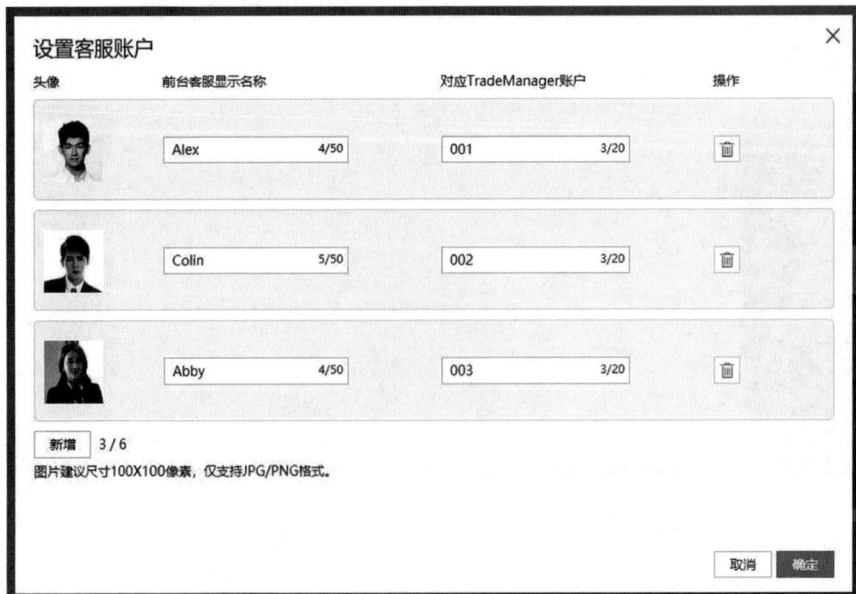

图 2 – 167　旺铺装修：营销推广—客服设置界面

（7）热区切图版块。一张图多个点击链接效果；可上传图片宽度需为 1 200px。可以自定义再任意画选区然后添加产品链接进行图片上传。

图 2 - 168 旺铺装修：营销推广—热区切图设置界面

【课堂讨论】

1. 旺铺装修的作用。

2. 旺铺装修的版块解析。

理论自测

1.【单选题】以下哪个不是店铺招牌要包含的元素?(　　)

A. 公司全称　　　　　B. 公司 Logo　　　　　C. 广告语　　　　　D. 公司产品

2.【单选题】在我的全球旺铺页面,哪个版块带来的访客最多?(　　)

A. Company Profile　　B. Products　　　　　C. Home　　　　　D. Contacts

3. 轮播图片最多可上传_____张图片,所上传的图片像素尺寸_____。

A. 6,需一致　　　　B. 4,需一致　　　　　C. 6,可不一致　　　D. 4,可不一致

4. 全球旺铺"多商家在线"版块(即悬浮旺旺)可以设置几个旺旺 ID?(　　)

A. 5 个　　　　　　B. 7 个　　　　　　　C. 3 个　　　　　　D. 1 个

第三章　阿里巴巴国际站业务处理

【知识目标】

熟悉阿里巴巴国际站业务处理中客户询盘方式、寄样、报价技巧和客户开发及维护等方面的知识，并了解其在整个跨境电商业务中的重要性。

【技能目标】

学会分析和处理业务中的询盘，学会客户开发和维护的方法和技巧，学会在多语言市场和在线批发市场发布产品，学会使用阿里巴巴国际站一达通服务及信用保障服务。

在阿里巴巴国际站注册完成，出口方顺利上传产品后，阿里巴巴国际站就进入业务处理环节。阿里巴巴国际站的业务处理主要分为客户询盘、寄样、报价技巧、大货准备、货物运输和客户开发及维护等几个部分。在业务处理操作中，各环节的实际情况分析、业务操作方法和技巧及应注意的问题是做好阿里巴巴国际站业务处理的关键所在。

3.1　国际站业务处理流程

当具备跨境电商交易资格后，业务员就可以在阿里巴巴国际站进行电商操作了。作为一名跨境电商业务员，除熟悉企业内部业务流程外，还应全面熟悉跨境电商的业务流程，因此，熟悉平台的业务流程操作知识是作为一名合格跨境电商业务员必备的技能。

3.1.1　国际站买家操作流程

【课前思考】

在阿里巴巴国际站购物和在淘宝等国内电商网站购物有什么不同？

一、搜索产品

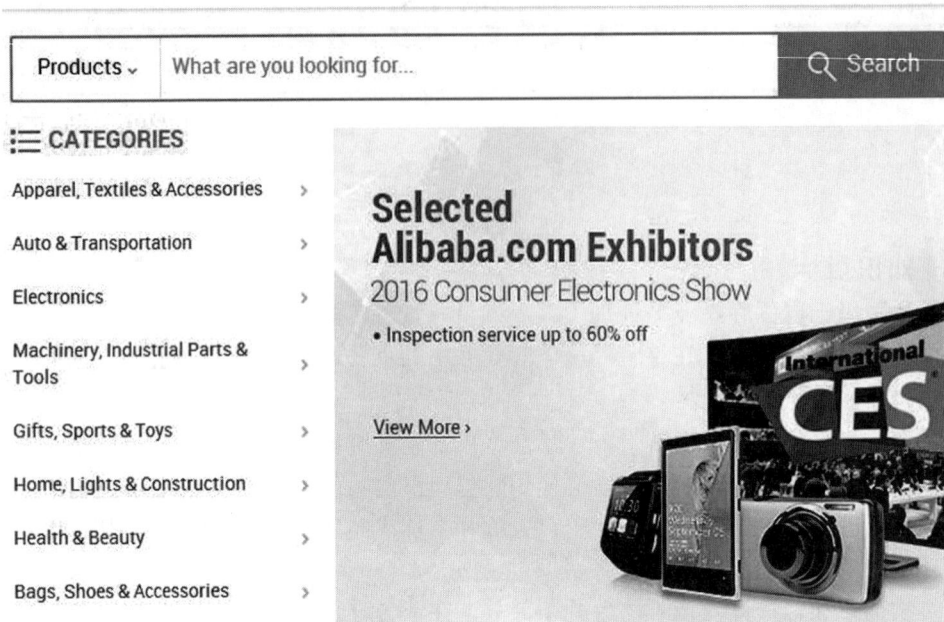

图 3 - 1   搜索产品界面

二、挑选产品

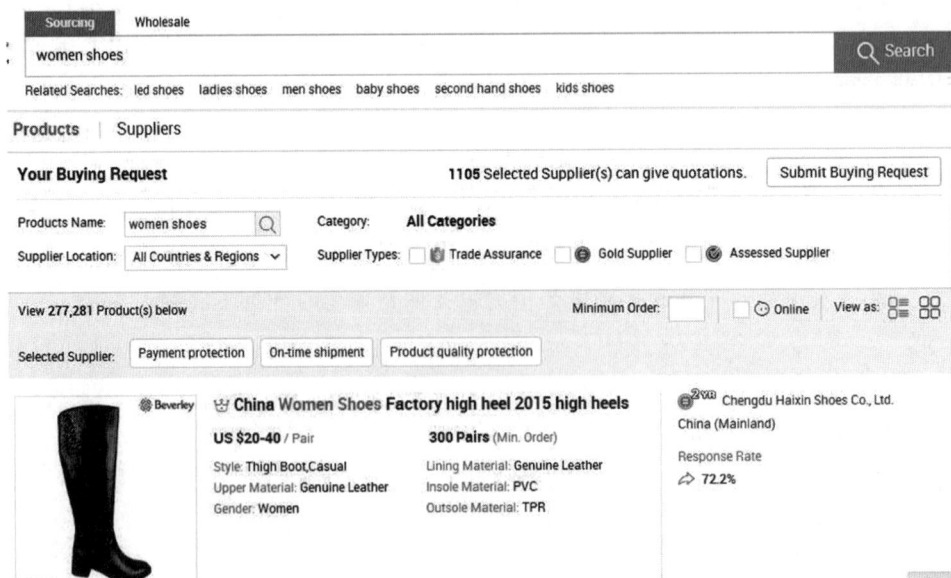

图 3 - 2   挑选产品界面

三、查看公司信息

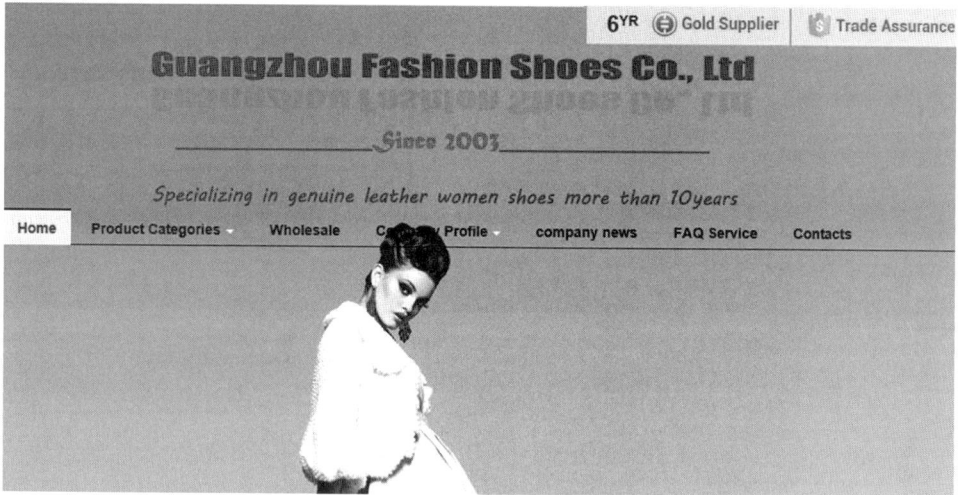

图 3 - 3　查看公司信息界面

四、发起反馈

Send your message to this supplier

To: Jane Huang

*Message: Enter your inquiry details such as product name, color, size, MOQ, FOB, etc.

Your message must be between 20-8000 characters

Quantity: 100　　Pair/Pairs ▼

☑ Recommend matching suppliers if this supplier doesn't contact me on Message Cent

☑ I agree to share my **Business Card** to the supplier.

Send

图 3 - 4　发起反馈界面

五、发布商品求购信息

登录 My Alibaba—采购—发布询价单。

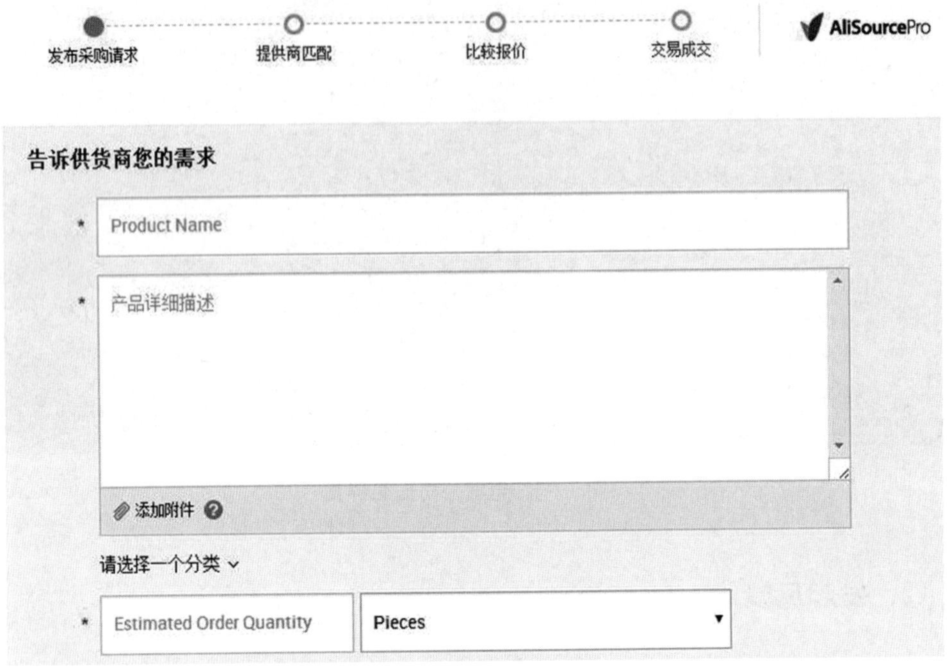

图 3 - 5　发布商品求购信息

【课堂讨论】
请解析国际站买家操作流程。

3.1.2　国际站卖家操作流程

【课前思考】
在阿里巴巴国际站开网店和在淘宝等国内电商网站开店有什么不同?

一、会员注册

前已注册。

二、填写公司基本资料

图 3-6　填写公司基本资料

三、发布产品供求信息

图 3-7　发布产品供求信息

四、寻找买家

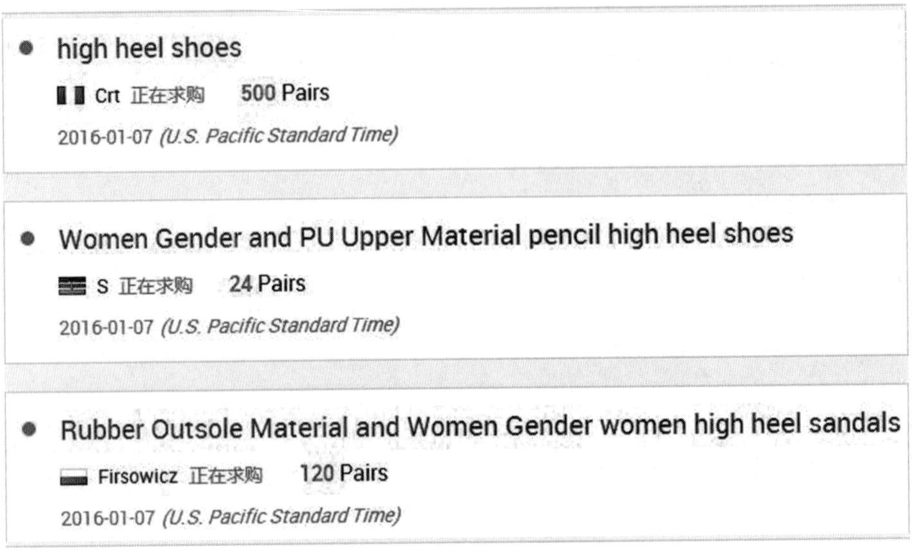

- high heel shoes
  - ▮▮ Crt 正在求购　500 Pairs

  2016-01-07 (U.S. Pacific Standard Time)

- Women Gender and PU Upper Material pencil high heel shoes
  - ▤ S 正在求购　24 Pairs

  2016-01-07 (U.S. Pacific Standard Time)

- Rubber Outsole Material and Women Gender women high heel sandals
  - ▭ Firsowicz 正在求购　120 Pairs

  2016-01-07 (U.S. Pacific Standard Time)

图 3 – 8　寻找买家

五、回复询价单

| □ | C | 分配给 ∨ | 移动到 ∨ | 删除 | 添加垃圾询价 | 更多 ∨ | □ 未读询盘 |

| 全部 | 新询价 | 待确认 | 待对方确认 | 已下单 |

| 旗标 ∨ | | 日期 ∨ | □ TradeManager |

□ ▶ 询价单号：11196504974　10:44

　● Price inquiry from Zahra in Iran (Islamic Republic of)　Zahra R...

□ ▶ 询价单号：11168956475　10:42

　● Inquiry from jackie leo about your Top quality !! s...　jackie leo

□ ▶ 询价单号：100231655928　10:42

　● Price inquiry from Zahra in Iran (Islamic Republic of)　Zahra R...

图 3 – 9　回复询价单

【课堂讨论】

请解析国际站卖家操作流程。

3.2　国际站商机获取及订单处理

3.2.1　外贸邮

【课前思考】

在国际站要如何获取商机?

我们已经学习了产品发布、图片处理、旺铺打造等技能,做好店铺基础工作的目的是让客户对我们的产品感兴趣,给我们发询盘,获得客户询盘才是我们的真正目的。

客户邮件发到哪里? 我们可以在哪里对客户进行邮件回复呢?

阿里巴巴为开通国际站的企业提供了一个邮件管理的企业邮箱,叫"外贸邮"。在这里,你可以接收回复客户邮件,对客户进行分类管理等。

一、如何开通外贸邮?

1. 开通条件

新平台开通后,首先对外贸邮进行开通,这样就可以收取客户给我们发来的询盘了。

开通外贸邮的条件:①具有独立的域名;②成为阿里巴巴供应商会员(缴年费)。

2. 开通外贸邮步骤

(1) 有公司邮箱的话直接填写,没有的话建议购买,一般一年费用是几百元。因为一般公司邮箱都是有域名的,例如,你的邮箱是 sales@ calo. com,一般个人邮箱是163. com、gmail. com 等。

有域名的好处:客户看到邮箱可知道公司比较正规。如果我们总是拿私人邮箱跟客户来往,客户会怀疑公司的实力和真实性。

(2) 针对已有域名进行 MX(邮件交换记录)解析。提醒:MX 解析需要在购买的域名后台系统操作。一般设置后会有 48 ~ 72 小时的生效时间,建议确定生效后再进行第三步操作。

(3) 主账号登录 My Alibaba—商机管理中心(询盘)—设置—邮箱域名管理申请开通。点击添加后进入域名验证,验证完成后即可针对对应账号添加域名邮箱。

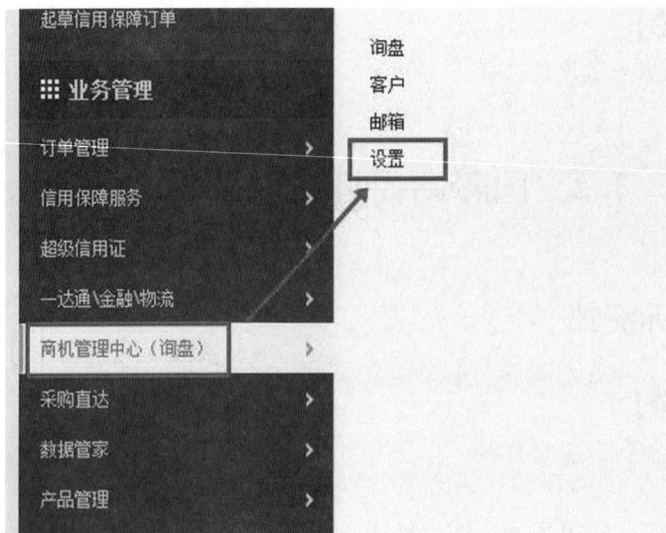

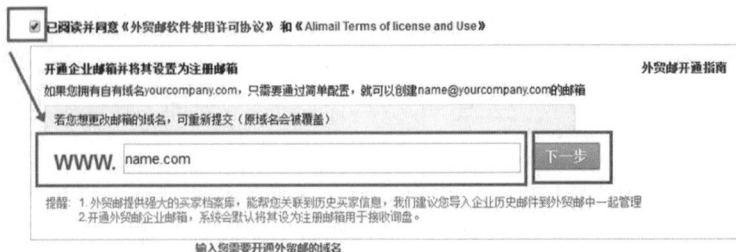

图 3 - 10　开通外贸邮：设置

（4）完成域名验证后，可由主账号登录 My Alibaba—商机管理中心（询盘）—设置—邮箱账号设置，针对对应账号添加域名邮箱。

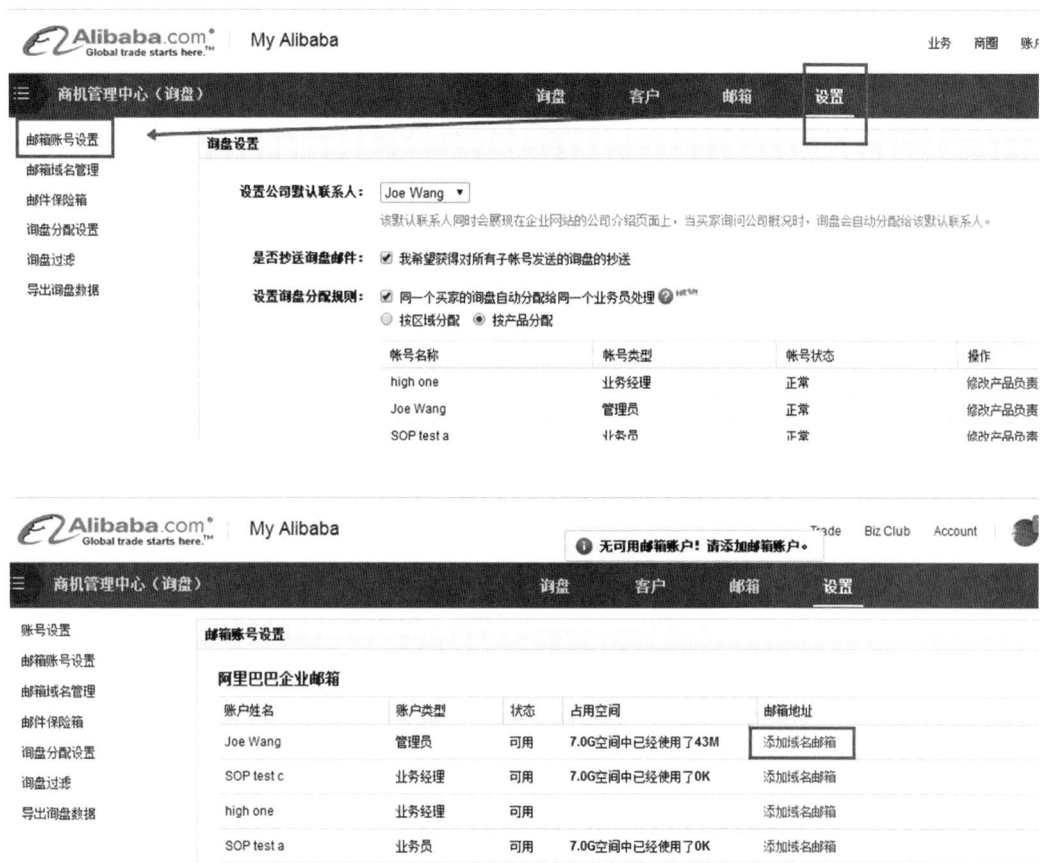

图 3-11 开通外贸邮：添加邮箱

二、开通外贸邮后进入询盘页面

开通外贸邮后，首先打开阿里巴巴后台页面，其次找到商机管理中心，最后点击询盘，即可进入询盘管理后台。

图 3 – 12　进入询盘管理后台

三、外贸邮的主要功能

1. 接收客户询盘

询盘后台可以实时接收到客户给我们发来的询盘信息。

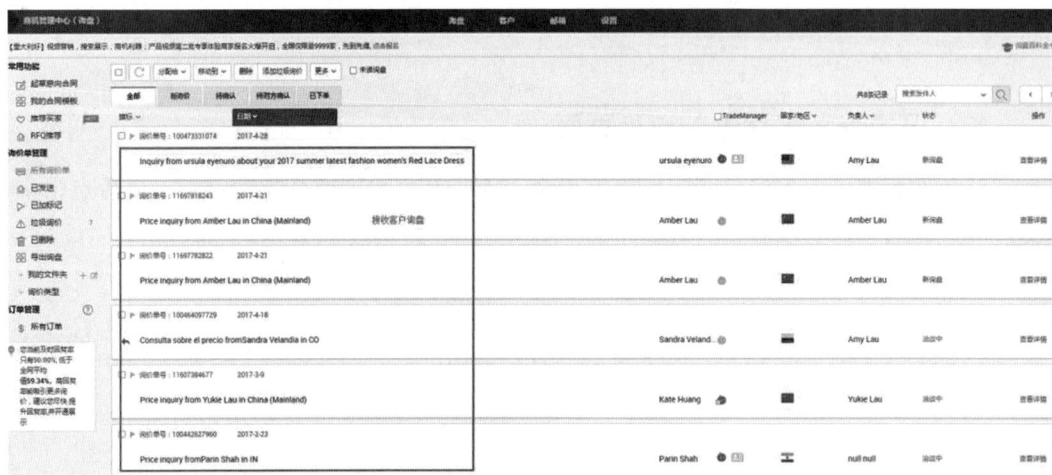

图 3 – 13　外贸邮功能：接收询盘

2. 回复客户询盘

直接在后台进行客户询盘回复，能实时答复和管理多个询盘。

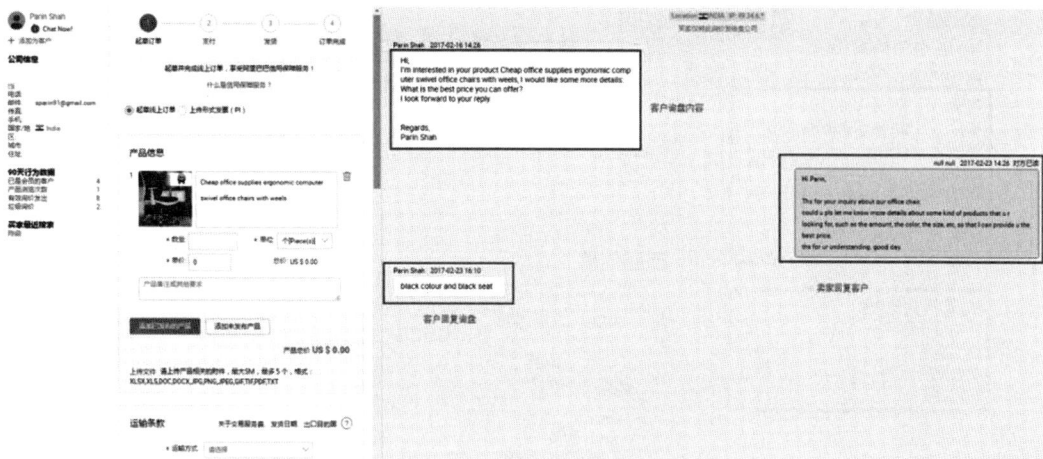

图 3-14　外贸邮功能：回复询盘

3. 管理客户询盘

对客户进行分类和管理时，可以按地区分类，如欧洲、东南亚，或者北美等。也可以按客户进展情况进行分类，如意向客户、一般客户、从未回复的客户等。

图 3-15　外贸邮功能：管理询盘

4. 掌握买家动向

在邮件的右侧可以看到客户的档案，包括基本信息、行为记录、关注行业、活跃程度等，可以通过这些数据，来判断买家的真实意向。

图 3 – 16　外贸邮功能：掌握买家动向

5. 管理员询盘分配

主账号可以管理所有询盘，掌握公司业务的进行状态，并且可以根据业务员的情况，将询盘发给不同的业务员。

图 3 – 17　外贸邮功能：管理员询盘分配

【课堂讨论】

1. 开通外贸邮的条件。

2. 外贸邮的主要功能。

3.2.2　询盘分析与回复

【课前思考】

国际站的询盘与传统外贸询盘有什么异同？

客户开发是进出口贸易公司的生命线，询盘是阿里巴巴国际站业务处理的起点。作为一名跨境电商业务人员，在处理国际站业务时，应学会熟练运用国际贸易磋商中询盘的方法和技巧。

一、认识询盘并熟悉询盘方式

1. 询盘的概念

询盘（Inquiry）也叫询价，是指交易的一方准备购买或出售某种商品，向对方询问买卖该商品的有关交易条件。询盘可以分为购买方向供货人提出的询盘和出售方向购买方提出的开发信两种。

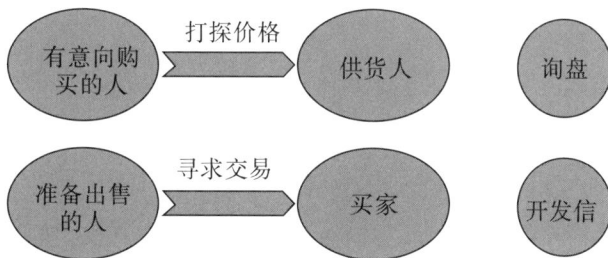

图3-18 询盘的概念

在实际业务中，询盘多由买方向卖方发出，由卖方向买方发出的询价称为开发信。

注：在外贸交易当中，询盘占据比较重要的位置，买卖双方通过邮件交流确定细节等问题，从而确保双方更好地进行交易。

2. 询盘方式

在跨境电商中，询盘的方式有多种，其中包括电话、传真、旺旺等，不同的询盘方式所能达到的询盘回复率和客户下单率有所不同。

表3-1 不同询盘方式的特点

询盘方式	特点
电话	所需费用高，迫切程度高，在回复时间，承诺期限内，采用电话方式回复，此种询盘成交率较高，可及时沟通产品情况，即时下单率较高。
传真	所需费用较高，迫切程度较高，即时采用传真方式回复，是传统的询盘方式，比较少人使用。
旺旺	无费用，迫切程度较高，即时采用旺旺方式回复，可直接与客户进行沟通，成交率较高。
邮件	无费用，迫切程度较高，采用邮件回复，回复时间较慢，如回复或信息较完整的可直接电话或加即时通信软件联系。
留言	无费用，迫切程度低，回复时间12个小时，回复方式留言或旺旺。

3. 询盘类型，以及如何回复询盘

当客户发来询盘时，第一件事不是急着回复，而是仔细阅读客户邮件内容，进行客户背景分析和了解客户真正的需求，从而进行针对性的回复。

客户询盘的类型一般分为垃圾询盘、普通询盘、精准询盘。

（1）垃圾询盘。

①客户群发的询盘，被阿里巴巴国际站后台检测到，被系统归类为垃圾询盘。

②客户账户所在国家和发送地所在 IP 不匹配的询盘。

③询盘里有嫌疑链接的询盘。

④诈骗类询盘。

⑤不匹配询盘，例如，我卖的是桌子，客户要的是麻将桌。

【回复建议】在阿里后台回复 thank you，然后扔进垃圾询盘。

（2）普通询盘。

①没有提到所需产品的具体要求。

②使用通用模板，发给每一位商家。

③只是想了解、收集一下行业情况。

【回复建议】①简单介绍自己及公司定位产品优势；②回复对方需求；③向对方提问；④附上报价单。

（3）精准询盘。

提出明确的采购需求，对产品的包装、价格、运输方式等进行详细的询问，表明有下单的可能性。

【回复建议】①用 Google 搜索客户信息；②简单介绍自己及公司定位产品优势；③根据客户需求进行针对性回复；④提出自己的产品/服务优势，体现自己与同行的差异化优势。

我们每天会收到各种不同的询盘，询盘的重视程度应该是：目标明确型＞普通询盘＞垃圾询盘。

4. 询盘回复注意事项

（1）及时性。原则上在 24 小时之内进行回复，否则会给人留下怠慢的印象。如果需要时间计算更精准的价格，可以先告诉客户正在准备报价。

（2）专业性。要准确回复客户问题，如产品参数、功能、认证等。如果需要核实之后再回答，应准确了解之后再回答。

（3）针对性。根据买家采购数量不同，进行针对性的报价，提供给采购量较大的买家的价格比普通采购者的价格肯定要更有吸引力。

根据客户国家的不同，进行针对性的报价，欧美国家客户追求产品质量，可以多展示合作大客户和产品证书，而亚非拉国家大部分客户会更注重价格，可以挑选价格实惠的产品提供给他。

二、询盘的落款

通常在询盘的落款上，我们可以找到一些客户的信息，以此确认询盘来源及询盘的价值。询盘的落款通常包含发盘人的名字、公司名称等信息：

1. 发盘人的名字

结合姓名与留下的邮箱在 Google 进行搜索，以确认是否有匹配的信息。

2. 公司名称

可以在 Google 或其他搜索引擎上找到公司名称，确认公司信息是否属实，产品等是否匹配。

3. 公司网址

可登录网址查看是否有相关信息，但一定要注意，如登录网站时需要输入邮箱账号及密码，此类网站多为钓鱼类诈骗型网站。

4. 邮箱地址

可从邮箱后缀是企业的还是免费注册的看出此类买方是否是大型买方，一般来说企业邮箱可信度较强，单量也相对较多。

5. 后缀的电话及传真

后缀是否有联系电话及传真，如有联系电话可以在 Google 上进行搜索，看是否有相关用户信息，曾经注册或浏览过哪些网页，甚至可以直接打电话进行沟通，加快促成订单。

6. IP 地址

查看询盘 IP 地址是否正确，可以确定一下客户具体是哪个国家的哪个地方，然后搜索查看这个国家、这个地区对于产品的需求量等信息。

三、熟悉并学会询盘处理的要素

在处理国外询盘时，要方法得当，给对方留下好的印象，换取对方的信任，为尽快取得订单打下基础。处理询盘的要素有：

（一）3C 原则

"3C 原则"是指在处理跨境电商询盘时的 Clearness（清楚）、Conciseness（简洁）和 Courtesy（礼貌）三项原则。

1. Clearness（清楚）

（1）要清晰地回答客户提出的问题。

（2）将产品或公司信息清晰地展示给客户。

2. Conciseness（简洁）

（1）不需要长篇大论地介绍公司或自己。

（2）使用简洁的词汇和句子。

3. Courtesy（礼貌）

多用"please，help，kindly，could，thank you，appreciate"等礼貌性词语来处理询盘，以给对方留下美好印象。

（二）及时、适时回复

由于存在时差，接到询盘时，要及时给予反馈，确保询盘回复的有效性。及时性分为绝对及时性和相对及时性。注意相对及时性回复询盘，可以根据与客户的上班时差来弥补，也可以按照客户当地上班时间设置邮件发送时间。一般而言，通常在 1 小时内完成询盘回复，订单生成率高达 70%，回复时间超过 10 小时，会大大降低订单生成率。但也应该要注意买方是来自哪个国家，根据时差来回复询盘。如果买方是英国人，那么你在北京时间 10 点回复询盘，而下午 3 点才是客户的上班时间，你的邮件有可能被无数其他供应商的邮件给覆盖掉，所以除了及时回复之外，还要注意对应客户的时间。

Price inquiry from Ingrid Lea in United Kingdom

日期:	2014年06月18日 14:40 星期三
来自:	Ingrid Lea
发给:	Chelsea li

买家仅将此询盘发给贵公司 ｜ 买家最近搜索: womens big shoes, wedding dress, wedding dresses
发件时所在地: ⚁ UNITED KINGDOM   发件时IP地址: 109.148.190.*

⚠ 为了您的安全，此询盘中的图片和链接已被阻止。
显示内容 ｜ 始终显示来自 Ingrid Lea 的内容

I'm interested in your

fashion handmade luxurious fashion women winter boots high quality
Specification: 1 OEM/ODM are acceptable 2 Big size (US 11- 14, EURO 42 - 45) available 3 Genuine leather shoes

北京时间 14：40 刚好接近英国的上班时间

图 3 - 19　询盘样本：及时回复

（三）做好报价资料的准备

在处理询盘时，要做好报价资料的准备工作。报价资料包括产品信息资料、英文描述、价格、包装、交货期、样品册、新款推荐等。

（四）沟通准备

在处理询盘时，要做好沟通硬件和软件等方面的准备工作。硬件方面包括国际长途、传真、聊天工具；软件方面包括对方国家风俗习惯、语言习惯和公司人员的正确联系方式等。

（五）验证邮箱

通过验证邮箱的一些软件，验证对方邮箱是否真实有效，例如，http：//verify - email. org/，可在此验证邮箱是否可用。

（六）产品知识和专业知识的准备

在处理询盘时，要向客户提供有用的信息；提问或回答问题时，要从专业的角度出发，能够给予专业解答，以免给人留下不专业、不可以信任的印象。

（七）准确理解对方意图

要将回复信写得很清楚，首先要准确理解买方来函的意思，如有不清楚的地方，则应立即去函向客户询问了解，切忌一知半解。

（八）一次性表达自己的意思

尽量一次性多传达自己的意思，以免来回沟通错过商机。

（九）询盘格式正确

格式一般分为称呼、正文、敬祝语、落款几个部分，语言简洁准确，避免出现语法和拼写错误。鉴于东西方文化差异，建议回答卖方问题时直截了当，语言简洁。在很多询盘当中，我们会遇到有些买方的邮件内容是非常简洁的，还会用一些缩写等，如 please = pls 等一些单词的简写，提高效率。

（十）邮件标题要具有提示性

在回复询盘时，邮件标题是一个重要部分，它关系着你的邮件是否会被客户忽略或者是否会进入垃圾邮箱中。这里建议回复邮件的标题直接为客户写给你的邮件标题前加 Re，这样客户看到自己写的标题就不会忽略了。

温馨提示：

在中文里，Spam 和 Trash 都翻译成垃圾邮件，但 Trash 是指使用者主动删除（无论是否阅读过）的邮件，而 Spam 是指系统认定为骚扰或者无效询价，并自动转入的邮件。

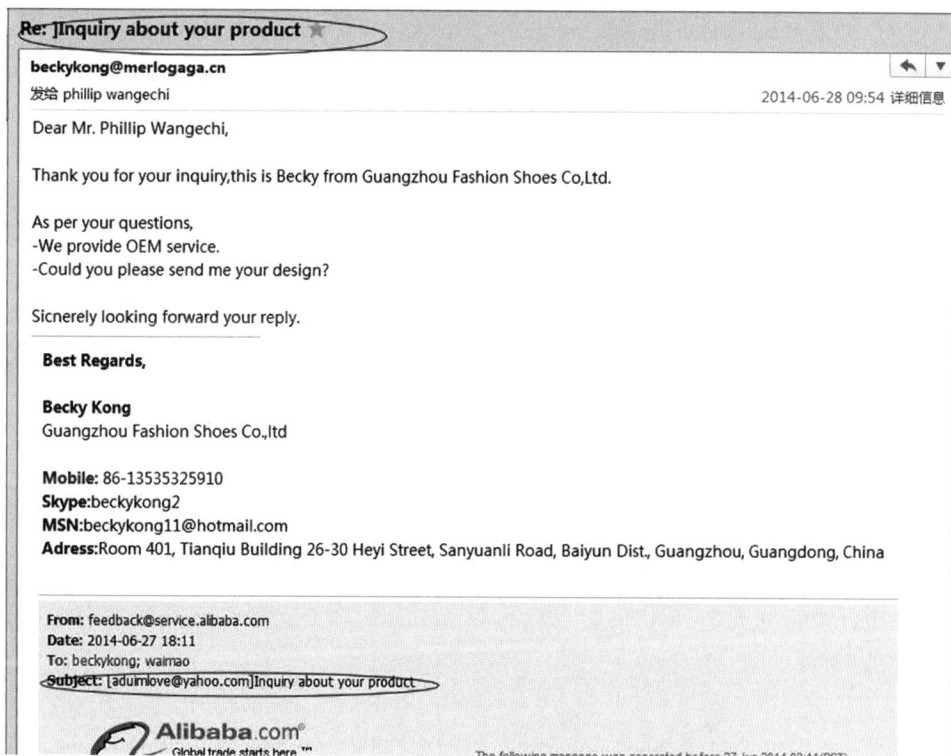

图 3 – 20　询盘案例

以上是一个询盘回复的案例，标题清晰地告诉客户这是一封询盘回复的邮件。

（十一）价格后定原则

在第一次邮件回复中，尽量不要先报出价格，应先了解客户的需求、数量、价格、参数规格等，这样能更准确地给客户报价，防止频繁更改价格，造成客户的不信任。

温馨提示：

首封邮件的回复避免使用网址、图片以及附件，以防被自动归并到垃圾邮箱中，可以先与客户取得联系后，在第二次邮件当中再发。邮件签名部分尽量不要使用网址或图片，以免被屏蔽，如果写网址要取消链接，避免被屏蔽。

【课堂讨论】

1. 询盘方式有哪些？

2. 询盘的类型及对不同类型的询盘要如何进行回复？

【实训练习】

根据客户需求分析并回复以下3封询盘：

1. 来自美国客户 Allen 的一封询盘，除邮箱、姓名外，客户未留下其他信息，该客户已是 7 位阿里巴巴国际站会员的客户，产品浏览次数 37 次，有效询盘发出 20 封。

Hi,

I need to produce women's heels using my own design. The sample is already made. I need you to remake them as well as remake my custom heel mold. I also need to produce a very small number of shoes. I initially need 25 pairs of shoes. I will supply the leather. Email me at mallen @ gmail. com if this is possible.

2. 来自加拿大的客户 David 发来一封询盘，除邮箱、姓名外，客户未留下其他信息，该客户暂未被其他阿里巴巴国际站会员添加为客户，产品浏览次数 2 次，有效询盘发出 0 封。

Hi,

I would like to know the price for attractive design special European and American style women shoes 2014.

I'm interested in buying 30 Pairs.

Please provide us with a quotation.

Thank you.

3. 来自澳大利亚客户 Amanda 发来的一封询盘，客户公司信息、联系方式、职位等信息较全面，该客户已是 16 位阿里巴巴国际站会员的客户，产品浏览次数 106 次，有效询盘发出 43 封。

Hi,

I'm interested in your product wholesale patent leather custom fashion shoes for women 2016，I would like some more details：

What is the best price you can offer?

I look forward to your reply.

Regards,

Amanda McFadden（This message is from iPhone）

理论自测

1.【单选题】给同一个客户发开发信每月什么频率最好?（ ）

A. 4～6次　　　　　B. 1～2次　　　　　C. 2～4次

2.【单选题】常见的钓鱼邮件类型有哪些?（ ）

A. 仿冒邮件　　　　　　　　　　B. 链接邮件

C. 附件邮件　　　　　　　　　　D. 其他三个选项都正确

3.【单选题】以下哪个不是询盘管理的功能?（ ）

A. 实现客户管理　　B. 管理员询盘分配　C. 掌控买家动态　　D. 批量报价

4.【单选题】询盘附件最多不可以超过多少?（ ）

A. 5MB　　　　　B. 15MB　　　　　C. 8MB　　　　　D. 10MB

5.【单选题】询盘与旺旺分别要在几小时内回复询盘?（ ）

A. 72小时，1小时　B. 48小时，3小时　C. 12小时，3小时　D. 24小时，1小时

6.【单选题】下列关于销售现状发生变化中"双赢"描述正确的是：（ ）

A. 单纯的经济利益上的盈利。　　　　　　B. 单纯的心理上的双赢。

C. 保证经济利益的同时满足心理上的愉悦。　D. 所有答案都不对。

7.【单选题】当有1 000元让步空间时，下列让步策略描述正确的是：（ ）

A. 可以使用250、250、250、250元平均幅度的让步策略。

B. 可以使用500、200、100、50元均匀的让步策略。

C. 可以使用600、400、0、0元大跨度的让步策略。

D. 所有答案都不对。

8.【单选题】以下关于非洲市场相关内容描述错误的是：（ ）

A. 非洲35%～60%的人口仍在贫困线上挣扎，收入较低。

B. 非洲5%～15%的人口通常来自世界各地，收入较高。

C. 非洲25%～40%的人口拥有较强的刚需，生活不算穷也不富裕。

D. 非洲每年进口到国内的货物量很少。

9.【单选题】我们和欧洲相隔的时间大概有几个小时?（ ）

A. 5小时　　　　　B. 6小时　　　　　C. 7小时　　　　　D. 8小时

10.【单选题】邮政的航空大包航程一般需要多久?（ ）

A. 2周　　　　　B. 1周　　　　　C. 4周　　　　　D. 3周

11.【单选题】欧洲大部分人的宗教信仰是：（ ）

A. 基督教　　　　　B. 佛教　　　　　C. 伊斯兰教　　　　　D. 天主教

12.【单选题】以下关于绝大多数中东阿拉伯客户特点描述错误的是：（ ）

A. 性格急躁。　　　　　　　　　　B. 交货期限卡得紧。

C. 样品跟成品一致性要求高。　　　　D. 不喜欢接收各种有地方特色的小礼物。

13.【单选题】以下关于阿拉伯国际风俗习惯描述错误的是：（ ）

A. 见面握手时间越长说明关系越好。　　B. 见面拥抱时间越长说明关系越好。

C. 见面拥抱时间越短说明关系越好。　　D. 阿拉伯人都信伊斯兰教。

14.【单选题】以下关于俄罗斯市场相关内容描述错误的是：（ ）

A. 俄罗斯人很注重仪表，很爱干净。

B. Google 搜索引擎在俄罗斯拥有很高的市场份额，很多俄罗斯人都在用。

C. 俄罗斯人喜饮伏特加酒。

D. 在俄罗斯上网费用较贵。

15.【单选题】以下关于俄罗斯市场相关内容描述错误的是：（ ）

A. 俄罗斯消费者对商品的选择要求较高，具有严格的挑剔性。

B. 俄罗斯消费者喜欢名牌，即使价格较贵，人们也愿意购买。

C. 对俄罗斯市场必须建立质量第一的意识。

D. 与俄罗斯客户进行商务谈判通常速度会非常快。

16.【判断题】巴西和阿根廷是南美洲的主要经济大国，这样的说法正确吗？（ ）

17.【判断题】非洲市场对产品档次要求非常高，有严格的质量和行业协会认证要求。这样的说法正确吗？（ ）

18.【判断题】中东客户很擅长砍价，这样的说法正确吗？（ ）

19.【判断题】中东市场对产品档次要求非常高，有严格的质量和行业协会认证要求，这样的说法正确吗？（ ）

20.【判断题】通常来说，法国客户是非常有时间观念的，这样的说法正确吗？（ ）

21.【判断题】通常来说，北欧的客户对错误的容忍度极低，这样的说法正确吗？（ ）

22.【判断题】阿拉伯人都是信仰伊斯兰教的，这样的说法正确吗？（ ）

23.【判断题】通常来说，阿拉伯客户非常看重面子，这样的说法正确吗？（ ）

24.【判断题】非价格因素在外贸业务谈判中具有非常重要的地位，这种说法正确吗？（ ）

25.【判断题】写开发信时从客户的关注点切入，可以提升开发信的质量，这样的说法正确吗？（ ）

26.【判断题】在询盘过程中，可以在发货前针对产品录制一段视频发给客户，以便于更好地让客户了解更多信息，这种做法正确吗？（ ）

27.【判断题】写开发信时同时为客户提供与其产品相关的其他产品资讯，有助于促成更多交易，这样的说法正确吗？（ ）

28.【判断题】正确地进行情感营销可以促成交易并有助于培养长期客户，这样的说法正确吗？（ ）

29.【判断题】关注客户的社交软件动态并与客户进行互动是情感营销过程中常用的方式，这样的说法正确吗？（ ）

30.【判断题】为了避免客户跟进"N 宗罪"发生在自己身上，需要在客户跟进过程中积极主动不逃避，这样的说法正确吗？（ ）

31.【判断题】对于营销型企业来说，客户数据库是企业的生命，这样的说法正确吗？（ ）

32.【判断题】在处理询盘回复的过程中，有效地使用换位思考可以促使客户跟着我们的思路走，这样的说法正确吗？（　　　）

33.【判断题】蚕食策略运用了需求连续性的原理，这种说法正确吗？（　　　）

34.【判断题】通常业务员自己联系了客户，并经过几次磋商后为了使客户更深入了解自己的产品可以考虑邮寄样品，这样的说法正确吗？（　　　）

35.【判断题】对于陌生的贸易伙伴不要轻易使用西联付款，这样的说法正确吗？（　　　）

36.【判断题】邮寄样品前不需要使用文字、图片的方式确认，可以直接邮寄，这样的说法正确吗？（　　　）

37.【判断题】由于邮寄的是样品，不是正式的产品，所以考虑样品包装简单一些即可，这样的说法正确吗？（　　　）

38.【判断题】把客户变成朋友并以朋友的身份关心客户，是解决邮件石沉大海的好方法，这样的说法正确吗？（　　　）

39.【判断题】接待客户前需要对客户进行调查，这样的说法正确吗？（　　　）

40.【判断题】在接待客户参观时，带领客户参观工厂内部是不必要的，不需要安排在参观行程中。这样的说法正确吗？（　　　）

41.【多选题】如下描述正确的是：（　　　）

A. 通常来说，B2C 是以成交为第一目标的。

B. 通常来说，B2B 是以成交为第一目标的。

C. 通常来说，B2B 是以准客户数为第一目标的。

D. 以上都不对。

42.【多选题】在处理询盘邮件时，我们通常会围绕哪些核心点与客户进行沟通？（　　　）

A. Who are you?　　　　　　　　B. What do you have?

C. What do customers want?　　　D. What do you give?

43.【多选题】做外贸时，可以从哪些方面提升自身专业度？（　　　）

A. 掌握产品的生产流程。　　　　B. 掌握产品的技术参数。

C. 掌握工厂里工人的情况和生产能力。　D. 掌握工厂里工人的喜好。

44.【多选题】以下关于回复询盘描述正确的是：（　　　）

A. 考虑时差因素，尽量在客户上班时间给客户回复邮件。

B. 考虑便捷因素，尽量在发送附件时使用图片格式的文件。

C. 考虑语言因素，尝试使用多语言进行询盘回复。

D. 考虑专业因素，把可能出现的问题、困难、结果提前说出来。

45.【多选题】关于售后的正确引导，以下描述正确的是：（　　　）

A. 做好货物的运输跟踪。

B. 定时给客户汇报，并为二次销售做准备。

C. 客户收到货后，如满意，立即进行二次销售或者寻求转介客户。

D. 客户收到货后，如不满意，根据实际情况，尽力配合解决。

46.【多选题】在询盘过程中，关于报价后客户消失的理由描述正确的是：（　　　）

A. 客人是中间商，他在等他的客人，或者银行的钱。

B. 客人是终端客人，他在等银行的钱，贷款、融资、市场计划等。

C. 客人觉得你产品价格高了，对你也没有什么印象。

D. 你的报价单不够吸引人，他不想理你。

47.【多选题】在询盘交流过程中，关于使用"I want to/I need to"句式描述正确的是：（ ）

A. 这样很好，完全没有问题。　　　　B. 建议使用 Could I。

C. 建议使用 May I。　　　　　　　　D. 建议使用 Can I。

48.【多选题】在询盘交流过程中，客户使用 Thank you，我们应该使用 You are welcome 作为回复，下列描述正确的是：（ ）

A. 这样回复很好，完全没有问题。　　B. 这样回复稍显不足，缺乏灵活性。

C. 建议使用 No problems 回复。　　　D. 建议使用 No worries 回复。

49.【多选题】下列关于让步策略要点描述正确的是：（ ）

A. 你让步的方式可能在买主心里形成一种期待定势。

B. 不要做均等的让步，因为买主的要求可能无休无止。

C. 不要首先就做一个大的让步，因为它会产生敌意。

D. 不要因为买主要求你给出最后的实价就一下子让到谈判底线。

50.【多选题】下列组合中，属于外贸业务中蚕食策略应用的是哪些？（ ）

A. 买汽车＋装潢＋保险　　　　　　B. 摩托艇＋水上安全

C. 价格＋支付条件＋运输　　　　　D. 以上都不对

51.【多选题】关于邮寄样品，以下描述正确的是：（ ）

A. 所有客户都需要邮寄样品。　　　B. 不是所有客户都需要邮寄样品。

C. 有些客户是一定需要邮寄样品的。D. 所有选项都正确。

52.【多选题】接待客户参观工厂内部时，通常需要参观哪些地方？（ ）

A. 办公室　　　　B. 车间　　　　C. 仓库　　　　D. 原料间

53.【多选题】接待客户参观时，沟通过程中可以从哪几个方面向客户介绍？（ ）

A. 公司的规模　　B. 公司的产能　　C. 公司产品的质量　D. 公司提供的服务

54.【多选题】以下关于南美市场描述正确的是：（ ）

A. 南美洲地广人稀，资源丰富。

B. 南美大陆语言以西班牙语、葡萄牙语为主。

C. 南美大陆语言以英语为主。

D. 南美洲贫富悬殊，近一半的财富集中在10%的人手中。

55.【多选题】欧洲人的忌讳有哪些？（ ）

A. 13　　　　　　B. 星期五　　　　C. 手帕　　　　D. 菊花

56.【多选题】以下描述中，在客户跟进"N宗罪"里提到的有哪些？（ ）

A. 我感觉没有客户跟进。　　　　　B. 我感觉质量好的客户不多。

C. 我的客户都自己搞定。　　　　　D. 我的客户脑袋记得住。

3.2.3 采购直达（RFQ）

【课前思考】

获取报价的有效方式除了发出询盘之外还有哪些？

一、RFQ 概念解析

RFQ（Request for Quotation），意思是商家与买方自己洽谈，在阿里巴巴国际站中表示采购直达，在采购直达中会有需要产品的买方发布自己的需求，通过系统匹配卖方，卖方可抓住时机为买方进行报价，如报价已满，买方信息将不会完整呈现，这就要求我们在做 RFQ 时能够及时给予买方信息反馈，获取主动权。

对于客户来讲，采购直达是用来发布采购需求的平台。假如客户想采购一批自行车，不想通过搜索关键词去一个个寻找商家，而是希望通过发布采购需求，让更多供应商给他发送报价。那么客户就可以直接在采购直达发布采购 300 辆自行车的信息，要求：山地车，20 寸车轮毂，红色。发布了这些信息之后，供应商在采购直达页面看到客户信息，能提供该商品的供应商就可以进行报价。

对于供应商来讲，采购直达可以主动寻找客户的采购信息，进行针对性报价。

图 3-21 RFQ 界面

根据客户对产品的需求进行报价，可先收集客户信息，再以开发信的形式进行客户开发，在 RFQ 中还是有不少大买家的。

二、采购直达的优势

1. 供应商可以主动出击寻找客户

通过采购直达，卖家可以直接掌握客户的需求，然后经过分析发送报价，主动开发客户。

2. 买家可以更快捷地找到适合自己的供应商

买家把自己的采购需求展示出来，获得了更多供应商的报价，能高效地找到优质供应商。

3. 方便报价管理和订单管理

RFQ 中有既定的报价表单，为供应商报价信息的完整提供了便利；此外，订单管理可以清晰地进行交易跟踪和客户管理。

三、RFQ 报价权益

不同供应商类型报价数量是有限制的，所拥有的权限也不同，如下：

表 3-2　不同供应商类型报价权限

用户类型	服务前提④	报价权限⑥	奖励权益	惩罚
出口通会员①	出口通服务正常履行中，且报价前规定时间内无违规及/或投诉记录⑤。	(1) 报价对象：有效 RFQ； (2) 基础报价权限：20条/月； (3) 报价修改：每条报价有一次修改机会，被判定为"主营不符"的报价除外。	根据用户在采购直达 RFQ 市场的表现有额外报价权益等奖励。（具体规则详见"激励规则"）	当月累计差评⑧≥3 条，则次月 3 日开始冻结报价权限 7 天。
金品诚企会员②	金品诚企服务正常履行中，且报价前规定时间内无违规及/或投诉记录。			
阿里通行证会员③	以采购直达商机服务订购相关合同及/或采购直达市场运营活动为准。	(1) 报价对象：有效 RFQ； (2) 报价权限：您可通过购买或参加采购直达市场运营活动获取报价权益⑦； (3) 报价修改：每条报价有一次修改机会，被判定为"主营不符"的报价除外。	无	
中国大陆免费会员				

注：①签署《中国供应商服务合同》、订购"出口通"版的中国供应商服务、其合同生效并在正常服务中的用户。

②签署《金品诚企服务合同》、订购"金品诚企服务"、其合同生效并在正常服务中的用户。

③签署《实地认证服务合同》、付费并通过实地认证的用户。

④"服务前提"为用户享有服务权益的前提条件，不满足条件的用户将不能使用采购直达服务。

⑤违规行为/投诉记录以阿里巴巴国际站系统记录为准。

⑥"报价权限"指同一供应商（含主、子账号）在一个自然月（美国时间）内可报价的总计条数。基础报价权限每月1日（美国时间）发放、当期最后一日清零（即当期有效，过期作废）。

⑦对于阿里通行证会员以及中国大陆免费会员，阿里巴巴国际站后续会推出采购直达商机服务，届时您可以积极参与来获取相应的报价权益。报价权益条数视您选择订购的不同套餐包而定（详询客户经理）。同时也可关注阿里巴巴国际站的运营活动。

⑧"差评"指买家对报价评价为1星、2星。（价格原因除外且该报价时间在6个月内，以阿里巴巴国际站系统记录为准）。

四、RFQ 的获取

1. 进入采购直达页面

（1）通过后台进入：进入阿里巴巴国际站后台，找到采购直达，进入 RFQ 市场。

图 3-22 RFQ：后台进入界面

（2）通过 Trademanager，旺旺进入。

打开电脑版或者手机版 Trademanager，点击待处理 RFQ。

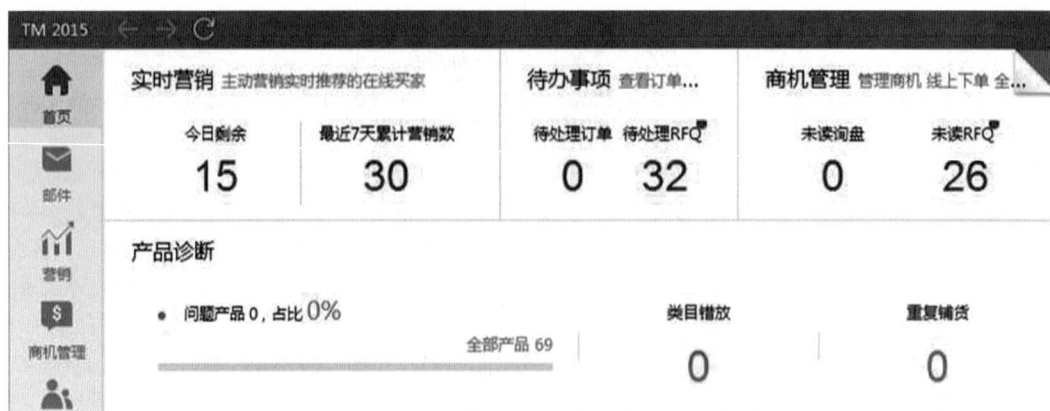

图 3 – 23　RFQ：旺旺进入界面

2. 三种获取客户发布 RFQ 的途径

（1）系统推荐。

通过在后台添加产品关键词和类目进行商机订阅，当客户发布跟订阅关键词和类目相关时，系统会把该客户的采购需求推送给供应商。

（2）主动查找。

可以直接在采购直达搜索框输入关键词，查找与该关键词相关的采购信息。

图 3 – 24　RFQ：主动查找

（3）搜索定制。

在 RFQ 后台，找到"加入我的定制搜索"，把公司产品关键词加入定制搜索中。

完成定制后，与该关键词相关的 RFQ 就能够通过邮件或者旺旺通知的方式发送到关联的邮箱和国际版旺旺上。

五、RFQ 分析

在采购直达每天会有几百甚至上千条客户发出的 RFQ，如何快速判断哪些 RFQ 质量更高值得报价？RFQ 中客户展示的每个信息代表什么意思？如何判断哪些是 RFQ 中有价值的信息？可以从以下三个方面着手分析 RFQ：

1. 搜索展示

搜索展示是快速判断 RFQ 质量的第一关。

（1）买家样品图。我们公司是否可以向客户提供该产品。

（2）标题。标题中出现的关键词是否与我们的产品匹配。例如，我们的产品是自行车，客户 RFQ 标题中出现了 Bike。

（3）附件。是否带有附件，如果有请下载，附件一般是客户的设计图和采购要求。

（4）查看有无 Quality RFQ /Premier 标志。有的话证明达到一定采购金额，综合质量好。如果有"Premier"标志，证明买家是通过阿里系统认证的，更具备真实性。

（5）买家意向采购数量。看下买家希望的采购数量是多少，对于卖家来说肯定是越多越好。

（6）买家国别。看下是否是商家的主打国家。

（7）剩余报价席位。客户发布的采购需求只接受 10 个供应商的报价，如果席位为 0 时，就不可以进行报价了。

图 3 - 25　RFQ 分析

2. 详情校对

看完首页的展示信息，接下来点击进入详情就可以看到更多详细的信息。

（1）贸易方式。客户指定交易的贸易术语和付款方式。

（2）IP 地址。可以用 IP38.com 查询客户 IP 和位置是否一致，避免国内的同行卖家来套取价格。

（3）客户公司名称。如果客户提供了公司名，可以在谷歌搜索一下，看下有没有更具体的信息，判断客户公司存在的真实性。

（4）RFQ 产品细节部分。此为客户自己编写，一般客户会写产品的描述、参数规格，以及上传附件等。这部分内容越详细，质量就越高。

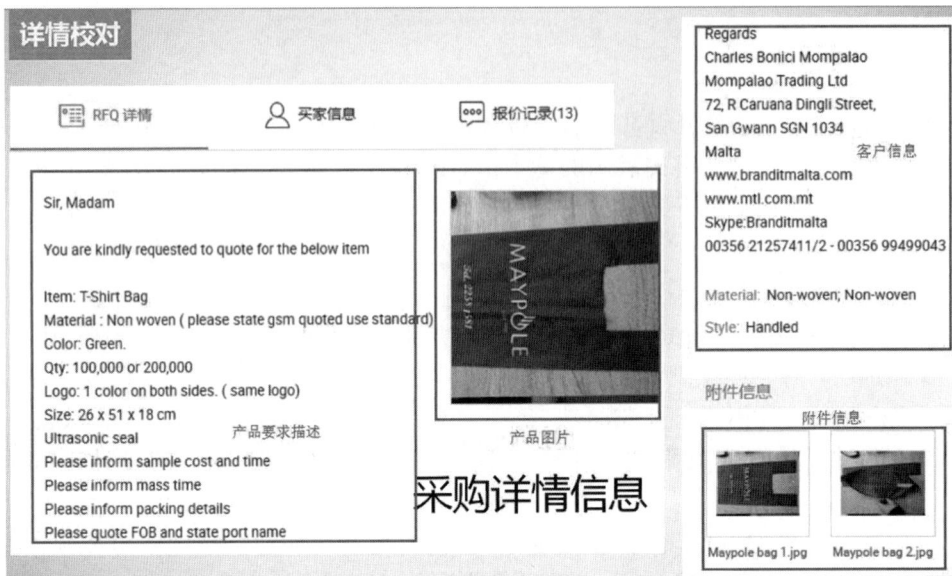

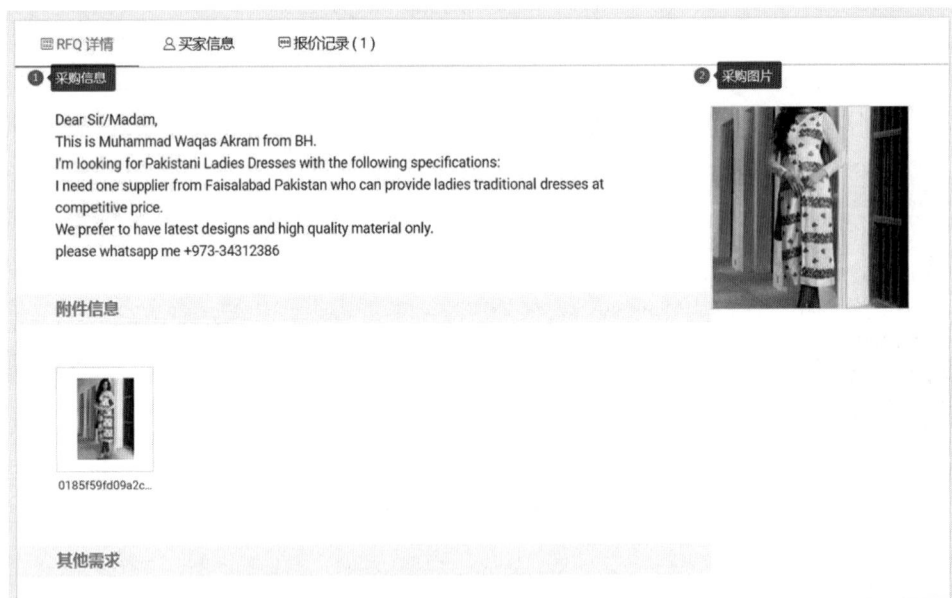

图 3-26　RFQ 详情校对

3. 买家信息

RFQ 还记录买家的信息，提供给供应商，以便供应商了解买家采购偏好、采购频率等信息，能够有的放矢地进行产品推荐和报价。

买家信息分别提供了客户的"个人信息""采购信息"和"公司信息",有了这些信息我们可以做到应其所需,投其所好。

图 3 – 27　RFQ:买家信息分析

六、RFQ 报价

分析完 RFQ 和买家信息后，筛选掉质量不高和不能满足的信息，就可以对产品匹配率高、采购需求明确的 RFQ 进行报价了。只有报价了才可以看到买家的联系方式。

1. 点击"立即报价"

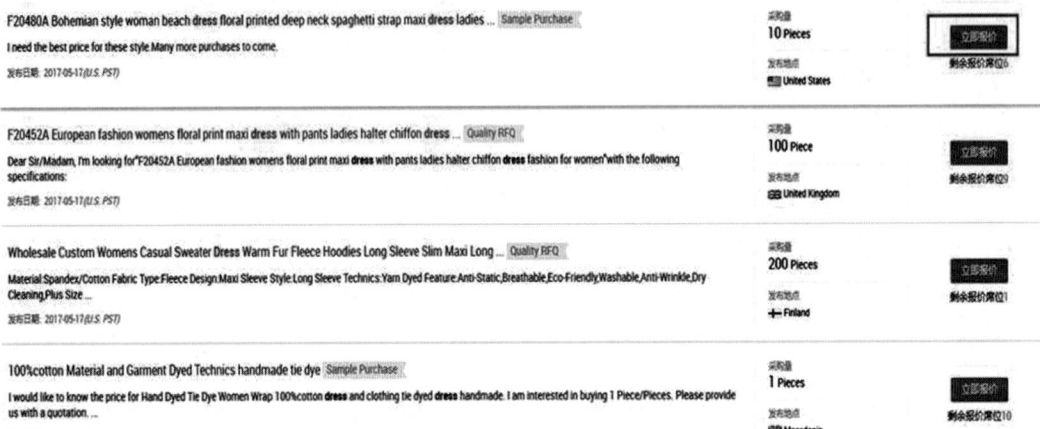

图 3 - 28　RFQ 报价：点击立即报价

2. 填写报价表

需要填写：产品名称、产品型号、产品细节、产品图片、是否提供样品、附件信息。填写完直接点击提交报价。

价格详情

* 装运条款：	* 港口：	* 报价有效期：
FOB ⌄		2019-05-02

* 货币单位：	* 数量单位：	* 付款方式：
USD ⌄	Pieces ⌄	T/T ⌄

* 订购数量：	* 产品单价：
100	Pieces 以上 FOB USD 0 / Pieces

＋ 添加区间价格 (最多添加 2 组)

＋ 添加更多产品及价格 (最多添加 9 组)

报价补充信息

提供样品：○是　◉否

* 给买家的消息：

> 您可以在此简要介绍您公司，添加更多报价细节或其他相关信息。

2000 Characters Remaining

文件上传：

你可以上传更多详细信息，如：附件报价，过往成功解决方案，等（最多上传6个附件，每个附件最大5MB）

> ＋
> 上传

增值服务(非必选)

☐ 报价置顶服务 选择此服务该条报价将在买家查看报价列表中置顶。 ⑦

您当前置报价顶服务次数为 0，无法选择此服务 查看详情

您的联系方式和公司信息将随报价一同发送给买家 ⌄

保存报价模板　　提交报价

图 3 – 29　RFQ 报价：填写报价表

【课堂讨论】

1. 什么是 RFQ?

2. 如何获取 RFQ?

3. RFQ 的优势是什么?

4. RFQ 的报价权益?

5. 如何对 RFQ 进行分析?

6. 如何对 RFQ 进行报价?

理论自测

1.【单选题】阿里出口通付费会员 RFQ 每个月基本赠送的权益是多少条?(   )

A. 20   B. 10   C. 15   D. 25

2.【单选题】以下不属于 RFQ 用户类型的是 (   )。

A. 港台供应商用户   B. 中国大陆供应商用户

C. 海外供应商用户   D. 海外供应商

3.【单选题】通常情况下,阿里一个月提供多少条可报价的 RFQ 量?(   )

A. 25 条   B. 15 条   C. 10 条   D. 20 条

4.【单选题】通过以下哪种方法,可以在国际站找到买家的求购信息?(   )

A. Buyers   B. Suppliers

【实训练习】

1. 任务详情:请点击进入酷校实训平台,完成以下操作任务。

(1) 在国际站后台找到"采购直达—RFQ 市场"。搜索产品 Shoes,查看当前客户发布的 RFQ,体验 RFQ 搜索流程,并且截图提交上来。(5 分)

(2) 在国际站后台找到"采购直达—RFQ 市场"。搜索 Dress,通过搜索展示页,找到符合以下条件的 RFQ,并且截图提交上来。(5 分)

①有买家样品图;②标题中出现关键词 Dress;③买家为欧美国家;④报价剩余席位大于 3 个。

(3) 在国际站后台找到"采购直达—RFQ 市场"。请按要求完成操作并提交:搜索产品 Dress(假设你是一个生产服装的外贸业务员),选择第二个产品进行分析并报价,完成后提交实训链接。(10 分)

要求:①能准确回应买家需求;②内容吸引,产品有卖点,体现公司实力;③信息填写完整;④产品图片可自行在网上找。

2. 请登录酷校实训平台,以买家身份发布一条 RFQ,内容自拟。

3.2.4 多语言市场

【课前思考】

阿里巴巴国际站针对的客户群体来自不同的国家，不会英语的客人可否在国际站进行购物呢？

阿里巴巴国际站是一个国际化的贸易平台，而不同的国家有自己的语言文字。阿里巴巴针对这种情况，建立了几个不同语种的搜索平台。

既然是有不同语种的搜索页，那么也要发布对应语种的产品后才有机会被买家搜索到。

下图是西班牙语市场的搜索页面：

图 3-30　多语言市场：西班牙语市场

下图是日语市场的搜索页面：

图 3 – 31　多语言市场：日语市场

下图是韩语市场的搜索页面：

图 3 – 32　多语言市场：韩语市场

表 3 - 3 小语种市场网址及主要对应国家

语种市场	网址	主要对应国家
西班牙语	http：//spanish. alibaba. com	墨西哥、西班牙、阿根廷、秘鲁、智利、哥伦比亚、委内瑞拉等
俄语	http：//russian. alibaba. com	俄罗斯联邦、哈萨克斯坦、乌克兰等
葡萄牙语	http：//portuguese. alibaba. com	巴西、葡萄牙、安哥拉等
法语	http：//french. alibaba. com	法国、比利时、多哥、贝宁等
日语	http：//japanese. alibaba. com	日本
德语	http：//german. alibaba. com	德国、瑞士、奥地利、卢森堡等
意大利语	http：//italian. alibaba. com	意大利
韩语	http：//korean. alibaba. com	韩国
阿拉伯语	http：//arabic. alibaba. com	阿联酋、沙特阿拉伯、埃及等
土耳其语	http：//turkish. alibaba. com	土耳其
越南语	http：//vietnamese. alibaba. com	越南

一、多语言市场现状分析

在平台操作的过程当中，接触最多的就是英文站。默认通用的语言是英语。

阿里巴巴国际站统计数据显示，目前各国买家在阿里巴巴国际站上搜索产品时，使用语种是英文与其他小语种的比例为 6：4。

由此可以看出，如果没有使用多语言市场的平台，就错失了 40% 左右的客户流量和成交机会。

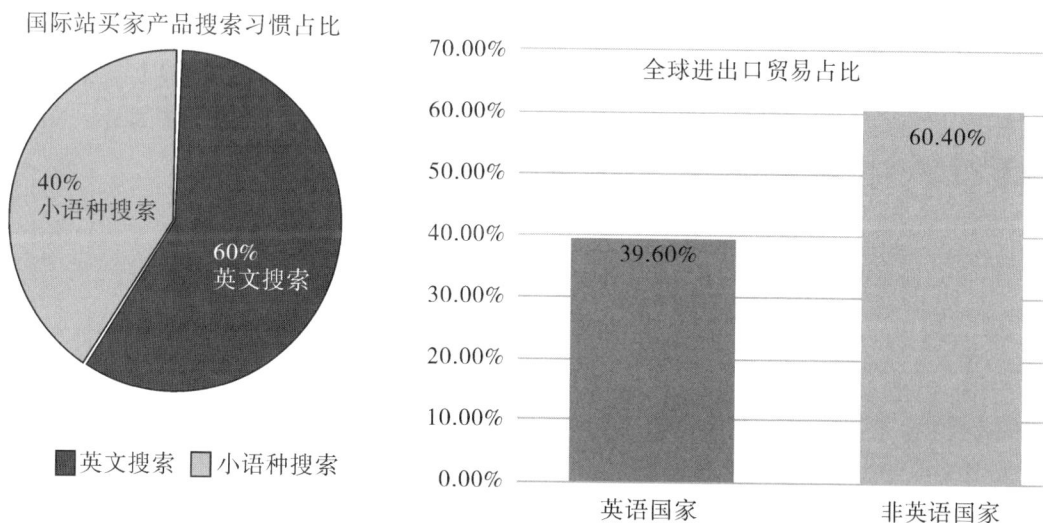

图 3 - 33 多语言市场：重要性分析

上图为联合国统计数据。近年来，英语国家和非英语国家的进出口贸易占比，几乎与前面的搜索占比刚好反过来。搜索占比仅 40% 左右的小语种国家的进出口贸易占比 60% 左右。

由此可见，小语种国家的市场潜力是非常大的。

一般来说，某个语种使用的人群或国家越多，市场的机会就越多，潜力就越大。

如西班牙，周边的小国家基本都是以西班牙语作为母语，那么这些国家在搜索产品时，会更倾向于用西班牙语进行产品搜索。这种情况下，发布了西班牙语产品的平台和没有发布的平台就拉开差距了。

二、多语言市场的优势

1. 市场优势

（1）精准 SEO。

阿里巴巴国际站在谷歌、雅虎等全球各大搜索引擎进行了关键词及广告投放，使阿里巴巴国际站的链接可以出现在那些搜索引擎的首页。

（2）庞大的买家需求，竞争相对较低。

这一点在前面的市场分析中可以看出，尽管使用小语种的买家占比只有 40%，但是总的进出口交易额占比 60%，可见买家的需求量也不小。

（3）低准入门槛。

①　作为阿里巴巴的普通会员皆可准入。

②　免费发布多语言产品。

③　免费原发产品优先排序。

2. 询盘优势

（1）排名靠前、曝光增加。高质量的产品更容易排在小语种市场的前面，并且被推广到站外网站，为平台带来更多的流量及产品更容易被买家找到。

（2）促使多语言国家询盘激增。在原有的英语市场的基础上，小语种市场也会带来更多的询盘。

（3）询盘质量高、买家忠诚度高。由于小语种市场竞争小，同时也是买家对于小语种产品的体验的竞争。产品发布优质，卖家更容易在少量的供应商中脱颖而出。买家也不会轻易找到更多的替换供应商，从而忠诚度也会大大提高。

三、多语言产品发布类型和技巧

1. 机器翻译发布产品

机器翻译发布产品简称"机发产品"，这是平台原本自带的功能，但产品发布效果较一般，不容易竞争靠前排名。一般不建议直接使用。

【技巧】把原产品的英文标题复制到谷歌在线翻译，翻译成对应的小语种后，复制粘贴到对应的小语种产品上，再进行发布。

不要小看这一步，这样可以大大提高系统的识别度以及买家的浏览体验。

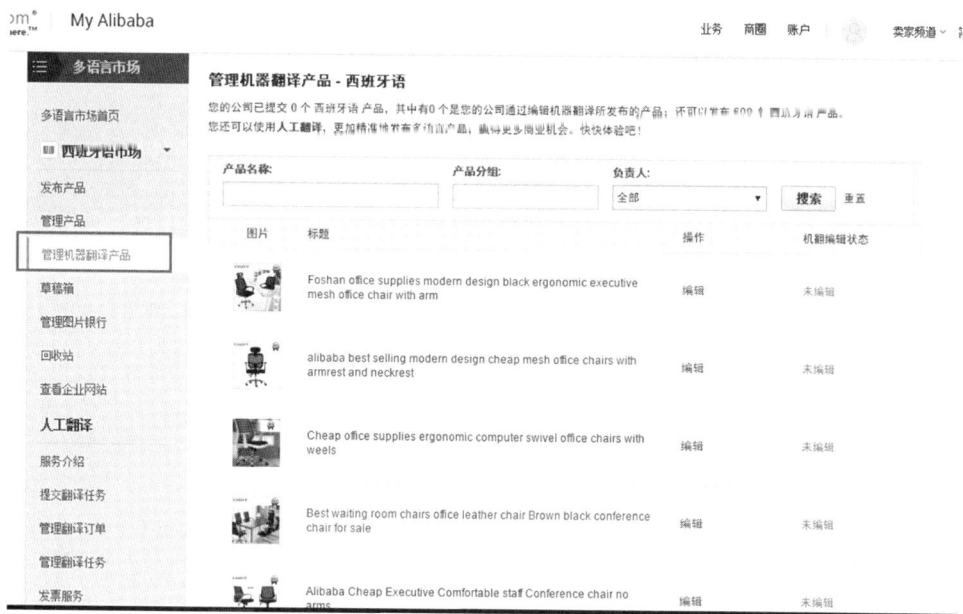

图 3 – 34　多语言市场：管理机器翻译产品

2. 原发产品

原发产品，也叫人工编辑发布产品。原发产品又分为以下两种类型：一是直接发布产品（自己手动逐步翻译发布）；二是人工翻译（第三方翻译，需付费）。

四、多语言发布技巧

小语种市场多用机器翻译产品，所以直接在多语言市场找到对应的产品进行翻译即可。如下图（以日语市场为例）：

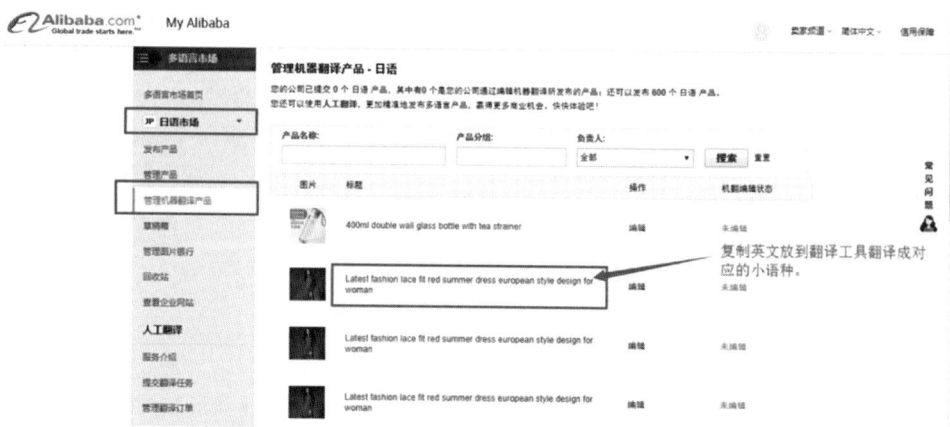

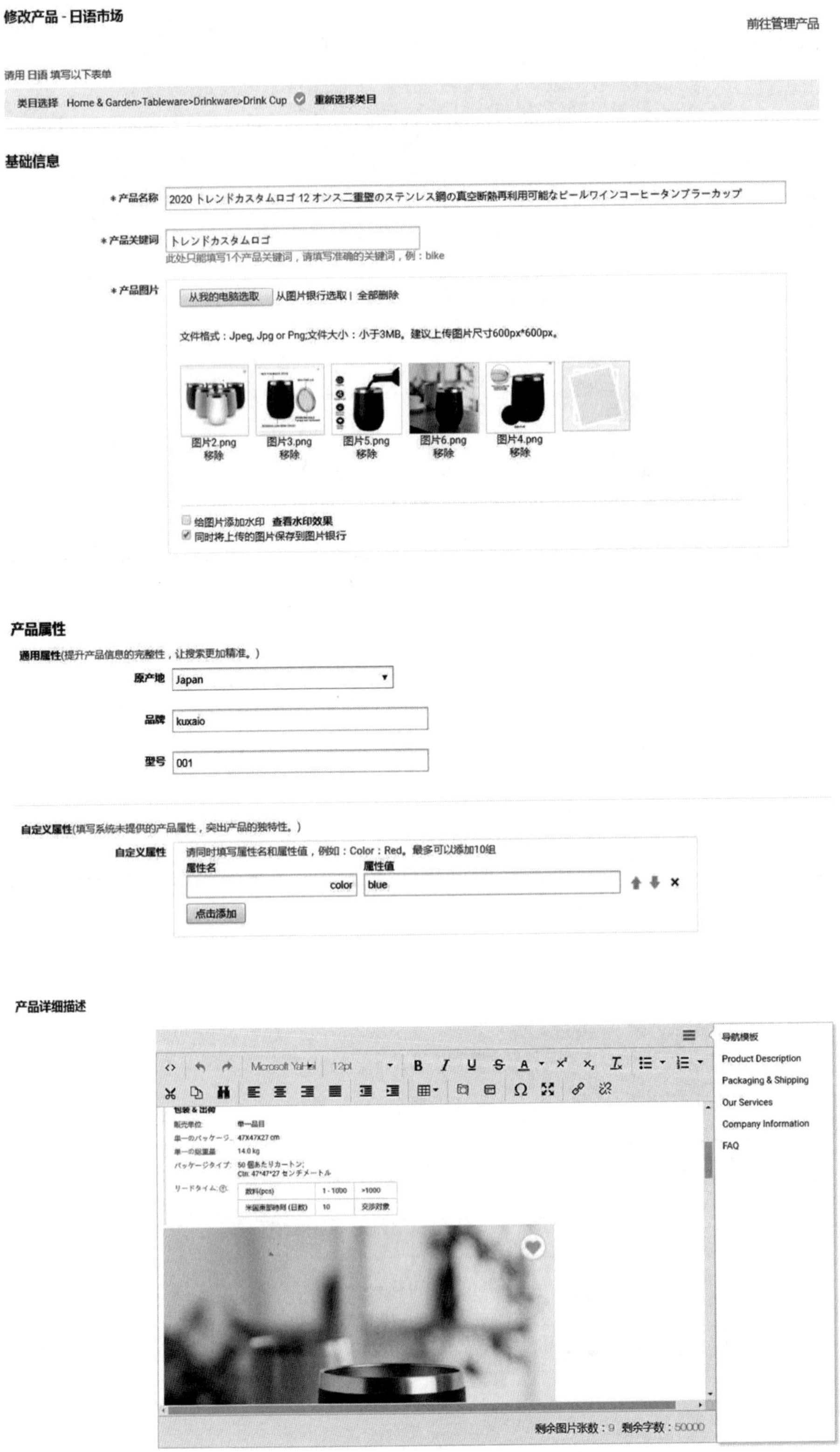

修改产品 - 日语市场
前往管理产品
请用 日语 填写以下表单
类目选择 Home & Garden>Tableware>Drinkware>Drink Cup 重新选择类目
基础信息
* 产品名称 2020 トレンドカスタムロゴ 12 オンス二重壁のステンレス鋼の真空断熱再利用可能なビールワインコーヒータンブラーカップ
* 产品关键词 トレンドカスタムロゴ
此处只能填写1个产品关键词，请填写准确的关键词，例：bike
* 产品图片 从我的电脑选取 从图片银行选取 | 全部删除
文件格式：Jpeg, Jpg or Png;文件大小：小于3MB。建议上传图片尺寸600px*600px。
图片2.png 移除
图片3.png 移除
图片5.png 移除
图片6.png 移除
图片4.png 移除
给图片添加水印 查看水印效果
同时将上传的图片保存到图片银行
产品属性
通用属性(提升产品信息的完整性，让搜索更加精准。)
原产地 Japan
品牌 kuxaio
型号 001
自定义属性(填写系统未提供的产品属性，突出产品的独特性。)
自定义属性 请同时填写属性名和属性值，例如：Color：Red。最多可以添加10组
属性名 属性值
color blue
点击添加
产品详细描述
Microsoft YaHei 12pt
包装 & 出荷
販売単位 単一品目
単一のパッケージ… 47X47X27 cm
単一の総重量 14.0 kg
パッケージタイプ 50 個あたりカートン;
Ctn: 47*47*27 センチメートル
リードタイム
数料(pcs) 1 - 1000 >1000
米国東部時刻 (日数) 10 交渉対象
剩余图片张数：9 剩余字数：50000
导航模板
Product Description
Packaging & Shipping
Our Services
Company Information
FAQ

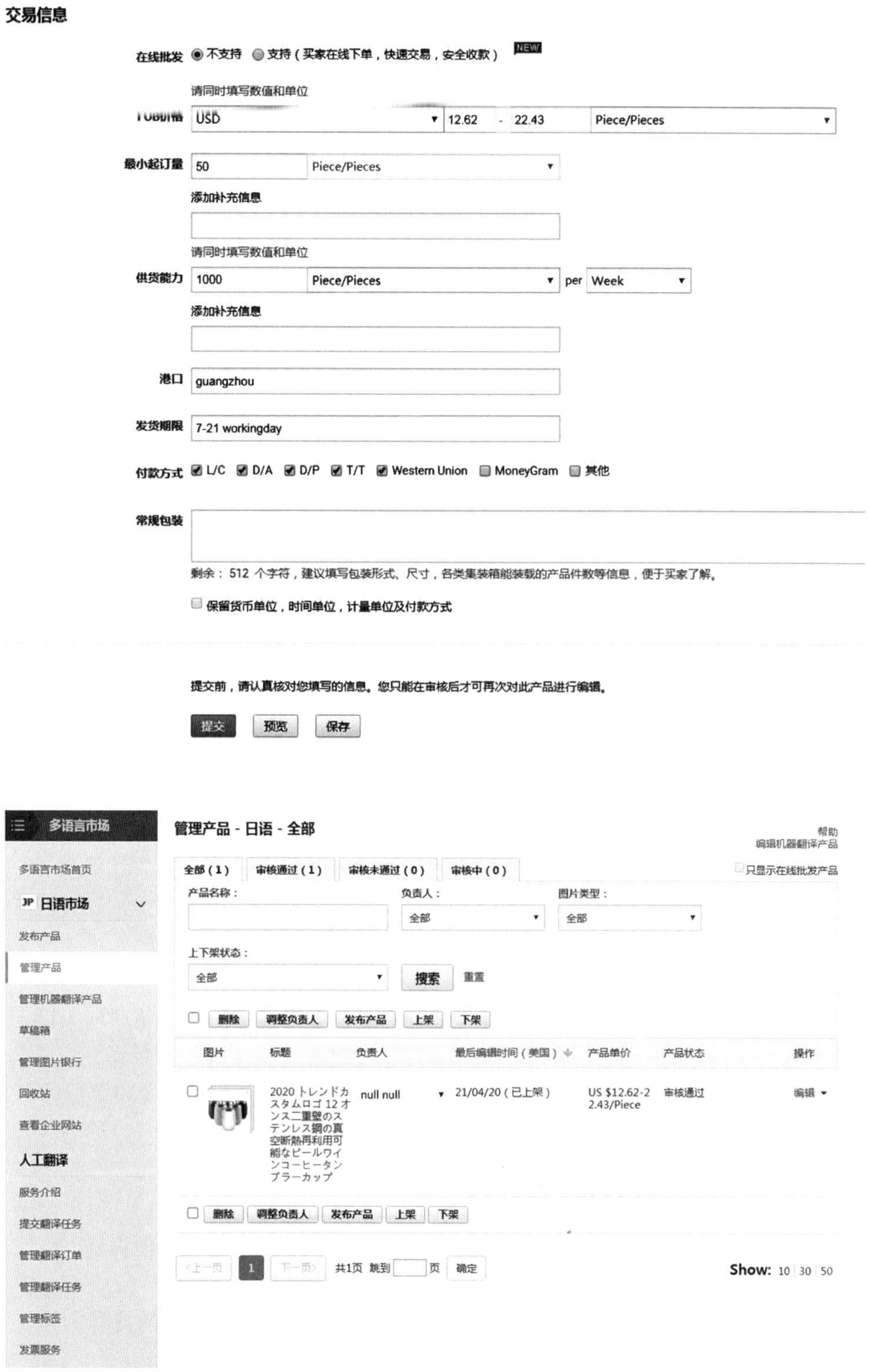

交易信息

在线批发　◉ 不支持　◯ 支持（买家在线下单，快速交易，安全收款）　NEW

请同时填写数值和单位

FOB价格　| USD ▾ | 12.62 - 22.43 | Piece/Pieces ▾ |

最小起订量　| 50 | Piece/Pieces ▾ |

添加补充信息

请同时填写数值和单位

供货能力　| 1000 | Piece/Pieces ▾ | per | Week ▾ |

添加补充信息

港口　| guangzhou |

发货期限　| 7-21 workingday |

付款方式　☑ L/C　☑ D/A　☑ D/P　☑ T/T　☑ Western Union　☐ MoneyGram　☐ 其他

常规包装

剩余：512 个字符，建议填写包装形式、尺寸，各类集装箱能装载的产品件数等信息，便于买家了解。

☐ 保留货币单位，时间单位，计量单位及付款方式

提交前，请认真核对您填写的信息。您只能在审核后才可再次对此产品进行编辑。

【提交】　【预览】　【保存】

图 3-35　多语言市场：发布产品案例

多语言产品标题组合主要有以下技巧：

1. 组成合理英语标题

原则是简单明了、符合语法、专业描述。

按照英文语法的使用习惯，一般遵循这 12 字法则就可以。

跟英文站组合标题的公式还是一样的：

产品标题 = 修饰词 + 属性词（特性词）+ 核心关键词

假设现在要发布日语产品，以服装为例：

英文：Hot sale in Japan red 100% cotton yoga wear.

注：用英语作为源语言再放到翻译工具里翻译成对应小语种，比中文直接翻译为对应小语种的准确度相对更高一些。

2. 把英文标题转为对应小语种标题

英文：Hot sale in Japan red 100% cotton yoga wear.

译文：日本での熱い販売は、綿 100% のヨガウェアを赤。（平台系统翻译）

借助翻译工具译文及调整后：日本では、赤い綿 100% のヨガウェアを熱い販売しています。（根据实际语法习惯进行调整）

建议优先选择自己比较擅长的语种；不擅长或不懂的，建议多让周围的同事或朋友帮忙看一下语法。

注：（1）用英语作为源语言再翻译成对应小语种。

（2）尽可能保证源语言结构简单（分割长句为简单句）。

（3）尽可能保证语法准确。

（4）保持源句式完整。

（5）推荐辅助工具，如 Google Translate（谷歌在线翻译）、Bing Translator（必应在线翻译）、Nice Translator（在线翻译）、新民在线翻译等。

五、拓展内容：小语种关键词查找

1. 关键词一定要准确，并且符合买家搜索使用习惯

（1）查阅国外的相关行业网站或者登录对应语种市场参考同行网站获取关键词。

（2）把英文关键词直接翻译成对应的小语种关键词（建议用谷歌翻译）。

（3）推荐使用：谷歌全球商机。该网址需要使用虚拟专用网络（VPN）才可以登录 http：//translate. google. com/globalmarketfinder/index. html。

2. 关键词如何整理

（1）根据不同语种设置好表格，把搜索到的关键词统计进表格。

（2）已经使用过的关键词，可隐藏或按照自己的喜好做标记，以便识别。

3. 多语言产品排名查询

目前多语言市场不支持产品排名查询。但是可以直接去对应语种的搜索网站一页一页地查看自己的产品排名情况。由于比较耗时，不建议频繁查询排名。

【操作方式】×××. alibaba. com，例如：spanish. alibaba. com 用对应的关键词搜索产品即可。

【课堂讨论】

1. 常见多语言市场的网址。
2. 多语言市场的优势。
3. 多语言产品发布类型有哪些？
4. 登录常见多语言市场的网址并截图（5个以上）。

【实训练习】

请在酷校实训平台上的多语言市场发布一个产品。可将之前产品发布章节的产品进行小语种转换。

理论自测

关于多语言产品发布下列正确的是（　　　）。

A. 多语言产品不能直接发布在线批发
B. 多语言产品关键词只能设置一个
C. 多语言产品和国际站产品发布表单内容相同
D. 可以设置旺铺内产品分组

3.2.5　在线批发产品发布

【课前思考】

在线批发产品和普通产品比较异同。

一、认识在线批发产品

在线批发市场是阿里巴巴为构建中国产品市场建立的世界上最大的全球购在线批发中心，可满足供应商轻松消化国际贸易小额批发订单的需求，是免费为中国供应商打造的一站式批发和在线交易平台。

它在国际站平台上有单独的显示界面：http：//wholesaler. alibaba. com/，当供应商发布在线批发商品超过8小时，其旺铺就会出现在在线批发专区。

注：每个国际站平台，在线批发产品数不超过6 000个，多语言平台在线批发产品不超过500个。

二、在线批发产品的特点

在线批发产品的特点主要体现在以下三个方面：第一，与普通商品相比，在线批发商品发布需要设置更详细的信息，以达到让顾客简单、快捷、全面地通过商品页面了解商品，并能够自助下单的目的。第二，在线批发订单需要通过 Secure Payment 进行担保交易，极大地降低了双方的风险，使跨境交易过程更可靠。第三，与跨境零售相比，在线批发仍然以生产/贸易型供应商为卖方主体，以国外贸易/采购型进口商为买方主体，属于 B2B 模式。

三、在线批发产品发布流程

1. 在线批发产品发布的基本流程

（1）选择类目。

（2）填写关键词。

（3）组合标题。

（4）选择产品分组。

（5）填写产品属性。

（6）选择产品主图。

（7）填写产品详情描述。

（8）填写交易信息。

（9）填写物流及包装。

（10）特殊服务及其他。

2. 具体流程分析

在线批发产品与普通产品的发布流程基本是一样的。一直到第 7 步之前都是一样的内容，不同的是"填写交易信息"后面的内容：①交易信息；②物流及包装；③特殊服务及其他。

发布在线批发产品与发布普通产品不同的操作在于，先选择"是否支持一口价"。通常平台默认选择"不支持"则是发布普通产品，如果选择"支持"则变为发布在线批发产品。

选择"支持"后的产品发布表单，其"交易信息"和"物流及包装"版块会变得更详尽（见图 3 - 36），适合买家根据自己的要求填写，完成自主下单。

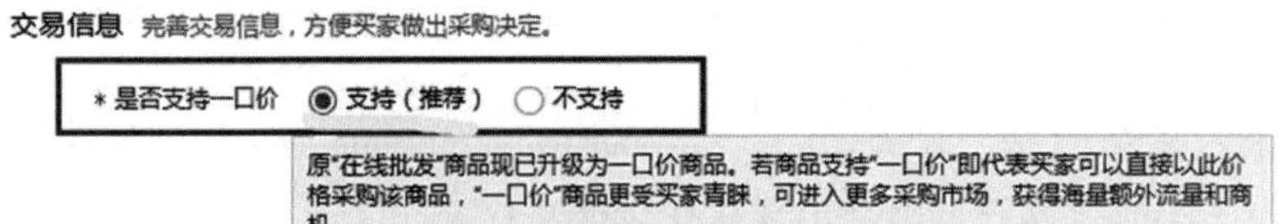

交易信息 完善交易信息，方便买家做出采购决定。

* 是否支持一口价　◉ 支持（推荐）　○ 不支持

原"在线批发"商品现已升级为一口价商品。若商品支持"一口价"即代表买家可以直接以此价格采购该商品，"一口价"商品更受买家青睐，可进入更多采购市场，获得海量额外流量和商机。

图 3 - 36　在线批发市场：交易信息

（1）交易信息。

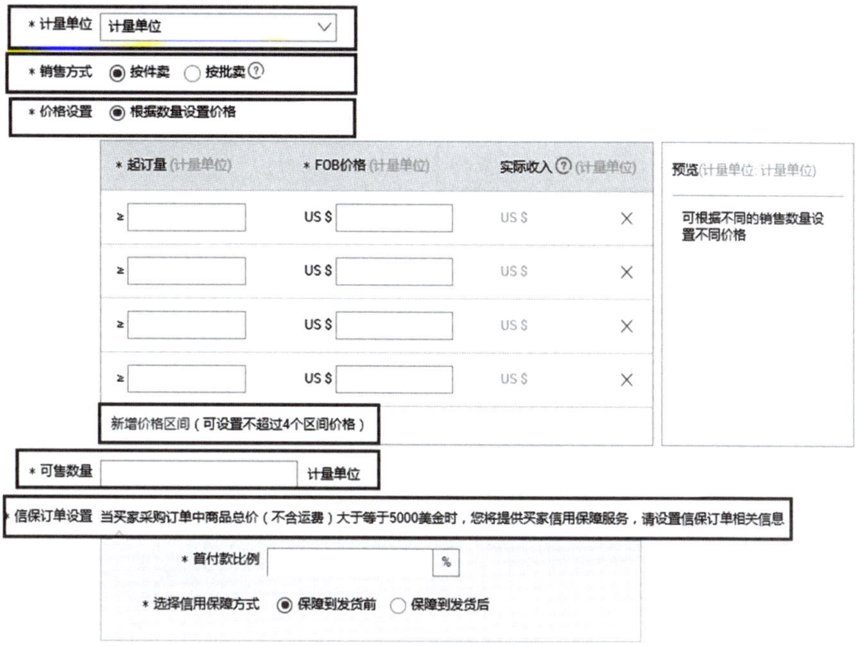

图 3 - 37　在线批发市场：填写交易信息

交易信息涉及商品的具体类型、价格和付款方式（如图 3 - 37）。

计量单位：根据商品的具体情况如实选择匹配的单位，例如 Piece、Ton、Case 等。

销售方式：如选择"按件卖"，即买家可选择最小计量单位的整数倍购买，如选择"按批卖"，则需要设置好数量，买家只能选择这一数量的整数倍购买。

价格设置：此处也叫"阶梯价格设置"，按照采购量越大，价格越优惠的原则，我们需要合理设置阶梯价格。

注：①单击"新增价格区间"选项可添加阶梯层数，但最多不能超过 4 阶。

②第一个阶梯的数量也代表着 MOQ（最小订购量），考虑到国际运输的成本和产品发货的流程，这里不宜填得太小。

③"实际收入"是指扣除 Secure Payment 手续费后我们能收到的货款。

可售数量：该商品有多少库存量可供出货；

信保订单设置：该订单总价（不含运费）大于等于 5 000 美金时，供应商将为买家提供信用保障服务。

注：①"首付款设置"是公司根据常规合作模式设定，例如，首付 30% 货款或者 50% 货款等。

②"选择信用保障方式"，为买家保障服务到发货前还是到发货后，例如，选择发货前，那么发货前出了任何状况未能如约发货等，则买家可获得相应的补偿或者保障服务。

（2）物流及包装。

在线批发商品的物流包含海运、空运等多种方式，其运输费用由买家随货款一并支付。根据表单设计，此处需要填写产品体积和重量、包装方式、运费模板和发货期。

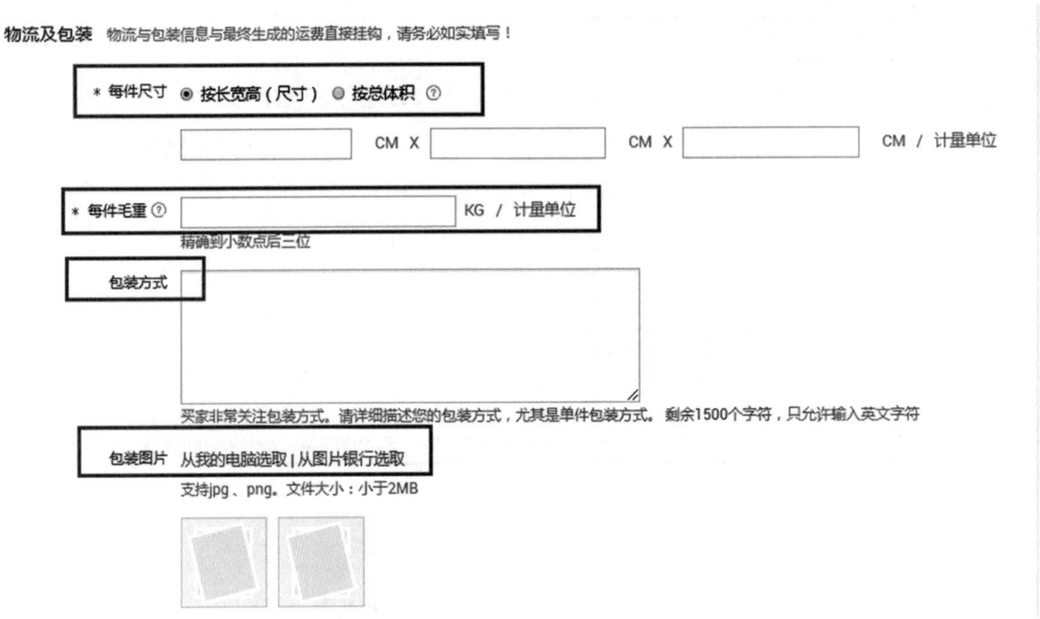

图 3 - 38　在线批发市场：填写物流及包装

产品体积和重量：商品的运费是体积运费或重量运费的最大值，如实填写体积和重量，才能计算出正确的运费。（如图 3 - 38）

①体积可按照最小销售单位包装后的"长×宽×高"填写，也可以选择"按总体积数"填写立方数（整数）。

②重量填写包装好之后的千克数，可精确到小数点后三位，如 1.893 千克。

包装方式：根据实际可以提供的包装进行描述，可包含包装材质、规格、特点等，同时上传清晰的包装图，以避免顾客产生误解。

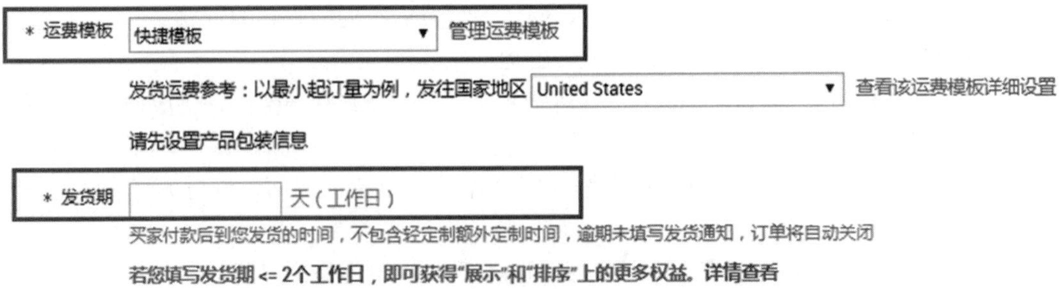

图 3 - 39　在线批发市场：运费及发货期

运费模板：在线批发的运费信息直接展示在海外买家面前，运费模板的合理性对顾客采购下单的决定影响重大。在设置之前，我们要根据产品特征和销售地区选择合理的物流公司，协议优惠的比例，接下来就可以设计模板了。

注：新手模板和快捷模板是系统自带的基于市场普遍价格的运费模板，可以直接使用。如果我们有更优惠的快递方案，则可以单击"管理运费模板"选项，设置自己的运费模板。

发货期：根据公司的实际情况填写，在多少货量内可以快速发货，无须另外安排长时间生产。买家付款后几个工作日内可以发货，如果超过填写的发货期未填写发货通知，则订单将自动关闭，货款也会自动退还给买家。

（3）特殊服务及其他。

特殊服务一般是指该在线批发订单是否存在额外的要求，例如，轻定制服务、样品服务设置、分销商专享价等。

系统一般默认"不支持"，所以供应商需要根据自身的实际情况来进行设置。

图 3-40　在线批发市场：特殊服务及其他

【课堂讨论】

1. 在线批发产品的特点。
2. 在线批发产品的发布流程。

3.2.6　一达通

【课前思考】

国内电商的店家一般有自己固定合作的快递公司，那么国际站的买家要如何进行物流操作呢？

一、一达通的基本介绍

有数据显示，在我国外贸传统的 B2B 出口需要在线下实现报关、物流、退税，在这些流通环节的成本占比超过 30%。

一达通是以电子商务的手段，提供一站式通关、结汇、退税、物流、金融等外贸交易中所需的进出口环节综合服务平台，旨在解决进出口企业的外贸服务问题。

二、一达通提供的服务

平台可以用更低的成本和更高效的方式完成出口流通环节，这无疑降低了出口成本。

一达通提供的服务有：通关服务、外汇服务、退税服务、金融服务和物流服务。

通关服务：提供在线下单、审单、通关服务。

外汇服务：可以进行外汇收款和汇款。

退税服务：可以为供应商提供退税服务，供应商正常退税需要 1～2 个月时间，一达通退税最快只需要 3 天，降低企业资金周转压力。

金融服务：可以进行信用证审核服务、贷款服务。

物流服务：提供海运、空运、快递、陆运在线查询、下单服务。

三、一达通的优势

通关：海关高信用资质，专业团队，造就高效通关速度。

外汇：①国内唯一银行进驻的外贸服务平台，安全快捷；②可实现境内境外同步收汇结汇，到账快，成本低。

退税：合规办理，安全顺畅（满足条件后 3 个工作日内即可获得垫付退税款，加速企业资金周转）。

物流：提供多家物流企业国际海运、空运、快递、国际陆运的在线物流价格查询及下单服务，方便快捷，价格可对比。

金融：为中小企业提供贷款、信用证审核、赊销提前收汇，解决中小企业资金周转难问题。

每个企业使用一达通都会绑定一个服务拍档，拍档就会根据企业的需求，提供合适的服务，帮助解决在外贸过程中的各个问题。

四、一达通开通流程

（1）登录一达通官方网站：http://onetouch.alibaba.com/。

图 3-41　一达通界面

（2）点击"申请开通服务"并填写相关资料。

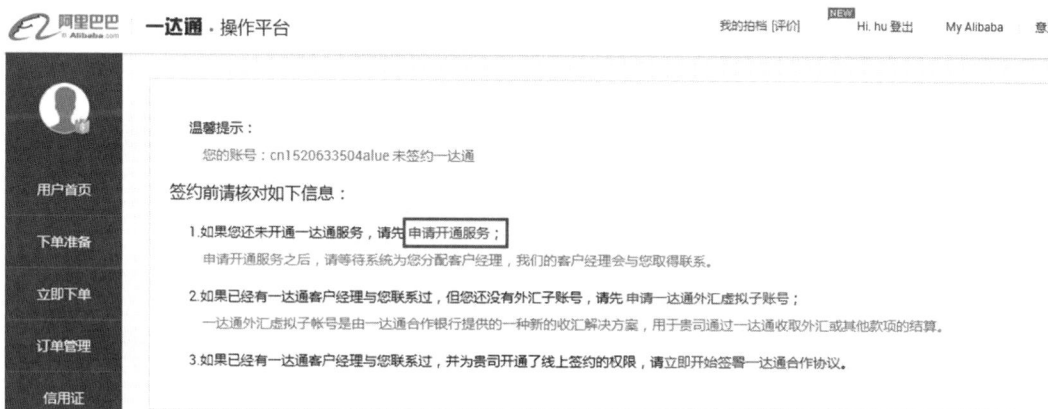

图 3-42　一达通：申请开通

（3）资料填写完毕之后，会有阿里巴巴客户经理联系你，然后签一份《外贸代理出口协议书》。

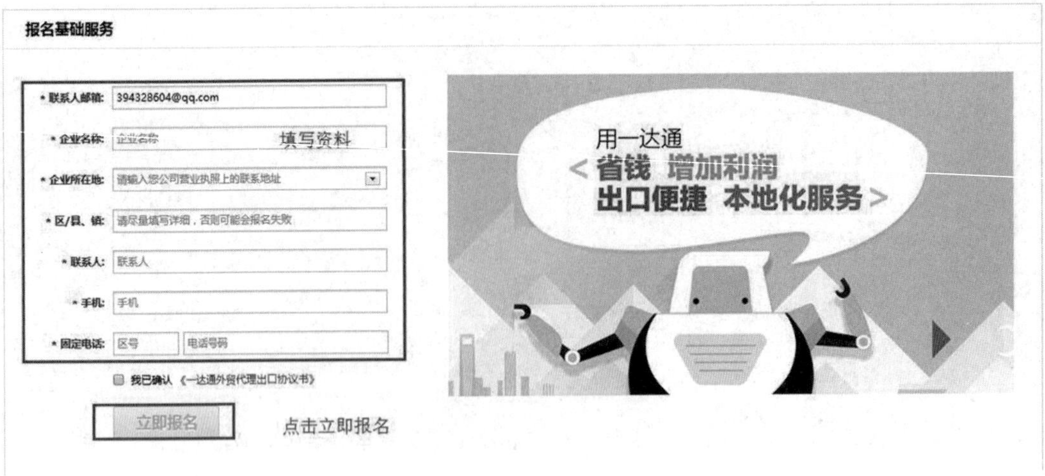

图 3-43　一达通：开通服务

五、一达通综合服务流程

一达通外贸综合服务流程参考如下：

第一步，确定合作：①与一达通签署外贸出口服务协议书；②按指导提供"产品预审"及"开票人预审"信息；③收到准入结果通知，确定合作。

第二步，下单（企业可选择拍档代下单或自助下单）：①企业需在截关时间前至少2个工作日提供出口货物资料；②如为法检产品且法检备案已完成，需要提前至少5个工作日提供出口货物相关资料。

第三步，通关：出口报关。

第四步，外汇：确认外汇是否到账。

第五步，退税：满足以下条件即可在3个工作日内获得垫付退税款。

①外汇收齐；②一达通收到增值税专用发票原件，且经一达通验证通过；③备案单证传齐且审核通过；④开票人当前不存在税审异常。

第六步，结算：发起结算后，一达通将相应结算款项汇至相应账户。

六、一达通委托单填写

（1）登录后台，选择一达通/金融/物流。

（2）点击：通关/外汇/退税。

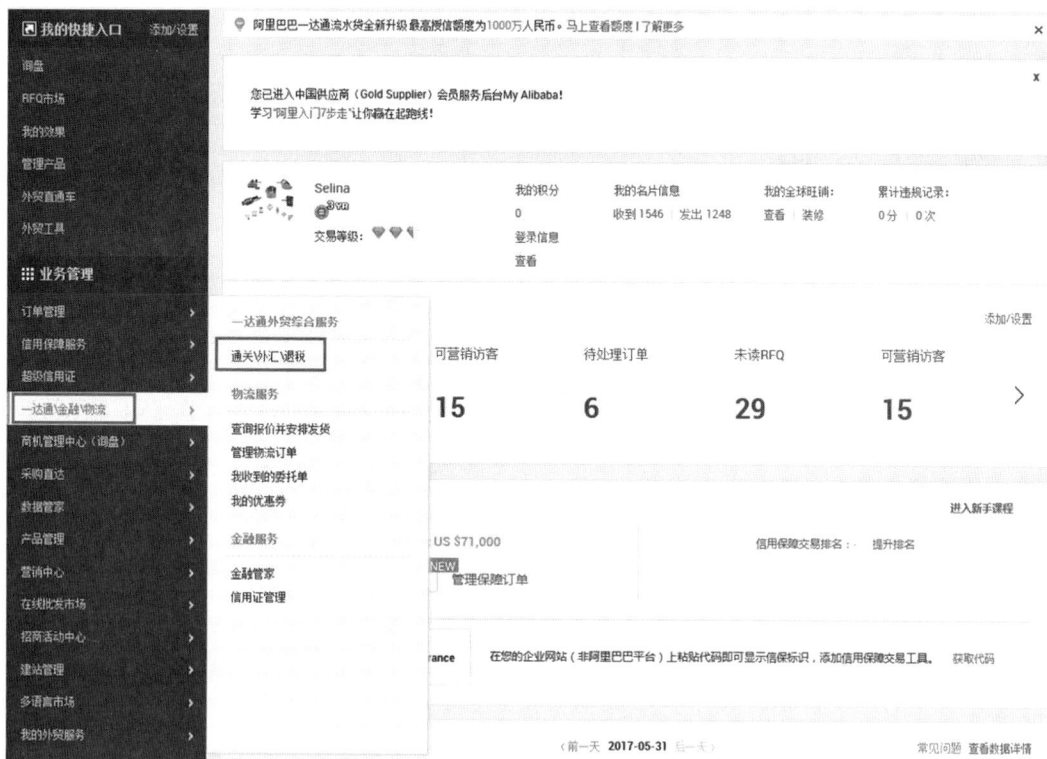

图3-44　一达通：通关/外汇/退税

（3）点击立即下单。如果需要3+n服务的请选择：综合出口订单退税垫款；需要2+n服务的请选择：代理出口订单。

知识拓展

外贸出口分为两种形式：2+n和3+n。

（1）2+n，指出口代理服务：为客户提供通关和外汇两个环节的服务，而退免税申报由客户自行在当地完成。

（2）3+n，指外贸综合服务：为客户提供通关、外汇、退税及配套的物流、金融服务等"一揽子"外贸服务。

每个企业使用一达通都会绑定一个服务拍档，拍档就会根据企业的需求，提供合适的服务，帮我们解决外贸过程中的所有问题。

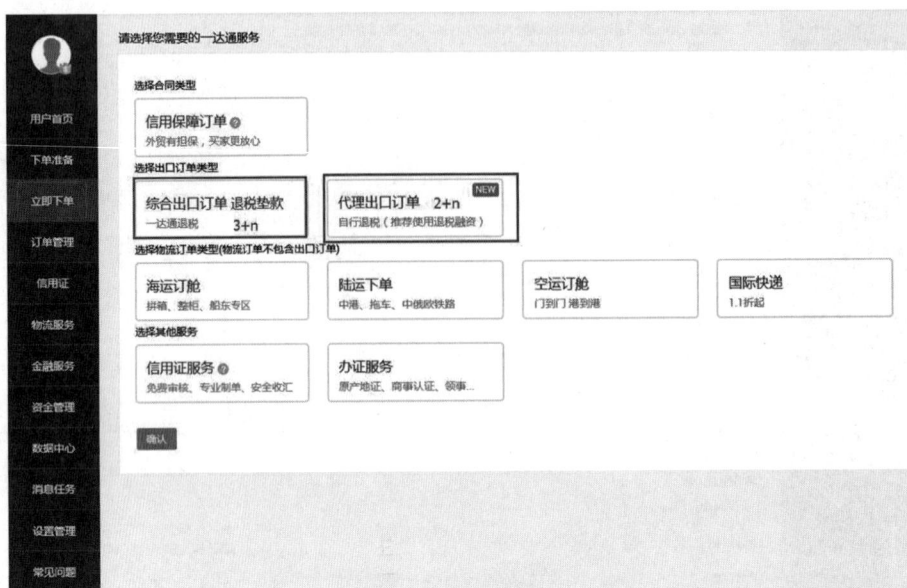

图 3 – 45 一达通：立即下单

（4）填写以下信息：
①选择收汇方式与报关方式。
②产品及开票人信息。
③报关信息。
④附件上传。

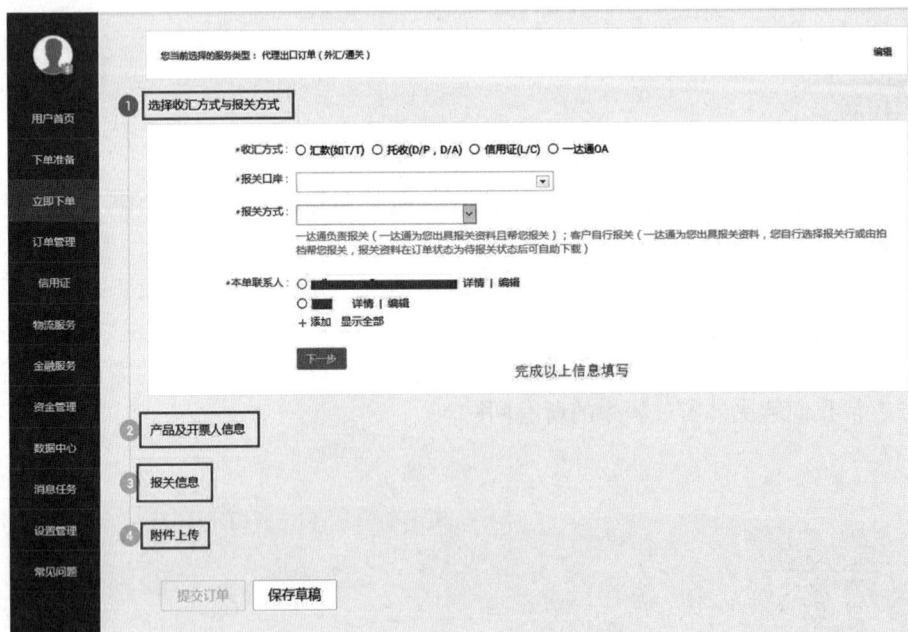

图 3 – 46 一达通：填写订单信息

【课堂讨论】

1. 什么是一达通？

2. 一达通提供什么服务？

3. 一达通的优势是什么？

4. 一达通综合服务流程是怎样的？

【实训练习】

1. 请点击登录实训平台，进行物流价格查询。

2. 在阿里巴巴国际站后台找到"一达通/金融/物流""查询报价并安排发货"，请根据以下要求，查询物流信息：

供应商在广州发货，邮编是 510000，需要快递寄一个台灯样品给澳大利亚的客户，商品长 20 厘米、宽 6 厘米、高 7 厘米、重量 3 千克，件数 1，客户比较急，要求走 UPS 快递。

3. 请在实训平台查询该商品的物流价格，并提交符合上述条件的报价截图。

3.2.7　信用保障服务

【课前思考】

如何辨别电商商家的信用等级？

一、信保的概念

信保就是信用保障服务，简称信保。英文翻译为 TA（Trade Assurance）。

官方解释定义：阿里巴巴根据每个供应商在国际站上的基本信息和贸易交易额等其他信息进行综合评定并给予一定的信用保障额度，用于帮助供应商向买家提供跨境贸易安全保障。

简单来说，你的公司加入阿里巴巴中国供应商，经审核通过信保基本准入要求就可以加入信用保障服务，获得一定的初始授信额度。那么，阿里巴巴就可以在这个额度范围内担保采购卖家。

而一旦出现供应商不诚信等现象（如恶意拖欠货物，收钱不发货，货不对版），可以申请先行赔付。这样就大大地增强了采购商交易信心，促使采购商下订单的欲望，更加放心地在阿里巴巴平台上交易。

二、信保开通方式

（1）信用保障服务可以在线申请，进入阿里巴巴国际站 https：//www.alibaba.com，点击右上角"信用保障卖家"。

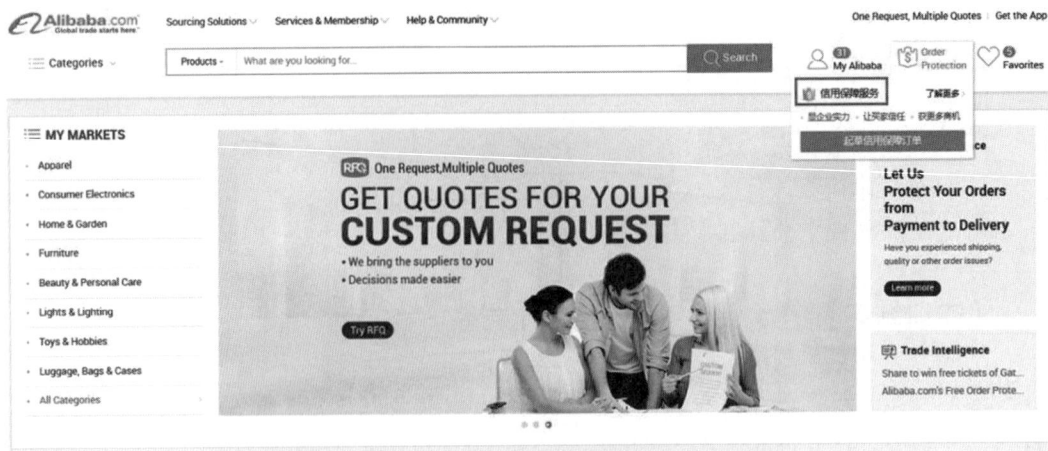

图 3-47　信用保障服务申请入口

（2）进入页面，点击"免费开通"。

图 3-48　信保界面

（3）开通完成。

一般作为阿里巴巴国际站付费会员企业，直接可以获得 2 000 美元的额度。

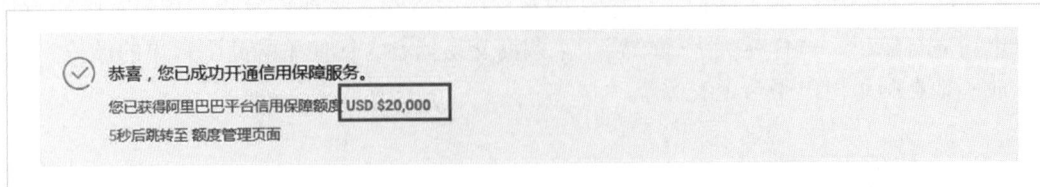

图 3-49　信保：开通完成

三、信保订单流程

简单用公式表达：信保订单＝在线双方确认＋信保支付＋一达通出口。

信保订单可以由卖家起草，买家确认，也可以由买家发起，卖家确认。双方确认无误后，才可确定订单。

确认后的订单，买家在后台选择合适的付款方式付款，包括 T/T（电汇）、信用卡和e-Checking。然后信保订单需要通过一达通的单据，报关出口。最后把信保订单和一达通的相关单据进行关联即可。

图 3 - 50　信保订单流程图

四、信保订单操作流程

1. 起草信保订单

（1）进入起草页面。

图 3 - 51　信保：起草订单入口

（2）填写产品信息，单价和数量均可修改。

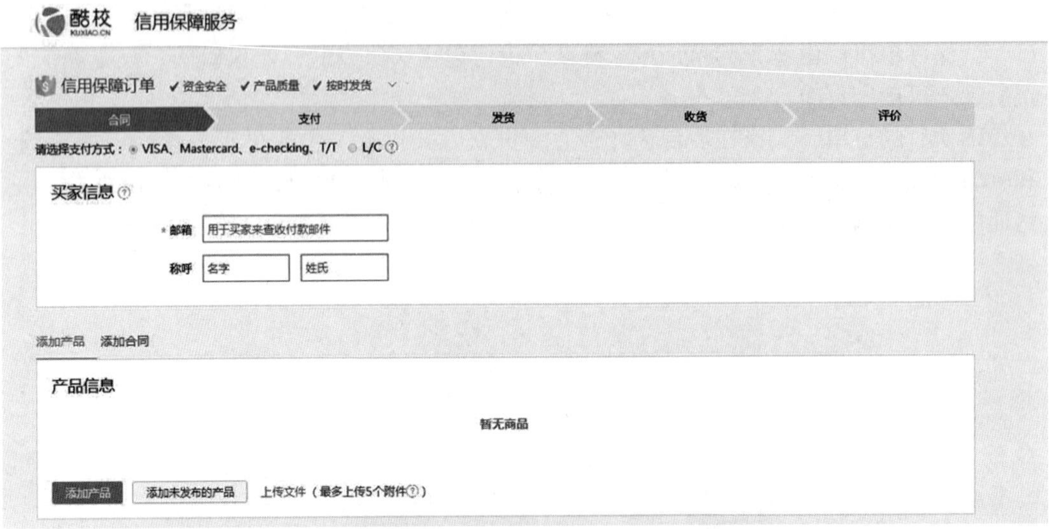

图 3 - 52 信保：填写订单信息

（3）物流信息，选择物流方式及发货时间。

图 3 - 53 信保：填写物流信息

（4）填写预付款金额，提交订单。

图 3 – 54　信保：填写支付条款

2. 订单成功提交，待买家确认

订单提交成功后，供应商可以复制订单链接发送给买家，买家登录（需要是合同对应的买家账号）后即可直接确认订单。

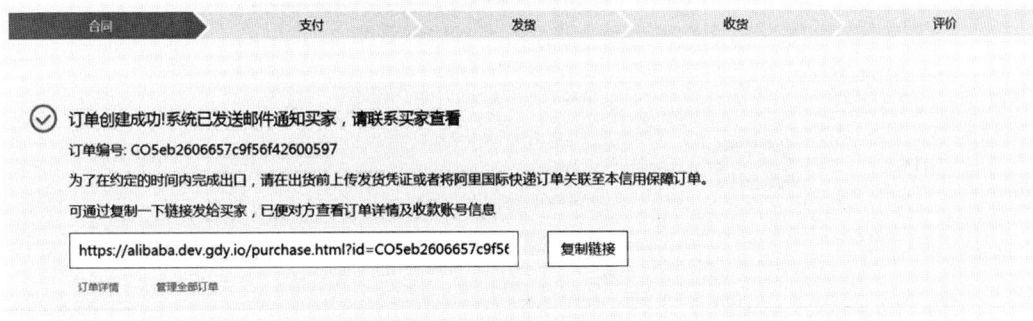

图 3 – 55　信保：订单创建成功，等买家确认

3. 确认合同，完成支付

目前可接受信用保障支付的有三种：e-Checking（仅对美国银行开放）、信用卡、T/T（电汇）。

首页 > 我的阿里巴巴 > 订单管理 > **订单详情**

| 起草订单 | 买家付款 | 卖家发货 | 买家收货 |

状态： **待买家付款**

提示： 1. 请联系买家通过信用卡或e-checking付款，非一达通报关出口订单暂不支持T/T支付方式。款项到账后请到

My Alibaba-信用保障服务-信用保障服务管理中心　提现。

2. 若尚未约定物流费用，请和买家协商物流方式和运费，及时通过"修改订单"调整运费。

3. 若您已准备发货，请点击"去发货"关联阿里国际快递订单或者上传第三方物流凭证。

去发货　　修改订单　取消订单

您可以复制以下订单链接发送给买家，以便对方查看订单详情及收款账号信息。

https://biz.alibaba.com/ta/detail.htm?orderId=83623903890457　　复制订单链接

Order Total before Transaction Fee: **US $252.63**

Recommended Payment Method

○ e-Checking **e-Checking (ACH)** Transaction fee: US $15. Payment operation is online and available to USA checking accounts.

Other Payment Methods

◉ 💳 **Credit Card** Transaction fee: US $7.07 (2.8% of your order total) ⑦ **Total Payment US $259.7**

ⓘ Upgrade! You can now enjoy the following upgrades to the credit card payment method: ✕
1. The payment limit has doubled from US $10,000 to $20,000.
2. The time required for your funds to reach the supplier's account has shortened from seven working days to two-three.
3. MasterCard is now available.

◉ **VISA** ○ MasterCard

○ TT **Telegraphic Transfer**

Make Payment　Back to previous page

图 3 - 56　信保：买家确认合同，完成支付

4. 卖家发货

图 3 – 57 信保：卖家发货

5. 买家确认收货

收到货物，买家觉得没有任何问题，确认收货，也可以提交评价。

图 3 – 58 信保：买家确认收货

五、信保订单常见纠纷处理

1. 收到信保投诉订单该怎么办

收到买家投诉后，您需要积极配合买家处理纠纷。如果在 5 个自然日内没有线上响应买家的纠纷，买家可以在后台申请由阿里巴巴纠纷团队介入协助处理。另外，如果15 个自然日内没有自行协商确认退款方案，则阿里巴巴纠纷团队也会介入协助处理。

2. 信保常见纠纷处理原则

（1）针对未如期发货问题：根据信用保障服务规则及合同约定的发货期判定买卖双方责任。

（2）针对产品质量问题：①选择"保障到发货日期"，买家在卖家发货前对货物质量有异议。②选择"保障到买家收货后"，买家在清关后 7 天内对货物质量有异议。

可以向阿里巴巴验货平台提出验货查验请求，根据信用保障服务规则、合同约定的产品质量标准及第三方验货公司（BV、TUV、SGS）出具的验货报告判定买卖双方责任。如果发生质量纠纷，需要仲裁时验货费用先由买家垫付，最后由责任方承担。选择了保障发货前货物质量，则信用保障订单质量保障到发货日当天。买家收货后如发现质量问题，需要与卖家协商解决，或通过阿里巴巴线下贸易纠纷仲裁处理。建议卖家与买家充分沟通货物质量，避免后期产生纠纷，影响买家翻单。

3. 响应买家异议

如果收到了买家提起的纠纷，卖家则需要进入订单详情页面响应买家的异议：

（1）可以进入纠纷页面，选择同意或拒绝买家的纠纷方案并提出新方案。

（2）可以在留言区和买家进行沟通。

【课堂讨论】

1. 什么是信用保障服务？
2. 信保开通的方式？
3. 信保订单流程？

【实训练习】

请登录酷校实训平台，在阿里巴巴国际站后台找到"信用保障服务""起草信用保障订单"，请按照下方要求填写并提交链接给老师：

客户打算向你购买 100 双红色高跟鞋，价格是 9 美元，以 CIF 价格成交，预付款300 美元。物流方式为海运，物流价格为：300 美元，保险费 10 美元。

客户要求：产品经过皮鞋耐磨性质检再发货，货物需保障到收货后。请根据对方需求起草信保订单。

（1）选择起草信保订单。

（2）使用在线起草。

（3）买家信息：填写学生邮箱及姓名。

（4）商品信息：你已发布该产品，请根据客户需求填写信息。

（5）运输条款：根据客户要求填写。

（6）产品要求：根据客户要求填写。

（7）（买家流程）提交订单并复制链接到浏览器处打开，买家完成付款。

（8）卖家已支付，请买家发货：选择线下发货，并上传海运提单，海运单号为：11259959。

（9）（买家流程）查看详情，复制链接到浏览器处打开，完成卖家收货。

（10）买家已收货，订单完成啦！

第四章　跨境电商履约流程

【知识目标】

熟悉国际贸易术语，学习在阿里巴巴国际站进行报价、报关、清关等业务处理知识。

【技能目标】

学会制作报价单、PI、CI、装箱单等业务单据，有效地将整个业务流程贯穿并落实到位。

4.1　出口商品报价

4.1.1　国际贸易术语

【课前思考】

国际贸易常用术语有哪些？

一、《2010 年通则》贸易术语

1. 第一组"E"组（EXW）

E 组术语只有 EXW（工厂交货）一个贸易术语，EXW 指卖方在其所在地或合同中所指定的其他地点将货物交由买方处置时，即完成了交货义务。E 组术语属于启运合同，卖方无须将货物装上任何运输工具，也无须办理出口通关手续。买方承担从交货地点受领货物后的全部费用和风险。

通过大图我们详细了解 EXW 术语下卖方需要承担的责任。

贸易术语	卖方/出口商地点	出口单证手续	边境/机场/码头交货	装运港	船舷	船上		船上	船舷	到达卸货港	指定目的地交货：边境/机场/码头	进口单证手续	买方/出口商地点
E组	卖方费用（风险）												买方费用（风险）
EXW	→	- →											

图4-1　国际贸易术语 E 组图示

（资料来源：阿里巴巴外贸圈。箭头"→"代表卖方需要承担的责任范围；"－－－"代表买方需要承担的责任范围）

2. 第二组"F"组（FCA、FAS、FOB）

F 组包括：FCA（货物交承运人）、FAS（船边交货）和 FOB（船上交货）三种贸易术语。

F 组术语属于装运合同，指卖方需将货物交至买方指定的承运人（承担货物运输的一方），主要运费未付；F 组三种方式买卖双方费用和风险如下图所示。

贸易术语	卖方/出口商地点	出口单证手续	边境/机场/码头交货	装运港	船舷	船上		船上	船舷	到达卸货港	指定目的地交货：边境/机场/码头	进口单证手续	买方/出口商地点
F组	卖方费用（风险）												买方费用（风险）
FCA	→	- →											
FAS	——	——	——	→	- →								
FOB	——	——	——	——	→	- →							

图4-2　国际贸易术语 F 组图示

（资料来源：阿里巴巴外贸圈）

3. 第三组"C"组（CFR、CIF、CPT 和 CIP）

C 组包括 CFR（成本加运费）、CIF（成本、保险费加运费）、CPT（运费付至）和 CIP（运费、保险费付至）四种贸易术语。

C 组术语，卖方须订立运输合同，主要运费已付，费用划分点是目的地（目的港）。C 组术语属于装运合同，CFR、CIF 术语风险划分点是装运港船上，CPT、CIP 术语风险划分点是货交承运人。

买卖双方责任如图4-3所示。

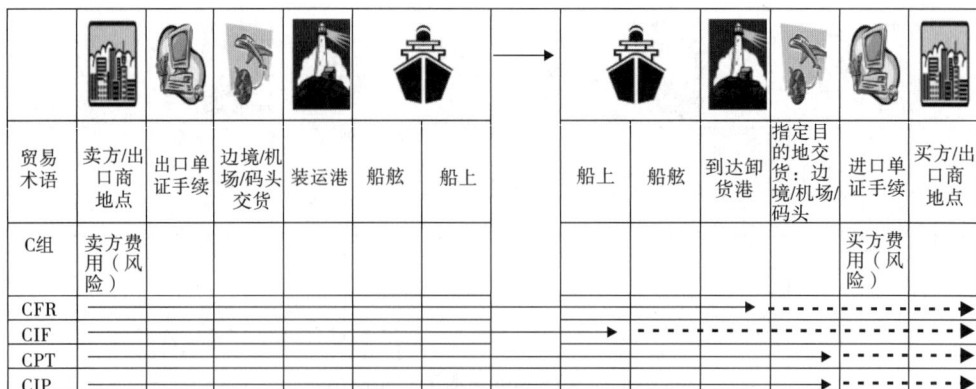

图 4-3　国际贸易术语 C 组图示

（资料来源：阿里巴巴外贸圈）

4. 第四组 "D" 组（DAP、DAT 和 DDP）

D 组术语包括 DAP（目的地交货）、DAT（运输终端交货）和 DDP（完税后交货）三个贸易术语。

D 组术语属于到达合同，交货地点和风险划分在进口国国内的目的地。

二、《2010 年通则》贸易术语分类

表 4-1　《2010 年通则》贸易术语分类

组别	国际代码和英文全称	中文含义
全能贸易术语	EXW（Ex Works）	工厂交货
	FCA（Free Carrier）	货物交承运人
	CPT（Carriage Paid to）	运费付至
	CIP（Carriage and Insurance Paid to）	运费、保险费付至
	DAT（Delivered at Terminal）	运输终端交货
	DAP（Delivered at Place）	目的地交货
	DDP（Delivered Duty Paid）	完税后交货
水运贸易术语	FAS（Free Alongside Ship）	船边交货
	FOB（Free on Board）	船上交货
	CFR（Cost and Freight）	成本加运费
	CIF（Cost, Insurance and Freight）	成本、保险费加运费

表4-2　《2010 年通则》中各种贸易术语对照表

贸易术语	交货地点	风险转移界限	出口报关责任费用	进口报关责任费用	适用的运输方式
EXW	卖方所在地或指定地点	货交买方处置时	买方	买方	任何方式
FCA	承运人处或指定地点	货交承运人处置时	卖方	买方	任何方式
CPT	承运人处或指定地点	货交承运人处置时	卖方	买方	任何方式
CIP	承运人处或指定地点	货交承运人处置时	卖方	买方	任何方式
DAT	进口国目的地运输终端	目的地（卸下）交买方处置时	卖方	买方	任何方式
DAP	进口国目的地	目的地（不卸）交买方处置时	卖方	买方	任何方式
DDP	进口国目的地	目的地（不卸）交买方处置时	卖方	卖方	任何方式
FAS	装运港口船边	置于装运港船边交由买方指定船只处置时	卖方	买方	水上运输
FOB	装运港船上	置于装运港船上时	卖方	买方	水上运输
CFR	装运港船上	置于装运港船上时	卖方	买方	水上运输
CIF	装运港船上	置于装运港船上时	卖方	买方	水上运输

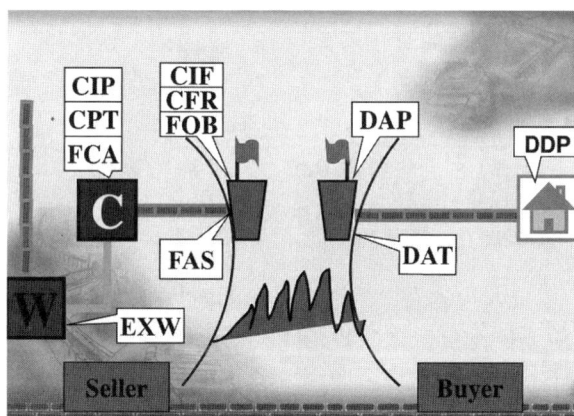

图4-4　国际贸易术语一览图

注：图中的"W"代表仓库，"C"代表承运人。

理论自测

1.【单选题】请选出下列哪个不是人际交往中宜选的话题（　　）。

A. 对方擅长的话题　　B. 政治问题　　　　C. 哲学、历史话题　D. 时尚流行话题

2.【单选题】在人际交往中，某些国家有见到小孩的时候会拍拍他的头或抚摸一下作为问候的习俗，但是在有些国家拍头部意味着侮辱，比如（　　）。

A. 巴西　　　　　　　B. 美国　　　　　　C. 英国　　　　　　D. 马来西亚

3.【单选题】在 CIF 术语下，以下属于买方义务的为（　　）。

A. 租船订舱　　　　　B. 购买保险　　　　C. 出口国报关　　　D. 进口国清关

4.【单选题】以下哪一个是 FOB 计算公式？（　　）

A.（产品成本＋国内费用－出口退税＋利润）/汇率

B.（产品成本＋国内费用－出口退税＋利润）/汇率 ＋保费

C.（产品成本＋国内费用－出口退税＋利润）/汇率 ＋海运费

D.（产品成本＋国内费用－出口退税＋利润）/汇率 ＋海运费＋保费

5.【单选题】在什么情况下，物权危险性最高，如买家与船公司无提货单凭证提货？（　　）

A. FOB　　　　　　　B. CFR　　　　　　C. CIF

6.【单选题】以下哪项贸易术语，买家操作的事项最多？（　　）

A. CFR　　　　　　　B. EXW　　　　　　C. CIF　　　　　　D. FOB

7.【单选题】按照《2000 年通则》的解释，下列哪个属于贸易术语 FOB 和 CFR 的主要区别？（　　）

A. 办理进、出口通关手续的责任不同　　B. 风险划分的界限不同

C. 办理运输的责任方不同　　　　　　　D. 办理货运保险的责任方不同

8.【多选题】海外客户开发的主要方法包括下列哪些选项？（　　）

A. 参加展会　　　B. 注册免费的 B2B　　C. 海关数据

D. 免费网址推广　　E. 登录行业论坛开发国外客户

9.【多选题】外贸常用的搜索引擎有哪些？（　　）

A. Google　　　　　B. Bing　　　　　　C. Facebook　　　　D. Yahoo

10.【多选题】如下描述中，正确的是哪些？（　　）

A. CFR＝成本＋运费　　　　　　　　B. CIF＝成本＋运费

C. CFR＝成本＋运费＋保险费　　　　D. CIF＝成本＋运费＋保险费

11.【判断题】通过对外贸流程的学习，我们发现在往来磋商阶段主要围绕价格术语和付款方式进行洽谈，这样的说法正确吗？（　　）

12.【单选题】客户希望我们找船把货物运到澳大利亚悉尼港，但是保险由他们来购买，这种情况下，我们应该给客户报什么价格？（　　）

A. CFR Sydney　　　B. CIF Shanghai　　C. CIF Sydney　　　D. FOB Shanghai

文化自测

你对各国商人的谈判风格和特点了解吗？试做以下测试，每题只有一个答案。

1. 你认为在与外商接触过程中，中间人的作用是（　　）。

A. 引荐介绍　　　　　　　　　　　B. 建立良好关系的最好形式

C. 有利于开拓更多的业务渠道　　　D. 调节矛盾纠纷

2. 俄罗斯人对你说，他同时也在和你的竞争对手谈，对方价格比你低，并要求你降价，你会（　　）。

A. 同意降价　　　　　　　　　　　B. 报更低的价挤走对手

C. 拒绝降价　　　　　　　　　　　D. 在其他方面作出让步令其满意

3. 如果外商在闲聊时，主动请你谈谈对时局的看法，你会（　　）。

A. 岔开话题　　　　　　　　　　　B. 如实反映情况，但不表明自身的观点

C. 明确阐述自己的观点　　　　　　D. 认为这是发表精彩演讲的最佳时机

4. 你认为同欧洲国家的商人进行贸易的决定性因素是（　　）。

A. 双方良好的关系　　　　　　　　B. 公司、产品的信誉和实力

C. 中间人的作用　　　　　　　　　D. 高额的利润

5. 你正在和英国制造商就购买一套设备进行谈判，你认为最会影响协议达成的因素是（　　）。

A. 价格　　　　　B. 信贷　　　　　C. 交货　　　　　D. 质量

6. 与日本人谈判，你最需要具备的是（　　）。

A. 耐心　　　　　B. 中间人　　　　C. 信誉　　　　　D. 礼貌

7. 在阿拉伯人的宴会上，你的讲话内容将主要涉及（　　）。

A. 抨击阿拉伯人的对立面　　　　　B. 感谢主人的盛情

C. 表明你与他们合作的愿望　　　　D. 幽默地指出双方习俗上的不同

8. 如果你到日本后，谈判对手送你礼物，你该怎么做？（　　）

A. 表示感谢，收下礼物　　　　　　B. 表示感谢，当面打开礼品盒

C. 表示感谢，婉拒对方　　　　　　D. 表示感谢，并回赠对方礼品

9. 如果阿拉伯商人和你在社交场合一起喝咖啡时，绝口不谈生意，你会（　　）。

A. 找时间主动提起　　　　　　　　B. 等待对方提出

C. 想法引导对方提出　　　　　　　D. 干脆也不提

10. 你发现谈判对手把你的产品价格翻了几倍卖出，可他居然还要你降价，你会（　　）。

A. 说出你的发现，并趁机提价　　　B. 把这一信息保留到下一轮谈判

C. 询问他当地的价格政策　　　　　D. 只要有利可图，就选择沉默

11. 同美国人讨价还价时，可以（　　）。

A. 高报价、低出价　　　　　　　　B. 给出合理的价格

C. 开出实价，然后寸步不让　　　　D. 让对方先报价

12. 如果你去拜访阿拉伯商人，刚开始洽谈，他却被别的事缠住了，你会（　　）。

A. 立刻告辞，问他什么时间再来拜访。　　B. 立刻告辞，留下你的产品资料。

C. 立刻告辞，请他定出下次会谈时间。　　D. 立刻告辞，请他到你处来访。

13. 你和俄罗斯商人关于进口设备进行谈判，在谈判初期，你们的主要谈判内容将是（　　）。

A. 价格　　　　　B. 技术规格　　　C. 出口许可证　　　D. 支付方式

14. 你与日本人进行重要谈判的过程中，对方迟迟不给予答复，这可能是因为（　　）。

A. 他们不愿仓促行事　　　　　　　B. 他们要反复磋商

C. 他们对具体细节不清楚　　　　　D. 他们不满意某些条件

15. 如果你打算到阿拉伯国家推销产品，你计划去的天数是（　　）。

A. 一个星期　　　B. 两个星期　　　C. 二十天　　　　D. 一个月

请按照下面的计分表，把你选择的每一个问题的答案得到的正分或负分累计相加，例如你第一题选择 B，那么你将得到 +5 分，然后根据你的分值，确定你的能力。

计分表：

1. +2 +5 +3 +2　　　2. -5 +5 +3 +0　　　3. +5 +3 -3 -5　　　4. +3 +5 +2 +2

5. +3 +2 +5 +2　　　6. +5 +3 +2 +2　　　7. -5 +2 +5 +0　　　8. +2 +3 -5 +5

9. -5 +3 +5 +2　　　10. -5 +0 +5 +3　　　11. -5 +5 +3 +2　　　12. +5 +3 +0 -5

13. +5 +2 +3 +5　　　14. +3 +5 +0 +2　　　15. -5 -3 +0 +5

假如你的成绩在 65~75 之间，那么你对各国的谈判风格非常了解，是个优秀的谈判人员；假如你的成绩在 50~65 之间，那么你对各国的谈判风格只是一般了解；假如你的成绩在 50 分以下，那么你对各国的谈判风格的知识比较缺乏，应该努力加强学习。

4.1.2　制作报价单

【课前思考】

1. 国际贸易成交前需要的单据有哪些？

2. 国际贸易成交后需要的单据有哪些？

外贸是个很复杂的流程，货物在出口之前需要提供各种单据。成交前需要的单据有：报价单、PI、合同；成交后需要的单据有：报关单、清关单。

一张报价单应包含以下内容：

(1) 公司信息（公司名、地址、固话、手机、联系人、公司网址、Logo 等）。

(2) 客户信息（姓名、E-mail 等）。

(3) 产品信息（品名、产品编号、产品简要描述、数量、尺寸、重量、图片、价格等）。

(4) 交易信息（付款方式、MOQ 最小起订量、交货期、包装方式、报价有效期等）。

图 4 - 5 报价单样图

阿里巴巴报价单的制作是通过阿里巴巴价格单定制模板进行操作的，具体的操作环节如下：

一、定制单据模板

定制单据模板，可以统一单据格式，提高询盘回复效率。

（1）进入 My Alibaba，选择"客户"选项下的"设置单据模板"，如图 4 - 6 所示：

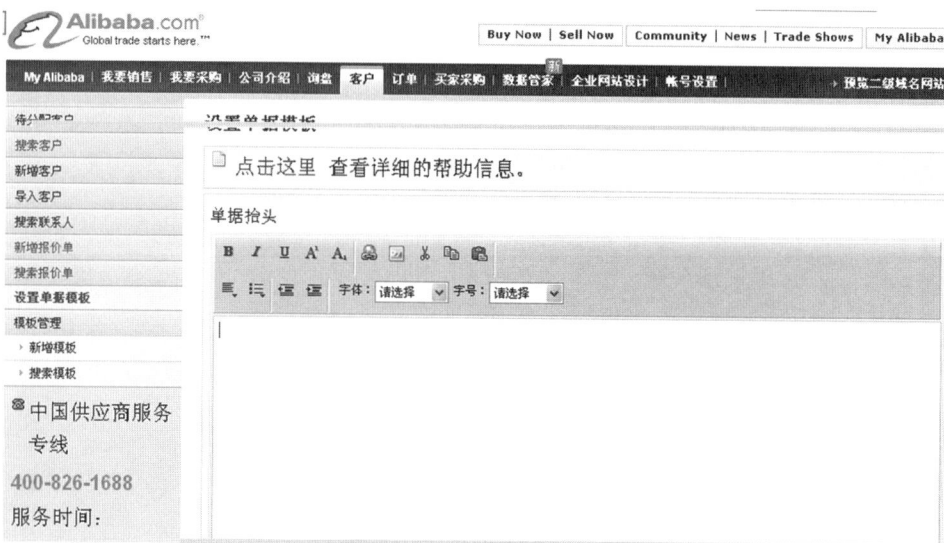

图 4 - 6 设置单据模板

（2）填写单据抬头和单据结尾，完毕之后，点击"提交"，单据模板设置成功。

二、新增模板

（1）进入 My Alibaba，选择"客户"选项下的"模板管理"，点击"新增模板"按钮，进入新增模板页面。

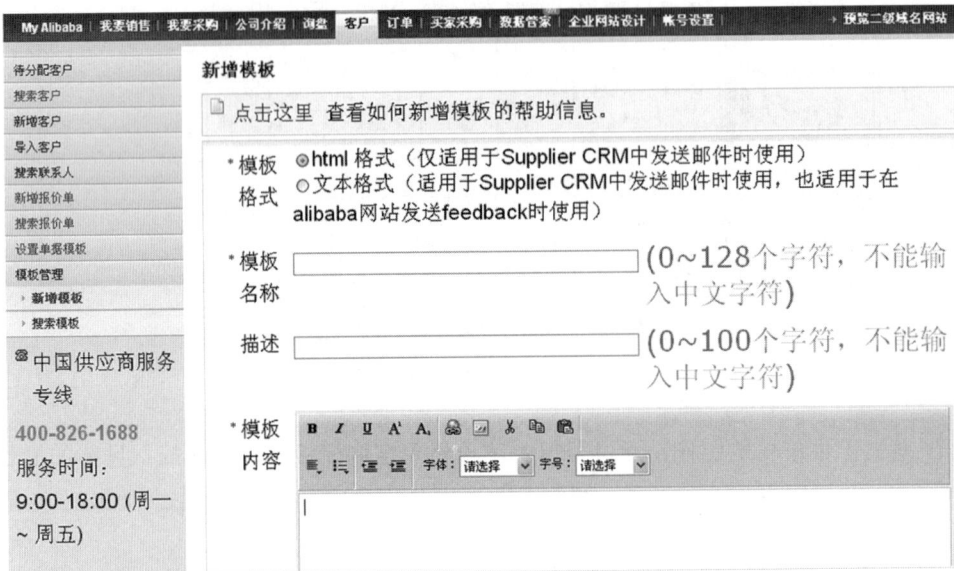

图 4-7　新增模板

（2）填写相关信息，并单击"提交"，新的模板添加成功。

三、新增报价单

（1）进入 My Alibaba，选择"客户"选项下的"新增报价单"按钮，弹出新增报价单页面。如图 4-8 所示：

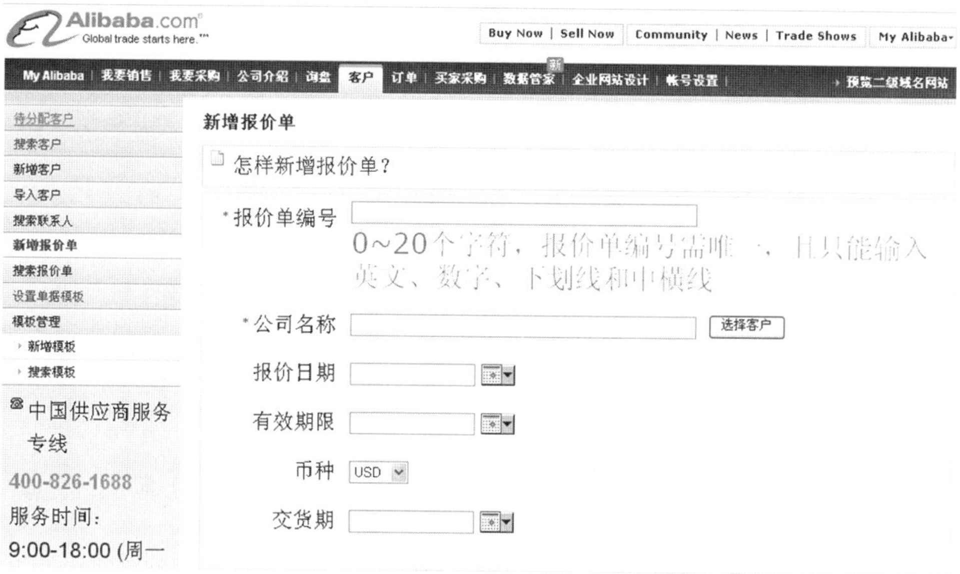

图 4 − 8　新增报价单

（2）填写相关的信息，并点击"提交"按钮。弹出报价单详细信息页面。

图 4 − 9　报价单详细信息

（3）点击"预览"，查看此报价单显示形式。

（4）确认此报价单无误后，点击"发送报价单"，将此报价单发送给客户。

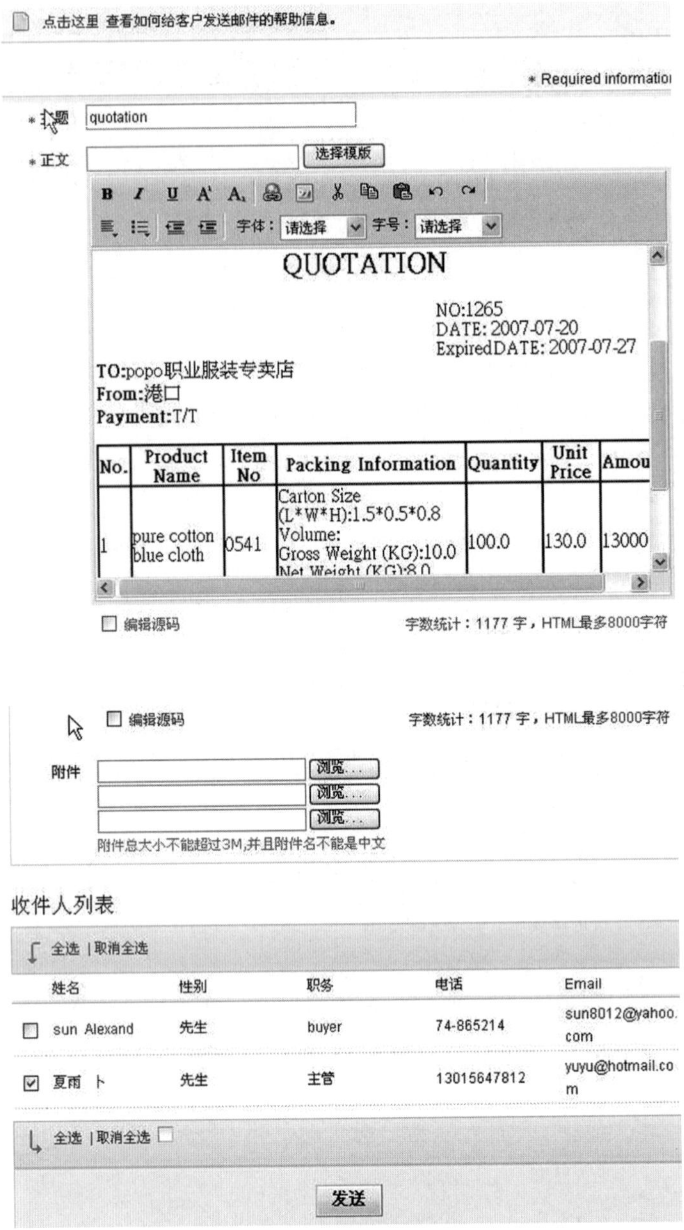

图 4 - 10　发送报价单

　　填写好主题和正文内容，并勾选邮件接收人，点击"发送"，就可以将此报价单发出了。图中的"选择模板"是指在发送正文中可以选用预先设计好的模板样式。

四、生成订单

　　有两种方法可以生成订单，一种是由报价单转化成新订单，另一种是直接生成订单。

1. 方法一：由报价单转化成新订单

（1）进入 My Alibaba，选择"客户"选项，点击页面左侧的"搜索报价单"，选择合作公司的报价单号。

报价单编号	公司名	报价日期	报价单状态	是否生成订单	是否已经发送	业务员	操作
115	HP		新报价	是	否	chai jun	删除
070719012	啊呀	2007-07-19	新报价	否	否	chai jun	删除
0111	popo职业服装专卖店	2007-07-20	客户已确认	是	否	chai6 jun6	删除
423423	Insigma		新报价	否	否	chai jun	删除
4223234342	啊呀		新报价	否	否	chai jun	删除

Page 1 of 1 　**1**　　　　　　　　　　　　　　　　　　　Go to page ☐ GO

图 4 - 11　搜索报价单

（2）点击报价单号，进入报价单信息页面，点击此页面最下方的"转化为订单"。

生成时间	2007-07-19
是否生成订单	是
是否已经发送	否
问候语	
结束语	

〔编辑〕〔预览〕〔发送报价单〕〔打印〕〔转化为订单〕〔客户已确认〕

图 4 - 12　转化报价单为订单

（3）进入"新增订单"页面，填写好订单号、交货地点等信息，点击"提交"，则新订单增加成功。

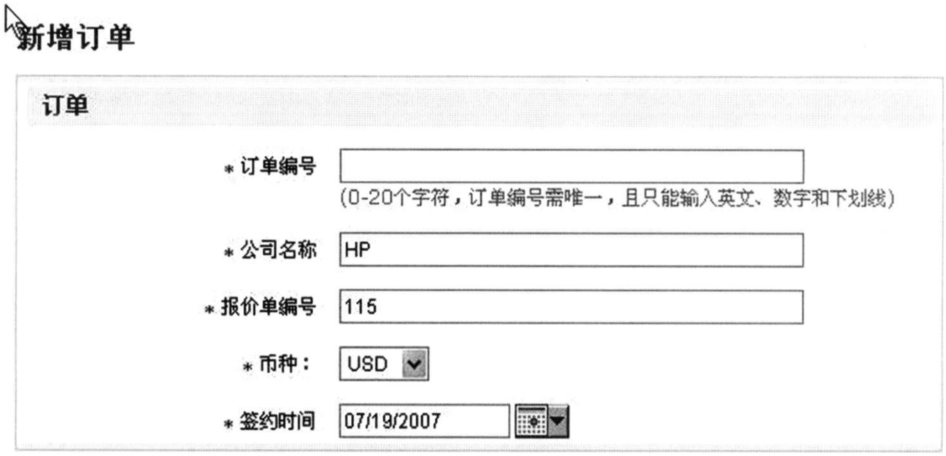

新增订单

订单

* 订单编号　☐
　　　　　（0-20个字符，订单编号需唯一，且只能输入英文、数字和下划线）

* 公司名称　HP

* 报价单编号　115

* 币种：　USD ▾

* 签约时间　07/19/2007 🗓 ▾

图 4 - 13　新增订单

2. 方法二：直接生成订单

（1）进入 My Alibaba，选择"订单"选项，点击"新增订单"。

图 4 – 14　订单：新增订单

（2）进入"新增订单"页面，填写订单信息。

新增订单

图 4 – 15　填写订单信息

（3）填写完毕之后，点击"提交"，则订单新增成功。

图 4 - 16　订单新增成功

【课堂讨论】

报价单应包含的内容包括哪些?

【实训练习】

1. 技能训练 1：

任务一：ABC 公司的联系人小张打电话来要一张 0541 号产品的报价单，请制作并发送。

任务二：小张接到报价单后觉得价格可以接受，打算订购此商品。请将报价单转化成订单。

任务三：制作一张回复询盘的模板。

2. 技能实训 2：客户 Tomi Obaniyi 来自南非，在经过 3 封邮件的来往后客户没有再回复，客户信息联系方式、公司名称等较全面，在第一封询盘中客户明确表示需要 100 双真皮女鞋，表示想要用自己的设计师来制作。请根据提示信息写下一封追踪信。

3. 技能训练 3：请用 Excel 做一个产品报价表（如图 4 - 17 所示），并把做好的 Excel 报价表提交上来。

备注：①产品图片在网上搜；②业务员联系信息填写学生英文名；③提交命名：学生名字 + quotation。

图 4 - 17　产品报价表

理论自测

1.【单选题】一份完整的报价单包含哪些内容?(　　　)

A. 价格、贸易术语、产品名称

B. 价格、贸易术语、产品名称、规格、包装、MOQ、付款方式、报价有效期

C. 价格、贸易术语、产品名称、规格、包装

D. 价格、贸易术语、产品名称、规格、包装、付款方式、MOQ

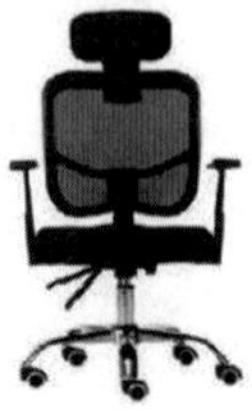

2.【单选题】以下报价的基本原则错误的是:(　　　)

A. 知己知彼　　　　　　　　　　B. 争取有利交易条件

C. 有舍有留　　　　　　　　　　D. 宁低勿高

3.【单选题】对于有回复未成交的客户,该如何跟进?(　　　)

A. 已报价情况　　　　　　　　　B. 特价或有新产品时及时通知

C. 定期关怀　　　　　　　　　　D. 其他产品的推介

4.【单选题】寄送样品后是否需要留样?(　　　)

A. 不用留样　　　　　　　　　　B. 根据实际情况决定

C. 一定需要

4.1.3　制作 PI（形式发票）

【课前思考】

PI 和报价单有什么不同？

一、PI（Proforma Invoice）的使用场景

案例：Lisa 给客户发送了报价单后，经过两个月的耐心沟通，客户最终确认了需要采购的商品、数量、价格和信息等，Lisa 接下来应该怎么做呢？

这时应该给客户发送一份 PI，来确定客户最终的订购信息，并发送给客户进行销售确认。

GUANG ZHOU LIANGZHEN FURNITURE CO.,LTD

CALO-V

Add: No.128 Zhong Shan Da Dao Zhong Tianhe District (Room 217 2nd floor) Guangzhou, China

PH:+0086 150 1179 0416　Tel:+86-20-32166656　Attn:Brandy Mo

Proforma Invoice

TO:　Mr. vincent Tey		**Date:**	2017.1.19
Add: Lot 2888,Jalan Kuala Kedah,05400,Alor Setar,thueh,Malaysia		**Invoice No.**	SR20170119BM01
Tel:60124308888		**Contract No.**	SR20170119BM01

Photos	Display Model :B22	Unit price	Quantitles	Amount
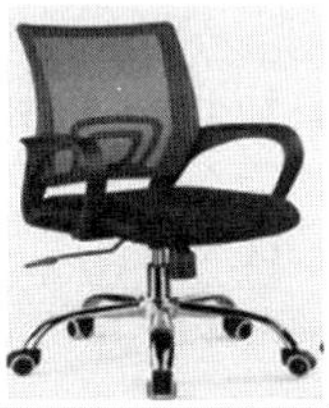	Red back mesh and black seat. 100% strong nylon back,fashion and strong. High Density Foam PP armrest thicken metal pipe with mechanism control the back rock Chrome Base	$26.00	100unit	$2,600.00
		Total value for 100pc of B22		$2,600.00

Total value of 12*B22 is USD 2600

The freight from Huangpu China to Penang is USD : 500

The total value is USD:3100

1.Price condition: CIF Penang Malaysia

2.Time of shippment: within 10 working days from the buyer receive the payment.

3.Terms of payment:T/T 3100usd before loading the goods.

The sellers: GUANG ZHOU LIANGZHEN FURNITURE CO.,LTD　　　　　　　　Buyer: Mr. vincent

CALO-V USD company's account as following :

Bank Name: BANK OF CHINA,TIANHE SUB-BRANCH,GUANGZHOU CHINA

SWIFT CODE:BKCHCNBJ400

图 4 - 18　PI 样图

二、PI 和报价单有什么不同

PI 与报价单有什么不同？

客户对你的产品感兴趣，需要了解你的价格，这时需要你提供报价单。

客户对你的报价满意，确定了所需的产品型号、价格、数量、交货期、物流等信息，此时需要你提供给他 PI，好让他确定产品信息，按照上面的金额付款，其实就等于我们的发票。

PI 样例：

GUANG ZHOU LIANGZHEN FURNITURE CO.,LTD
Add: No.128 Zhong Shan Da Dao Zhong Tianhe District (Room 217 2nd floor) Guangzhou, China
PH:+0086 150 1179 0416   Tel:+86-20-3216 6656   Attn:Brandy Mo

	Proforma Invoice	标题			
TO: Mr.			**Date:**	2014.11.21	PI编号
Add:			**Invoice No.**	SR20141120BM03	
Tel:			**Contract No.**	SR20141120BM03	

Photos	Display Model :DA-12	Unit price	Quantitles	Amount
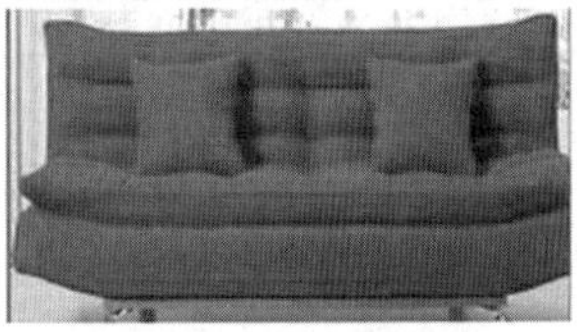	Sofa Size:190*85*90cm Sofa bed Size： 190*125*38cm Material: High Density Foam+Solid Wood Fabric：Linen Color：Red	$2,971.00	1unit	$2,971.00
		Total value for 1pc of SR832(T10)		$2,971.00

第 1 页

Total value of 1*DA-12 is USD 2971
The freight from Huangpu China to Belgrade is USD : 300
The total value is USD:3271

.Price condition: CIF Belgrade Australia
.Time of shippment: within 10 working days from the buyer receive the advance payment.   详细的付款及交易明细
.Terms of payment:TT USD:2000 down payment as a subscription , the balance USD:1900 before delivering you the goods.
The sellers: GUANG ZHOU LIANGZHEN FURNITURE CO.,LTD   Buyer: Mr.

CALO-V export company's USD account as following :
Bank Name: BANK OF CHINA,BAIYUN SUB-BRANCH,GUANGZHOU CHINA
SWIFT BIC: BKCHCNBJ400
Beneficiary: Guangzhou Sunrans Sanitary Ware Co., Ltd
ADD: 1962 JICHANG ROAD,GUANGZHOU,CHINA   银行账户信息
Account Number(USD):   8450 6204 2908 0930 14
Note: Please don't change or abbreviate any of the above bank information.
Please Email or Fax us the bank receipt after your payment.
Brandy Mo

图 4 - 19 PI 样图

报价单样例：

<table>
<tr><td colspan="2">企业logo
CALO-V</td><td colspan="7">**GUANG ZHOU LIANGZHEN FURNITURE CO.,LTD**
Add: No.128 Zhong Shan Da Dao Zhong Tianhe District (Room 217 2nd floor) Guangzhou, China
PH:+0086 150 1179 0416　Tel:+86-20-　Attn:Brandy Mo</td><td>公司抬头信息</td></tr>
</table>

			Quotation					
To: CREG management Add: United States Contact: leris jaime E-mail: leris.jaime@gmail.com Tel: 1-571-88679322	客户信息			Date: Jul. 29, 2015 From: Ms. Brandy Mo Mob.: 0086-150 1179 0416 E-mail: sales@calo-v.com Tel: 86+20-36768898		我的联系方式		

根据产品内容

NO.	Photo	Item Name	Model No.	Material	Specification	Size(mm)	Unit Price EXW(USD)	CBM(m3)	G,W.(kgs)
1		Sofabed	LK-SB101	Imported flannel+solid wood frame	Sofa	152*92*82	US$180	1.30	73kg
					Bed	196*152*41			
	Total								

Remark: 备注信息
1. The price is valid in three months.
2. Payment term: 30% deposit by T/T, the balance should be received before loading.
3. Delivery time: 25 days after receiving the deposit.
4. Price: wholesaler price, retailer price is different.
5. MOQ: 1*20GP(Mix different items)

图 4 - 20　报价单样图

【课堂练习】

根据已提供的 PI 模板，填写以下信息进行 PI 制作，并提交。

（1）客户购买了 300 个蓝牙音箱，单价 30 美元。

（2）产品规格：

Silicon + Plastic + soft TPU case；

Built-in 1800mAh Li Battery；

Built-in MIC，with handfree function for phone call；

Wireless：Bluetooth 4.1 （built-in DSP）。

（3）以 FOB 价格术语成交。

（4）7 天内交货。

（5）付款方式为 T/T 100% 出货前。

（6）其他内容可自拟。

4.2 单证制作

4.2.1 制作报关单

【课前思考】

出货前要准备好的报关文件有哪些?

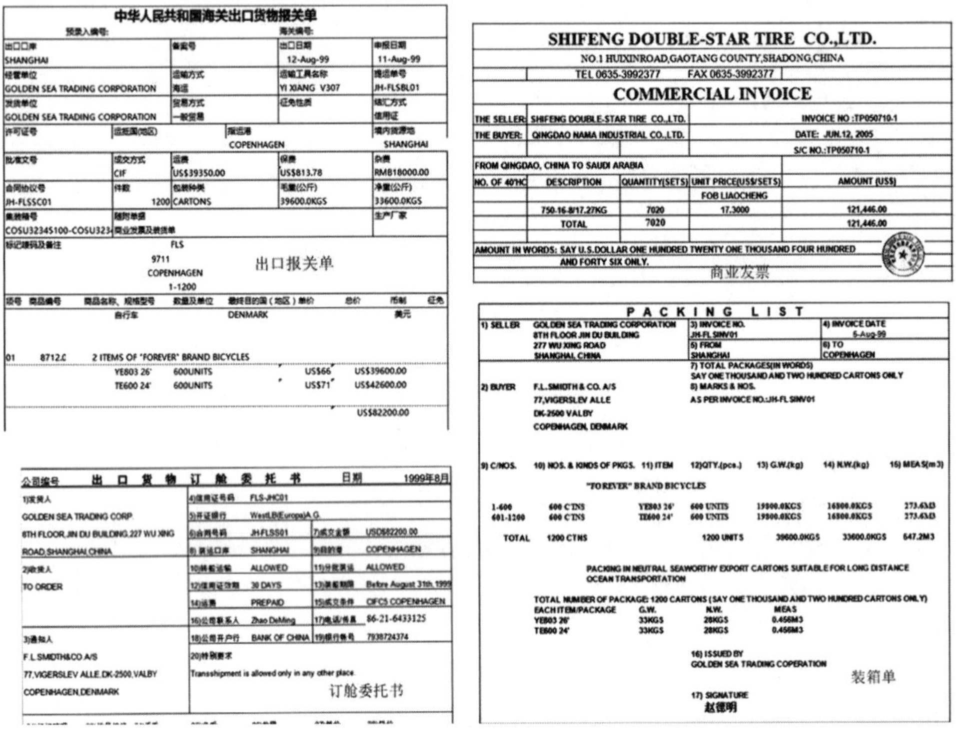
中华人民共和国海关出口货物报关单

出口口岸 SHANGHAI	备案号	出口日期 12-Aug-99	申报日期 11-Aug-99
经营单位 GOLDEN SEA TRADING CORPORATION	运输方式 海运	运输工具名称 YI XIANG V307	提运单号 JH-FLSBL01
发货单位 GOLDEN SEA TRADING CORPORATION	贸易方式 一般贸易	征免性质	结汇方式 信用证
许可证号	运抵国(地区)	指运港 COPENHAGEN	境内货源地 SHANGHAI
批准文号	成交方式 CIF	运费 US$39350.00	保费 US$813.78 / 杂费 RMB18000.00
合同协议号 JH-FLSSC01	件数 1200	包装种类 CARTONS	毛重(公斤) 39600.0KGS / 净重(公斤) 33600.0KGS
集装箱号 COSU3234S100-COSU323…	随附单据 商业发票及装货单		生产厂家

标记唛码及备注 FLS 9711 COPENHAGEN 1-1200

出口报关单

项号	商品编号	商品名称、规格型号	数量及单位	最终目的国(地区)	单价	总价	币制	征免
		自行车		DENMARK			美元	
01	8712.0	2 ITEMS OF "FOREVER" BRAND BICYCLES						
		YE803 26'	600UNITS		US$66	US$39600.00		
		TE600 24'	600UNITS		US$71	US$42600.00		
						US$82200.00		

SHIFENG DOUBLE-STAR TIRE CO.,LTD.
NO.1 HUIXINROAD,GAOTANG COUNTY,SHADONG,CHINA
TEL 0635-3992377 FAX 0635-3992377
COMMERCIAL INVOICE
THE SELLER: SHIFENG DOUBLE-STAR TIRE CO.,LTD. INVOICE NO :TP050710-1
THE BUYER: QINGDAO NAMA INDUSTRIAL CO.,LTD. DATE: JUN.12, 2005
S/C NO.:TP050710-1
FROM QINGDAO, CHINA TO SAUDI ARABIA

NO. OF 40'HC	DESCRIPTION	QUANTITY(SETS)	UNIT PRICE(US$/SETS)	AMOUNT (US$)
			FOB LIAOCHENG	
	750-16-8/17.27KG	7020	17.3000	121,446.00
	TOTAL	7020		121,446.00

AMOUNT IN WORDS: SAY U.S.DOLLAR ONE HUNDRED TWENTY ONE THOUSAND FOUR HUNDRED AND FORTY SIX ONLY.
商业发票

出口货物订舱委托书 公司编号 日期 1999年8月

1)发货人 GOLDEN SEA TRADING CORP 8TH FLOOR,JIN DU BUILDING,227 WU XING ROAD,SHANGHAI,CHINA
2)收货人 TO ORDER
3)通知人 F.L.SMIDTH&CO A/S 77,VIGERSLEV ALLE,DK-2500,VALBY COPENHAGEN,DENMARK
4)信用证号码 FLS-JHC01
5)开证银行 WestLB(Europa)A.G.
6)合同号码 JH-FLSS01 7)成交金额 USD$82200.00
8)装运口岸 SHANGHAI 9)目的港 COPENHAGEN
10)转船运输 ALLOWED 11)分批装运 ALLOWED
12)信用证效期 30 DAYS 13)装船期限 Before August 31th,1999
14)运费 PREPAID 15)成交条件 CIFC5 COPENHAGEN
16)公司联系人 Zhao DeMing 17)电话/传真 86-21-6433125
18)公司开户行 BANK OF CHINA 19)银行账号 7938724374
20)特别要求 Transshipment is allowed only in any other place.
订舱委托书

PACKING LIST
1) SELLER GOLDEN SEA TRADING CORPORATION 8TH FLOOR JIN DU BUILDING 277 WU XING ROAD SHANGHAI, CHINA
3) INVOICE NO. JH-FLSINV01 4) INVOICE DATE 5-Aug-99
5) FROM SHANGHAI 6) TO COPENHAGEN
7) TOTAL PACKAGES(IN WORDS) SAY ONE THOUSAND AND TWO HUNDRED CARTONS ONLY
2) BUYER F.L.SMIDTH & CO. A/S 77,VIGERSLEV ALLE DK-2500 VALBY COPENHAGEN, DENMARK
8) MARKS & NOS. AS PER INVOICE NO.:JH-FLSINV01

9) C/NOS.	10) NOS. & KINDS OF PKGS.	11) ITEM	12)QTY.(pcs.)	13) G.W.(kg)	14) N.W.(kg)	15) MEAS(m3)
	"FOREVER" BRAND BICYCLES					
1-600	600 CTNS	YE803 26'	600 UNITS	19800.0KGS	16800.0KGS	273.6M3
601-1200	600 CTNS	TE600 24'	600 UNITS	19800.0KGS	16800.0KGS	273.6M3
TOTAL	1200 CTNS		1200 UNITS	39600.0KGS	33600.0KGS	547.2M3

PACKING IN NEUTRAL SEAWORTHY EXPORT CARTONS SUITABLE FOR LONG DISTANCE OCEAN TRANSPORTATION
TOTAL NUMBER OF PACKAGE: 1200 CARTONS (SAY ONE THOUSAND AND TWO HUNDRED CARTONS ONLY)

EACH ITEM/PACKAGE	G.W.	N.W.	MEAS
YE803 26'	33KGS	28KGS	0.456M3
TE600 24'	33KGS	28KGS	0.456M3

16) ISSUED BY GOLDEN SEA TRADING COPERATION
17) SIGNATURE 赵德明
装箱单

图 4-21 报关单样图

报关单有哪些?

Lisa 给客户发送了 PI 之后，客户支付了 30% 的定金，工厂就可以开始生产了，在生产期间，出货之前就应该准备好报关文件。

报关单是货物出口的核心单据，告诉海关出口了什么货物，出口到哪个国家，产品的价值是多少等。

出货之前要准备好报关文件，报关文件有：合同、商业发票、装箱单、货物出口报关单、代理报关委托书（若该企业无进出口权则需要）。

一、报关常用单据介绍

1. 销售合同（范本）

前文已经提过，PI 是形式上的，因为客户还没有真正支付，我们也没有正式发货，因此 PI 是非正式法律文件。

而当客户已经成功支付了，这时我们就要给对方开具正式合同。合同是为约束买卖双方履行各自义务而签订的，属于正式的法律文件。包含产品信息、付款信息、交易条件、双方签名等。

广州市×××有限公司

合同

Contract

买方Buyers: Mr. Craig Cross　　合同编号NO.: SR20170119BM01

基本信息　　日期Date: 2017/1/27

地址 Address: AUSTRALIA　　生产批号：44G841SR20170119BM01

兹经买卖双方同意成交下列商品订立条款如下:

The undersigned Sellers and Buyers have agreed to close the following transactions according to the terms and conditions stipulated bellows:

产品及价格信息

唛头及号数	品 名	数 量	单 价	总 值
Marks & Nos.	Descriptions	Quantity	Unit price	Amount
Mr. Craig Cross	办公椅 DA-12	100张	$3,154.00	$3,154.00
合计：		100张		$3,154.00

1. 价格条件:
Price condition: FOB HUANGPU
2. 装运期: 2017/2/21
Time of Shipment:　　双方约定的条件
3. 装运口岸至目的地： 黄埔 至 澳大利亚 准许分批与转船。
Loading port & Destination: From HUANGPU CHINA to AUSTRALIA with transhipment and Partial Shipments allowed
4. 付款条件：
Terms of payment: T/T
5. 装船标记
Shipping Mark: Mr. Craig Cross

卖方　　买方
The sellers　　The buyers Mr. Craig Cross　　双方签名

图 4－22　销售合同样图

2. 商业发票（范本）

商业发票是报关的核心单据，记录货物的价目清单，也是进出口要交多少税的总说明。包含商品名称、规格、价格、数量、金额、包装等。

广州市×××有限公司

商业发票

Commercial Invoice

To:

Mr. Craig Cross

开票日期 2017/1/27

Date

发票号 SR20170119BM01

Invoice No.

合约号 SR20170119BM01

Contract No.

装由

Shipped Per

开船日期

Sailing About

信用证号

L/C No.

由 From	黄埔 HUANGPU	至 To	澳大利亚 AUSTRALIA

唛头及号数 Marks & Nos.	品名 Descriptions	数量 Quantity	单价 Unit price	总值 Amount
Mr. Craig Cross	办公椅 DA-12	100张	$3,154.00	$3,154.00
Total :		100张		$3,154.00

图 4－23　商业发票样图

3. 装箱单（范本）

列明跟包装有关的细节，方便国外买家在目的港的海关检查和核对货物。

主要内容有：①唛头（包装外写的内容，便于货物到港买家认出哪个是自己的货物）；②包装件数（不是产品数量，例如：100 张椅子装在 10 个箱子里，每个箱子 10 张，包装数量是 10）、重量（净重、毛重）、材质、体积等。

广州市×××有限公司

装箱单(重量单)

PACKING LIST (WEIGHT MEMO)

客户/TO:

Mr. Craig Cross

订单信息

发票号码

INVOICE NO.: SR20170119BM01

合约号

SALES CONFIRMATION No.: SR20170119BM01

日期:

Date: 2017/1/27

产品信息

唛头 MARK	件数 PACKAGES	品名及规格 DESCRIPTION	材质 MATERIAL	数量 QUANTITY	净重 NET WEIGHT	毛重 GROSS WEIGHT	尺码 MEASUREMENT
Mr. Craig Cross	10板条箱	办公椅 DA-12	铝合金	100张	298.00 kgs	356.00 kgs	13.2cbm
合计：	10板条箱			100张	298.00 kgs	356.00 kgs	13.2cbm

图 4－24　装箱单样图

4. 出口报关单

出口报关单是向海关出具的出口正式凭证，是必填的单据，是海关用来监管货物出口、征收关税的重要凭证。

同时也用来确认货物是否真正出口，是企业办理出口退税、结汇的凭证。

中 华 人 民 共 和 国 **出 口** 报 关 单			
出口口岸	备案号	出口日期	申报单位
经营单位　广州市×××有限公司 3451964567	运输方式	运输工具名称	报运单号
发货单位　广州市×××有限公司　3451964567	贸易方式 一般贸易	征免性质 一般征税	结汇方式 T/T
许可证号	运抵国（地区）澳大利亚	指运港 布里斯班	境内货源地 广州
批准文号	成交方式　FOB	运费　　　保费	杂费 -----
合同协议号 SR20170119BM71	件数　100	包装种类 板条箱	毛重（公斤）净重（公斤） 356　　　　298
集装箱号	随附单据	生产厂家	

标记唛码及备注
退税。
可调高度的转动坐具用途：办公；材质：网布；可调节，可转动；无牌
（http://www.hsbianma.com/ 查询申报要素）

项号	商品编号	商品名称	规格型号	数量及单位	最终目的国（地区）	单价	总价	币种	征免
	9401300000	办公椅DA-12		100张	澳大利亚		3900	USD	

税费征收情况

录入员　　录入单位	兹声明以上申报无讹并承担法律责任	海关审单批注及放行日期（签章）	
报关员工		审单　　　审价	
单位地址	申报单位（签章）	征税　　　统计	
邮编　　　电话　　　填制日期		查验　　　放行	

图 4-25　报关单样图

理论自测

1.【单选题】关于外贸环节中，流程操作描述正确的是（　　）。

A. 往来磋商、签订合同、生产备货、报关前准备、报关、装船、结汇退税

B. 往来磋商、签订合同、生产备货、报关前准备、报关、装船、制单交单、结汇退税

C. 签订合同、生产备货、装船、制单交单、结汇退税

D. 往来磋商、签订合同、生产备货、装船、制单交单、结汇退税

2. 【单选题】在外贸环节中，从生产备货到报关环节，以下不包含（　　）。

A. 结汇汇款　　　　　B. 商检　　　　　C. 安排运输　　　　　D. 领取外汇核销单

3. 【单选题】装船通知应在什么时间发出给买方？（　　）

A. 即提即通知　　　　B. 提单后三天　　　C. 提单当天　　　　D. 提单后一个月

4. 【单选题】单单一致（货物单据），以下不包含的是（　　）。

A. 发票签发日　　　　B. 汇票签发日　　　C. 箱单重量单　　　D. 包装规格

5. 【单选题】在所有的结汇单据中，最重要的一个单据是（　　）。

A. 装箱单　　　　　　B. 提单　　　　　　C. 保险单　　　　　D. 商业发票

6. 【单选题】以下流程顺序正确的是（　　）。

A. 退单—核销—退税—报关

B. 退税—核销—退单—报关

C. 报关—退单—核销—退税

D. 核销—退税—报关—退单

7. 【判断题】报关是指货物的出口需向海关申报、交验单据证件，并接受海关的监管和检查的一种行为，这样的说法正确吗？（　　）

8. 【多选题】通过对外贸流程的学习，以下属于履约阶段的有哪些？（　　）

A. 生产/备货　　　　B. 报关前的准备　　C. 装船　　　　　　D. 退税

9. 【多选题】以下关于为什么要报关，描述正确的是（　　）。

A. 监管的需求　　　　B. 统计的需求　　　C. WTO 的要求　　　D. 以上都不对

10. 【多选题】以下关于非正规报关描述正确的是（　　）。

A. 非正规报关不可以申报退税　　　　　B. 非正规报关可以申报退税

C. 非正规报关是违法违规行为　　　　　D. 非正规报关是合法行为

4.2.2　制作清关单

【课前思考】

货物即将到达客户手里之前，由业务员发送清关文件给客户，清关文件有哪些？

一、清关单定义

报关单：是出口方（卖家端）货物出口时向出口国提交的单据。

清关单：是进口方（客户端）货物进口时向进口国提供的单据。

二、清关单种类

货物即将到达客户手里之前，由业务员发送清关文件给客户，清关文件有：提单、商业发票、装箱单、原产地证。

1. 提单（Bill of Lading，简称：B/L）

提单是由承运人、船长、船公司或他们的代理人签发的，证明已收到特定货物，允诺将货物运至特定目的地，并交付给收货人的凭证。

Shipper CHANGZHOU DAHUA IMP & EXP（GROUP）CORP. NO 1　CHANGXIN ROAD, CHANGZHOU, CHINA.	
Consignee TO ORDER OF SHIPPER	B/L NO COSCO0215480
Notify Party JIM KING TRADING CORPORATION NO. 206　CHANGJ NORTH STREET SINGAPORE	中国远洋运输（集团）总公司 CHINA OCEAN SHIPPING（GROUP）CO COMBINED TRANSPORT BILL OF LADING

Pre－carriage by	Place of receipt
Ocean Vessel　Voy No Port of Loading "EAST"　　V. 125　SHANGHAI	

Port of Discharge　Place of Delivery SINGAPORE	Final Destination

Marks & nos container Seal no. N/M COSU4517911/CH118420 1×20' FCL	No. of Containers or Pkgs 200CTNS	Kind of Packages；Description of Goods ELECTRIC DRILLS NO. TY242	Gross Weight 14000. 000KGS	Meas 19. 000CBM
TOTAL NUMBER OF CONTAINERS OR PACKAGES（IN WORDS）		SAY TWO HUNDRED CARTONS ONLY.		

Freight & Charges	Revenue Tons	Rate	Per	Prepaid PREPAID	Collect
Ex Rate	Prepaid at	Payable at		Place and date of Issue SEPT 10, 2012 SHANG-HAI	
On Board Date SEPT 10, 2012	Total Prepaid	No. Of Original B（S）/L THREE（3）		Signed for the Carrier CHINA OCEAN SHIPPING AGENCY CHANGZHOU 李枚 AS AGENT FOR THE CARRIER OF CHINA OCEAN SHIPPING（GROUP）CO	

图 4－26　海运提单样图

2. 商业发票

商业发票，一般简称发票，是出口方向进口方开列的载有货物名称、数量、价格等内容的价目清单。商业发票是结汇单证的中心单据，其他单据皆以其为缮制依据。

GUANGZHOU LIANGZHEN FURINITURE CO.,LTD

No.128 Zhong Shan Da Dao Zhong Tianhe District Guangzhou, Guangdong, China

Tel: 0086-20-32166656 Mob:0086 15011790416

Commercial Invoice

TO: Mr. vincent Tey DATE: Jan 25th 2016

Add：Lot 2888,Jalan Kuala Kedah,05400,Alor Setar,Kedah,Malaysia INVOICE NO.: SR20160119BM01

Phone: +60124308888 From: Guangzhou, China

To: Penang Malaysia

Item No.	Mark	Description	Package (PKG)	Quantity (PCS)	Unit Price (USD)	Amount (USD)
B22	vincent Tey	office chair	1	12		
		Total	1	12	0.00	0.00

TOTALLY SAY US DOLLARS THOUSAND AND HUNDRED ONLY.

The Seller:GUANGZHOU LIANGZHEN FURINITURE CO.,LTD

图 4 - 27　商业发票样图

3. 装箱单

装箱单是描述商品包装情况的单据，主要包括包装方式、种类、毛重、净重、体积等方面的内容。

GUANGZHOU LIANGZHEN FURINITURE CO.,LTD

No.128 Zhong Shan Da Dao Zhong Tianhe District Guangzhou, Guangdong, China

Tel: 0086-20-32166656 Mob:0086 15011790416

PACKING LIST

TO: Mr. vincent Tey DATE: Jan 25th 2016

Add：Lot 2888,Jalan Kuala Kedah,05400,Alor Setar,Kedah,Malaysia INVOICE NO.: SR20160119BM01

Phone: +60124308888 From: Guangzhou, China

To: Penang Malaysia

Item No.	Mark	Description	Package (PKG)	Quantity (PCS)	Net Weight (KGS)	Gross Weight (KGS)	Measurement (CBM)
B22	vincent Tey	office chair	1	12	122.00	148.00	1.260
		Total	1	12	122.00	148.00	1.260

图 4 - 28　装箱单样图

4. 原产地证

原产地证（Certificate of Origin），是出口商应进口商的要求而提供的，由商会、商检局等特定机构出具的，证明货物原产地和制造地的一种证明文件。

ORIGINAL				
1. Exporter (full name and address) GOLDEN SEA TRADING CORPORATION 8TH FLOOR JIN DU BUILDING 277 WU XING ROAD SHANGHAI, CHINA		Certificate No.　　JH-FLSORI01 CERTIFICATE OF ORIGIN OF THE PEOPLE'S REPUBLIC OF CHINA		
2. Consignee (full name, address, country) F.L.SMIDTH & CO.A/S 77,VIGERSLEV ALLE DK-2500 VALBY COPENHAGEN, DENMARK				
3. Means of transport and route FROM: SHANGHAI 　　TO: COPENHAGEN BY SEA		5. For certifying authority use only		
4. Destination port COPENHAGEN				
6. Marks and Numbers of packages FLS 9711 COPENHAGEN 1-1200 1200CTNS	7. Description of goods: number and kind of packages 1200 CARTONS (SAY ONE THOUSAND TWO HUNDRED CARTONS) TWO ITEMS OF "FOREVER" BRAND BICYCLES THE GOODS ARE OF CHINESE ORIGIN	8. H.S. Code	9. Quantity or weight 1200 UNITS G.W. 39600.0KGS	10. Number and date of invoices JH-FLSINV01 27-Jul-99
11. Declaration by the exporter The undersigned hereby declares that the above details and statements are correct; that all the goods were produced in China and that they comply with the Rules of Origin of the People's Republic of China. SHANGHAI　　10-AUG-99 Place and date. signature and stamp of certifying authority		12. Certification It is hereby certified that the declaration by the exporter is correct 中国国际贸易促进委员会上海分会 CHINA COUNCIL FOR THE PROMOTION OF INTERNATIONAL TREDE （SHANGHAI） GOLDEN SEA TRADING CORPORATION 7-AUG-99　SHANGHAI　赵德明 Place and date. signature and stamp of certifying authority		

China Council for the Promotion of International trade is China Chamber of International Cor

图 4 - 29　原产地证样图

4.3　外贸支付方式

4.3.1　传统国际贸易支付方式

【课前思考】

1. 传统国际贸易支付方式有哪些？

2. 传统国际贸易支付方式与跨境电商支付方式有什么异同？

传统贸易国际支付方式主要有三种，即汇付、托收、信用证。

一、汇付

汇付是进口人通过银行将货款付给出口人，属于顺汇法，商业信用。汇款有信汇（M/T）、电汇（T/T）、票汇（D/D）三种办法。其中电汇（T/T）是最常用的办法。

（1）信汇是进口人将货款交给进口地银行，由银行开具汇款委托书，通过信函寄交所在地银行，委托其向出口人付款的一种方式。

（2）电汇虽然有一定的风险，但是费用低，目前在世界外贸付款方式中很流行。

①100% 前电汇，这种方式很少见，如果客户在下单时给你 100% 电汇过来，那么你走运了。这个客户应该是老客户或者金额比较小才会这么做。

②100% 后电汇，这个有一定的风险性，除非是老客户，否则我们就太被动了，随时都有可能钱货两空，付不付款全靠客户的信用。

③30% 前电汇（作定金），70% 后电汇，见提单付本付款，这种是最为常见的。

（3）票汇是进口人向进口地银行购买银行汇票寄给出口人，出口人凭此向汇票上指定的银行取款的一种方式。汇出银行在开出银行汇票的同时，对汇入行寄发"付款通知书"，汇入行凭此验对汇票后付款。

二、托收

托收是出口人装出货物后，开具汇票，连同全套货运单据，委托出口地银行通过它在进口地分行或代理行向进口人收取货款的一种方式。属于逆汇法，商业信用。其下又分付款交单（D/P）和承兑交单（D/A）。

托收属于商业信用，银行办理托收业务时，既没有检查货运单据是否正确、完整的义务，也没有承担付款人必须付款的责任。托收虽然是通过银行办理，但银行只是作为出口人的受托人行事，并没有承担付款的责任，进口人不付款与银行无关。出口人向进口人收取货款是凭进口人的商业信用。

托收对出口人的货款安全风险较大，D/A 比 D/P 的风险更大。

三、信用证

信用证是银行应进口人的要求，开给出口人的一种保证承担付款责任的凭证，属于逆汇法，银行信用。根据付款时间，分为即期和远期两种。此外，还有一些特别的信用证，如保兑信用证、可转让信用证、循环信用证、预支信用证等类型。

理论自测

1. 【单选题】D/A（Documents against Acceptance）指的是（   ）。

A. 即期交单   B. 承兑交单   C. 电汇交单   D. 付款交单

2. 【单选题】信用证是一种（   ）信用。

A. 企业　　　　　　B. 银行　　　　　　　C. 商业　　　　　　　D. 民间

3. 【单选题】在 T/T 付款方式下，单据是通过（　　）传递的。

A. 买方向卖方银行　　　　　　　　　　B. 卖方直接向买方

C. 卖方向买方银行　　　　　　　　　　D. 卖方向买方货代

4. 【单选题】信用证的第一付款责任人是（　　）。

A. 开证行　　　　　B. 转让行　　　　　C. 议付行　　　　　D. 通知行

5. 【判断题】信用证是一种银行开立的有条件的承诺付款的书面文件。（　　　）

6. 【多选题】单证通常包括哪些种类？（　　　）

A. 提单　　　　　　　　　　　　　　　B. 商业发票

C. 装箱单　　　　　　　　　　　　　　D. 汇票

E. 其他说明货物情况的文件

4.3.2　线上收款方式

【课前思考】

传统国际贸易支付方式中，哪些可以适用于跨境电商支付？

在跨境电商支付中，比较常用的国际付款方式有三种，即 T/T 付款方式、信用证付款方式和直接汇款方式。这里重点讲 T/T 付款方式和信用证付款方式。

一、T/T 付款方式

电汇——T/T（Remittance by Telegraphic Transfer），电汇是指汇出行应汇款人的申请，采用电报、电传或 SWIFT 等电讯方式向汇入行发出委托，指示支付一定金额给收款人的一种汇款方式。

在国际货物买卖中，汇付不论是采用信汇、电汇还是票汇，都可以分为预付货款和货到付款两种方式。

预付货款通常称作"前 T/T"，是指买方（进口商）先将货款的全部或者一部分通过银行汇交卖方（出口方），卖方收到货款后，根据合同的规定，在一定时间内或立即将货物发运给进口商。

货到付款通常称作"后 T/T"，是出口商先发货，进口商后付款的结算方式。这种方式实际上是属于赊账交易或者延期付款性质。

预付货款对出口商有利，货到付款对进口商有利，在实际操作中，采用哪一种方式是由市场形势等造就的买卖双方力量对比决定的，为了避开这种明显不利于一方的结果，贸易结算方式向托收演进。

二、信用证付款方式

在国际贸易活动中，买卖双方可能互不信任，买方担心预付款后，卖方不按合同要求发货；卖方也担心在发货或提交货运单据后买方不付款。因此需要银行作为买卖双方的保证人，代为收款交单，以银行信用代替商业信用，信用证就应运而生。

信用证是开证行根据开证申请人的要求和指示或为其自身业务需要，向受益人开立的一定条件下保证付款的凭证，即信用证是银行开立的有条件的付款承诺。进出口业务中，银行付款的条件是受益人做到相符交单，即单证相符、单单相符、单据与有关贸易惯例相符。

常用的跨境电商 T/T 汇款途径（http：//www.ebrun.com/20160310/168476.shtml）有以下 16 种。

1. 电汇

（1）费用：各自承担所在地的银行费用。买家银行会收取手续费，由买家承担；卖家公司的银行有的也会收取手续费，就由卖家来承担。手续费根据银行的实际费率计算。

（2）优点：收款迅速，几分钟到账；先付款后发货，保证商家利益不受损失。

（3）缺点：先付款后发货，客户容易产生不信任；客户群体小，限制商家的交易量；数额比较大的，手续费高。

（4）适用范围：电汇是传统的 B2B 付款模式，适合大额的交易付款。

2. 西联

西联汇款是西联国际汇款公司的简称，是世界上领先的特快汇款公司，可以在全球大多数国家的西联代理所在地汇出和提款。西联手续费由买家承担。需要买卖双方到当地银行实地操作。西联在卖家未领取款项时，买家随时可以将支付的资金撤销回去。

（1）费用：西联手续费由买家承担；需要买卖双方到当地银行实地操作；西联在卖家未领取货款时，买家可以将支付的资金撤销回去。

（2）优点：手续费由买家承担；对于卖家来说最划算，可先提钱再发货，安全性好；到账速度快。

（3）缺点：对买家来说风险极高，买家不易接受；买家和卖家需要去西联线下柜台操作；手续费较高。

（4）适用范围：1 万美元以下的小额支付，尤其适用于几十到几百美元以下的支付。

温馨提示：西联的操作方法。

（1）西联操作方法（买家）。

①买家带上身份证到有西联网点的银行（上网可查）。

②提供身份证，告诉银行需要西联汇款，填写西联汇款单。

③把汇款金额、手续费支付给银行。

④汇款结束后会收到一张带有汇款监控号码的收据，让客户提供监控号码给你。

注：客户打款了如果你不去取，客户随时可以将支付的资金撤回去。因此一般我们都是以取款为准，没取款之前不发货。

（2）西联操作方法（卖家）。

①获得汇款监控号码。

②带上身份证，到附近有西联网点的银行（网上可查）出示身份证，告诉银行需要西联收款。

③填写西联收款单（需要填写汇款监控号码）。

④银行核对无误后，付款给你。

3. Money Gram

速汇金汇款是 Money Gram 公司推出的一种快捷、简单、可靠的国际汇款方式。目前该公司在全球 150 个国家和地区拥有总数超过 50 000 个的代理网点。收款人凭汇款人提供的编号即可收款。

（1）汇款金额：单笔速汇金最高汇款金额不得超过 10 000 美元（不含），每天每个汇款人的速汇金累计汇出最高限额为 20 000 美元（不含）。

表 4 - 3　Money Gram 汇款金额及手续费

汇款金额	手续费
400 美元以下	10 美元
400 ~ 500 美元	12 美元
500 ~ 2 000 美元	15 美元
2 000 ~ 5 000 美元	25 美元
5 000 ~ 10 000 美元	33 美元

（2）优势：速汇金汇款在汇出后十几分钟即可到达收款人手中；在一定的汇款金额内，汇款的费用相对较低，无中间行费，无电报费；手续简单，汇款人无须选择复杂的汇款路径，收款人无须预先开立银行账户，即可实现资金划转。

（3）缺点：汇款人及收款人必须为个人；必须为境外汇款；通过速汇金进行境外汇款的，必须符合国家外汇管理局对于个人外汇汇款的相关规定；客户如持现钞账户汇款，还需交纳一定的钞变汇的手续费，国内目前有工行、交行、中信银行三家代理了速汇金收付款服务。

4. Paypal

（1）标准费率：3.9% + 固定费用（例如，美元：0.30 USD，英镑：0.20 GBP，澳元：0.30 AUD，加元：0.30 CAD，欧元：0.35 EUR）。

（2）提现费用：买家无开户费及使用费；电汇到在中国的银行账户，每笔收取 35 美元。提现到香港银行账户：提现额 ≥ 1 000 港币即免费，提现额 < 1 000 港币的话，每笔收取 3.5 港币。邮寄支票进行提现：每笔收取 5 美元。提现到美国银行账户：免费。

（3）优点：国际付款通道满足了部分地区客户付款习惯；账户与账户之间产生交易的方式，可以买可以卖，双方都拥有；美国 EBAY 旗下，国际知名度较高，尤其受美国用户信赖。

（4）缺点：Paypal 用户消费者（买家）利益大于 Paypal 用户卖家（商户）的利益，双方权利不平衡；电汇费用，每笔交易除手续费外还需要支付交易处理费；账户容易被冻结，商家利益受损失，很多做外贸的朋友都遇到过。

（5）适用范围：跨境电商零售行业，几十到几百美元的小额交易更划算。

Paypal：全球最大的"支付宝"，Paypal 相当于"支付宝"，它是目前全球最大的网上支付公司，接受美元、日元、欧元、英镑等 25 种国际货币支付。

关键词：在线支付，注册是免费的。

3 个功能：①付钱出去；②收钱进来；③提现（收到的钱存入账户余额，需要提现出来）。

2 个费用：①收款方扣手续费；②有提现费。

1 个顾问：注册 Paypal 有专门的 Paypal 顾问指导、跟进（免费）。

金额范围建议：几十到一千美元的收款，手续费高，不宜大额。

温馨提示：

（1）Paypal 注册方式。

第一步：登录 www. paypal. com，点击右上角注册，选择账户类型：商家账户。

购物账户：买家海淘、外贸个人收款也可以使用。注册使用的是个人信息、银行卡。

商家账户：公司名义使用，入公账，公司用来收钱和支付。

第二步：填写邮箱。

第三步：如实填写公司信息。

第四步：选择行业类型。

第五步：完善法人信息。

第六步：打开邮箱激活 Paypal，关联公司银行账号。

第七步：前往设置商家信息。

（2）Paypal 收款步骤。

方法 1：告诉客户你的 Paypal 账号，让他直接支付（就好像你有了支付宝账号，客户就可以直接打款到你的支付宝）。

方法 2：登录 Paypal 账户，点击：开具账单—收款—填写客户需支付的金额和客户信息—点击确定。客户登录他的邮箱，就可以在邮件中进行付款。

（3）Paypal 手续费及计算方法。

手续费：每笔收取金额 3.9% 的手续费。

提现费：3 000 美元以下收取每笔提现费 35 美元。

因此如果客户通过 Paypal 给我们支付，我们都会要求客户在总价加上 3.9%，再加 35 美元。例如，500 美元的订单，如果客户通过 Paypal 支付就需要支付 500 ×（1 + 3.9%）+ 35 = 554.5 美元

小技巧：多收几笔再提现，每次按 3 000 美元提取，就只收 35 美元。

5. Cashpay

（1）费率：2.5%。

（2）费用：无开户费及使用费；无提现手续费及附加费。

（3）优点：加快偿付速度（2～3 天），结算快；支持商城购物车通道集成；提供更多支付网关的选择，支持你喜欢的币种提现。

（4）缺点：刚进入中国市场，国内知名度不高。

（5）安全性：有专门的风险控制防欺诈系统 Cashshield，并且一旦出现欺诈 100% 赔付。降低退款率，专注客户盈利、资料数据更安全。

（6）特点：安全、快速、费率合理、PCIDSS 规范，是一种多渠道集成的支付网关。

6. Money bookers

（1）费用：从银行充值资金免费；从信用卡充值资金：3%；取钱到银行：固定费用1.80美元；通过支票取钱：固定费用3.50美元。

（2）优点：安全，因为是以E-Mail为支付标志，付款人将不再需要暴露信用卡等个人信息；客户必须激活认证才可以进行交易；你只需要收款人的电子邮箱地址就可以发钱给他；可以通过网络实时进行收付费。

（3）缺点：不允许客户有多个账户，一个客户只能注册一个账户；目前不支持未成年人注册，需年满18岁才可以。

（4）安全性：登录时以变形的数字作为登录手续，以防止自动化登录程序对账户进行攻击；只支持高安全性的128位加密的行业标准。

7. Payoneer

Payoneer是一家总部位于纽约的在线支付公司，主要业务是帮助其合作伙伴将资金下发到全球，同时也为全球客户提供美国银行/欧洲银行收款账户，用于接收欧美电商平台和企业的贸易款项。

（1）优点：便捷，凭中国身份证即可完成Payoneer账户在线注册，并自动绑定美国银行账户和欧洲银行账户；合规，像欧美企业一样接收欧美公司的汇款，并通过Payoneer和中国支付公司的合作完成线上的外汇申报和结汇；便宜，电汇设置单笔封顶价，人民币结汇最多不超过2%。

（2）适用人群：单笔资金额度小但是客户群分布广的跨境电商网站或卖家。

8. 信用卡收款

跨境电商网站可通过与Visa、MasterCard等国际信用卡组织合作，或直接与海外银行合作，开通接收海外银行信用卡支付的端口。

（1）优点：欧美最流行的支付方式，信用卡的用户人群非常庞大。

（2）缺点：接入方式麻烦、需预存保证金、收费高昂、付款额度偏小。黑卡蔓延，存在拒付风险。

（3）适用范围：从事跨境电商零售的平台和独立B2C。目前国际上五大信用卡品牌为Visa、MasterCard、America Express、Jcb、Diners Club，其中前两个为大家广泛使用。

9. 香港离岸公司银行账户

卖家通过在香港开设离岸银行账户，接收海外买家的汇款，再从香港账户汇往内地账户。

（1）优点：接收电汇无额度限制，不需要像内地银行一样受5万美元的年汇额度限制。不同货币之间可随意自由兑换。

（2）缺点：香港银行账户的钱还需要转到内地账户，较为麻烦。部分客户选择地下钱庄的方式，有资金风险和法律风险。

（3）适用范围：传统外贸及跨境电商都适用，适合已有一定交易规模的卖家。

10. ClickandBuy

ClickandBuy是独立的第三方支付公司，收到ClickandBuy的汇款确认后，在三到四个工作日内汇入客户的账户中。入金每次最低100美元，每天最多10 000美元。如果客户选择通过ClickandBuy汇款，则可以通过ClickandBuy提款。经济商保留选择通过ClickandBuy 退款的权利。

11. PaysafeCard

PaysafeCard，是欧洲非常流行的一种银行汇票，购买手续简单安全。当在网上购物支付，用户输入 16 位的个人识别密码即可完成交易。

12. WebMoney

由成立于 1998 年的 WebMoney Transfer Techology 公司开发的一种在线电子商务支付系统。WebMoney Transfer 技术基于所有用户的便利，提供独特的接口，它允许经营和控制个人资产，WebMoney 是俄罗斯主流的电子支付方式，俄罗斯各大银行均可自主充值取款。

13. CashU

CashU 自 2002 年起隶属于阿拉伯门户网站 Maktoob（Yahoo 于 2009 年完成对 Maktoob 的收购），主要用于支付在线游戏、VoIP 技术、电信、IT 服务和外汇交易。CashU 允许你使用任何货币进行支付，但该账户始终以美元显示资金。CashU 现已为中东和独联体广大网民所使用，是中东和北非地区运用最广泛的电子支付方式之一。

14. LiqPay

LiqPay 是一个小额支付系统。对最低金额和支付交易的数量没有限制并立即执行。要进行付款，LiqPay 使用客户的移动电话号码作为其标志。一次性付款不超过 2 500 美元，你可以在一天内不限次数地交易。账户存款是美元，如果你存另一种货币，将根据 LiqPay 内部汇率进行折算。

15. Qiwi Wallet

Qiwi Wallet 是俄罗斯最大的第三方支付工具，其服务类似支付宝。Qiwi Wallet 电子支付系统 2007 年底在俄罗斯推出。该系统使客户能够快速、方便地在线支付水电费、手机话费、银行贷款等。

16. Neteller

Neteller（在线支付或电子钱包）是在线支付解决方案的领头羊。免费开通，全世界数以百万计的会员选择 Neteller 的网上转账服务。你可以把它理解成一种电子钱包，或者一种支付工具。

注：跨境支付有两大类，一是网上支付，包括电子账户支付和国际信用卡支付，适用零售小金额；二是银行汇款模式，适用大金额。信用卡和 PayPal 目前使用比较广泛，其他支付方式可当作收款的辅助手段，尤其是 WebMoney、Qiwi Wallet、CashU 对于俄罗斯、中东、北非等地区的贸易有不可或缺的作用。

【课堂讨论】

跨境电商支付方式有哪些？各自的优缺点是什么？

理论自测

1.【多选题】国际贸易中常用的付款方式有哪些？（　　）

A. Trade Assurance　　　　B. LC　　　C. T/T　　　　D. Paypal

2.【单选题】如果一家没有外贸经营权的企业通过一家外贸出口代理与美国客商签订合同，结算货币应该是：（　　）

　　A. 企业与代理用人民币结算，代理与外商用美元结算。

　　B. 企业与代理用美元结算，代理与外商也用美元结算。

　　C. 企业与代理用美元结算，代理与外商用人民币结算。

3.【判断题】装运通知的发出日期不能超过信用证规定的时间，这样的说法正确吗？

4.【判断题】汇票的签发日期可以比发票的签发日期早的做法是可行的，这种说法正确吗？

4.4　国际贸易物流

【课前思考】

传统国际贸易物流方式有哪些？

客户支付过后，最重要的就是找到合适的方式把货物顺利发送出去，用什么方式发货更合适？流程是怎样的？

主流的国际贸易物流方式有三大类：①海运；②空运；③陆运。

国际物流选择的原则：

1. 根据体积选择

一般货物体积小可以选择用国际快递，例如，手机壳、数据线、文件、手表等都可以选择国际快递。

如果货物体积比较大，选择国际快递的成本就会很高，因此可以选择海运，例如，一套沙发、三张餐桌等。

体积小于 1 立方米，重量不超过 100 千克，建议选择国际快递。

体积大于 1 立方米，重量超过 100 千克，建议选择海运。

2. 根据成本选择

一般海运的成本会比空运成本低。

3. 根据客户需求选择

如果客户急需货物，又不在乎成本，那空运无疑是最佳选择。

案例分析：客户看了样品非常喜欢，决定要购买 10 000 个螺丝刀，每箱 100 个，箱子尺寸：长 50 厘米×宽 30 厘米×高 30 厘米，一共 100 箱，重量 1 000 千克。这时该选用哪种发货方式呢？

产品体积计算：

体积 = 长×宽×高×件数

$0.5×0.3×0.3×100＝4.5$ 立方米

计算结果大于 1 立方米且重量超过 100 千克，因此选择海运比较合适。

案例思考：美国的 Tom 想在 Lisa 这里购买一批螺丝刀，因为没有见过实物，所以想先了解样品情况，Tom 通过 PayPal 方式支付了样品费后，这时 Lisa 应该选择什么发货方式呢？

一般货物体积小可以选择用国际快递，国际快递最主流的运输方式是：空运 + 陆运。

4.4.1 跨境电商物流模式

2014 年国家先后开放上海、杭州、宁波、郑州、重庆、深圳、广州 7 个跨境电商试点城市，国家已经在政策层面上开始对跨境电商进行扶持，并且进入实质性试行阶段。目前 7 大试点城市都已经开始了试运行，试点城市内的跨境电商都可以开展正常报关、结汇、出口退税的相关工作，国家也可以对跨境电商的交易进行正常监管。但是这对于目前如火如荼发展着的跨境电商来说显然是不够的。

跨境电商有以下物流解决方案。

一、国际快递

目前，在跨境电商业内存在着大家所熟知的 EMS、DHL、UPS、FEDEX、TNT 等传统的跨国物流品牌。客户可以根据不同的国家地域、货物的体积重量等选择不同的渠道对货物进行运送。由于其专业性和时效性，这类快递成为一些大型 B2B 平台卖家首选，如阿里巴巴国际站等，也有 B2C 平台会使用一些自营性质的快递进行样品的寄送，如：石材行业的 B2C 平台 StoneGroupon。但是此类快递的物流运送费用是相当高的，即使是通过企业的账号拿到十分优惠的价格，也会比其他递送渠道的费用高出不少，因此不是所有商家都能承受得起的。

二、邮政小包

邮政小包主要是通过 EMS 即万国邮联体系，以个人邮包的形式进行发货。其特点是价格低廉、清关便捷。但是这两个特点也随着各国的政策变动而存在不确定因素。邮政小包递送时效相对较慢，并且丢包率高，如果不是挂号件则无法进行跟踪，一般包裹送达时间长达 30 天以上。

随着跨境 B2C、C2C 电商的不断发展，邮政小包以其价格优势仍然会占据巨大的市场份额，希望邮政方面在其业务量不断上升的同时能够注重服务质量的改善。

三、海外仓

海外仓是结合电商特点，在专线物流方式上的延伸，同时还能提供海外的快速递送专业渠道、精准的海外库存管理、灵活的销售策略以及决策支持、提高客户体验度的解决方案。由于跨境物流成本的不断上升以及物流效率相对较低，为了解决跨境电商最后一公里的难题，直接在海外建立或租用自己的仓库成为跨境电商企业的一个新的选择，可以说海外仓将是未来跨境电商的首选，但是由于其成本巨大，目前市面上做海外仓的公司在整体实力上有限。不过随着海外仓市场竞争的日益激烈和跨境电商刚性需求不断增长，海外仓在 2014 年后得到长足的发展。部分国内大型跨境电商企业，如 eBay、Amazon、Aliexpress、DX、Osell 等早已意识到海外仓发货优势，提前运筹布局。

四、专线速递

专线速递是市面上针对某个指定国家的一种专线递送方式，他的特点是货物送达时间基本固定，一般欧洲英法德 5~6 个工作日，运输费用较传统国际快递便宜，同时保证清关便利。专线快递对于针对某一国家或者地区的跨境电商来说是比较好的物流解决方案。专线物流由于国内线路可以保证在物流公司手中的时效，但货物到国外以后如果使用的还是邮政小包，同时货物头程到达的城市离客户地址较远的话，也会出现递送延迟。并且专线物流的服务不如快递物流的服务，比如说客户退货，国内 DHL 账号退回国内是免运费的，普通专线物流基本上是没有这样的服务的，有做得较大的专线物流提供这样的服务，但整个服务链还不是很健全。

五、中欧铁路多式联运

这一模式已经上升到国家战略层面，并且其具体方式已经出台："渝新欧"重庆至欧洲国际铁路大通道，它是指利用南线欧亚大陆桥这条国际铁路通道，从重庆出发，经西安、兰州、乌鲁木齐，向西过北疆铁路，到达边境口岸阿拉山口，进入哈萨克斯坦，再经俄罗斯、白俄罗斯、波兰，至德国的杜伊斯堡，全长 11 179 千克。这是一条由沿途六个国家铁路、海关部门共同协调建立的铁路运输通道。这一线路将成为中欧货物运送的中流砥柱，大大节约中欧间的物流成本，提高物流效率，进一步推动区域间电子商务的发展。

总而言之，物流在跨境电商中的重要性不言而喻。在注重资源整合的电子商务中，只要是能够提高效率、节约成本的方案必将推动电子商务环节的不断发展和进行，相信随着跨境电商的不断发展，未来会有更多更合理、更便捷的物流方式出现。

【课堂讨论】
1. 主流国际贸易物流方式有哪几类？
2. 国际物流选择的原则是什么？
3. 跨境电商的物流流程是什么？
4. 各类物流方式优缺点对比。
5. 海外仓储物流流程及可能遇到的问题。
6. 国际专线服务路线及优点。

4.4.2 国际物流在线下单流程

阿里巴巴国际站后台提供综合物流信息服务，我们只需提供产品信息及目的地国家，即可查询海运、空运、国际快递、陆运的费用信息，并且可以在平台直接下单。

案例演示：

我想寄几本书到奥地利，商品长 10 厘米、宽 10 厘米、高 10 厘米、重量 1 千克，件数 2，我该如何查询物流费用呢？

1. 打开实训后台—找到一达通/金融/物流—选择物流价格查询及发货

图 4 – 30　一达通实操：物流价格查询及发货

2. 物流信息填写

（1）选择快递。

（2）输入发件地邮编（如广州：510000）。

（3）填写货物信息，包括长、宽、高、重量及数量。

（4）输入目的国。

（5）点击运价查询。

图 4-31　一达通实操：物流信息填写

3. 物流服务商对比与选择

（1）查看服务商仓库地址，一般选择相近的。

（2）查看快递价格及所使用的是哪一家的快递。

（3）选择合适的服务商下单。

图 4-32　一达通实操：物流商对比选择

4. 填写详细商品信息

（1）填写发货到仓库的信息（需要把货物发送到物流商的仓库）。

（2）填写寄件信息。

（3）填写商品信息：中文商品描述、英文商品描述、海关编码 HS code、商品件数、商品状态。

（4）商品申报信息：申报金额。

图 4-33　一达通实操：填写详细商品信息

5. 填写收/发货人信息

（1）填写收货人信息。

（2）填写发货人信息。

（3）填写备注信息。

（4）检查信息正确性。

（5）提交订单。

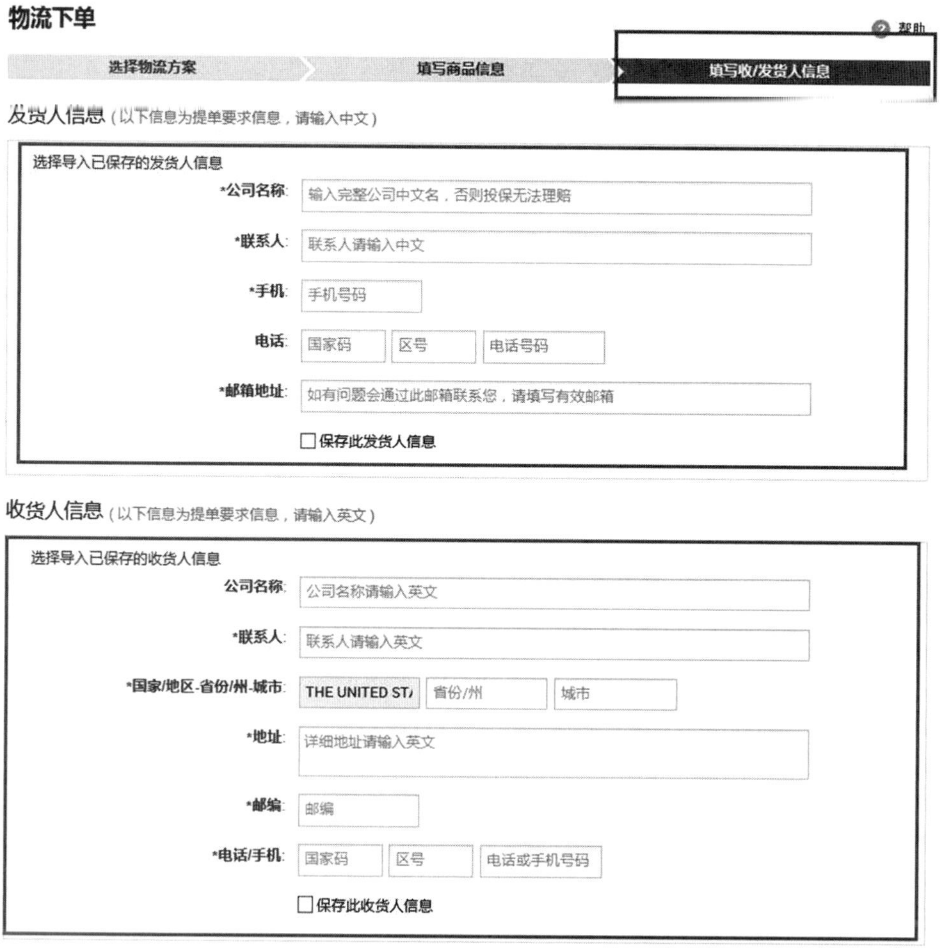

图 4 - 34　一达通实操：填写收/发货人信息

【课堂讨论】

请解析国际物流在线下单的流程。

理论自测

1. 【多选题】国际贸易中，通常计算重量的方法有哪些？（　　　）

A. 毛重　　　　　　B. 净重　　　　　　C. 理论重量　　　　D. 法定重量

2. 【单选题】下面哪个属于开具即期汇票，由代收行向进口方提示，进口方见票后即须付款，货款付清时，进口方取得货运单据（　　　）。

A. D/A after sight　　B. D/A at sight　　C. D/P at sight　　D. D/P after sight

3. 【单选题】下面哪个属于国际海上运输的特点？（　　　）

A. 运量小　　　　　　　　　　B. 运费低，周期较长

C. 风险小

4. 【单选题】跨境电商空运的体积重计算公式（单位 cm）是（　　　）。

A. 长×宽×高 /6 000　　　　　　　　　　B. 长×宽×高/5 000

C. 长×宽×高 /4 000　　　　　　　　　　D. 长×宽×高

5. 【单选题】对于大批量交易的散装货，因较难掌握商品的数量，通常在合同中规定?（　　　）

A. 溢短装条款　　　　　　　　　　　　B. 品质公差条款

C. 立即装运条款　　　　　　　　　　　D. 仓至仓条款

6. 【单选题】邮政的航空大包航程一般需要多久?（　　　）

A. 2 周　　　　　　B. 5 周　　　　　　C. 4 周　　　　　　D. 3 周

7 【多选题】以下哪些属于国际上比较知名的船公司?（　　　）

A. 马士基（MAERSK）　　　　　　　　B. 地中海（MSC）

C. 达飞（CMA - CGM）　　　　　　　　D. 中远（COSCO）

8. 【判断题】在美加航线运输货物时是可以不需要考虑限重的，这样的说法正确吗?

附　录

附录一　阿里巴巴国际站知识产权规则

【知识链接】

以下文本信息均转载自阿里巴巴国际站规则中心（https：//rule. alibaba. com/），供学习参考。

阿里巴巴国际站知识产权规则

更新日期：2017 年 11 月 1 日　　　　　生效日期：2017 年 11 月 1 日

一、知识产权侵权行为

阿里巴巴国际站（简称"国际站"）用户不得利用网站服务从事侵犯他人知识产权的行为，包括：

1. 一般侵权行为

（1）在所发布的商品信息、店铺或者域名中不当使用他人商标权、著作权等权利。

（2）发布、销售商品时不当使用他人商标权、著作权等权利。

（3）所发布的商品信息或者所使用的其他信息造成用户混淆、误认等情形。

2. 严重侵权行为

（1）未经著作权人许可复制其作品并进行发布或者销售，包括图书、音像制品、计算机软件等。

（2）发布或者销售未经商品来源国注册商标权利人或者其被许可人许可生产的商品。

二、知识产权侵权行为的处理

1. 一般侵权行为的处理

一般侵权行为	触发原因	扣分计算方式
	权利人投诉	6 分/次 首次被投诉不扣分，基于同一知识产权且发生在首次被投诉后 5 天内的投诉算一次。第 6 天开始，每次被投诉扣 6 分，一天内若被同一知识产权多次投诉扣一次分。所有时间以投诉受理时间为准。
	国际站抽样检查	每次扣 2 分，一天内扣分不超过 6 分；如一般侵权行为情节严重的（包括但不仅限于交易假货纠纷），每次扣 4 分，一天内扣分不超过 12 分。
此处所指的"投诉"均指成立的投诉，即被投诉方投诉，在规定期限内未发起反通知；或者虽发起反通知，但反通知不成立。		

对应的账号积分处罚标准（除特别说明外，国际站全站的罚分累加计算），请参见《阿里巴巴国际站用户违规处罚标准》。

2. 严重侵权行为的处理

严重侵权行为	累积被记振次数	处理方式
	1 次	限权 7 天 + 考试（若考试未在 7 天内通过最长限权 30 天）
	2 次	限权 14 天 + 考试（若考试未在 14 天内通过最长限权 60 天）
	3 次	关闭账号
1. 针对国际站上的严重侵权行为实施"三振出局"制，即每次针对用户严重侵权行为的投诉记振一次；三天内如果出现多次针对同一用户的严重侵权行为投诉，记振一次，时间以第一次投诉的受理时间开始计算。若针对同一用户记振累积达三次的，则关闭该用户账号。 2. 此处所指的"投诉"均指成立的投诉，即被投诉方投诉，在规定期限内未发起反通知；或者虽发起反通知，但反通知不成立。 3. 除被三振关闭账号外，被记振的用户需进行知识产权学习及考试。通过考试的用户可以在限权期限届满后恢复账号正常状态。具体详见考试说明。 4. 严重侵权行为的记振次数按行为年累计计算，行为年是指每项严重侵权行为的处罚会被记录 365 天。 5. 当情况特别显著或极端时，国际站保留对用户单方面解除会员协议或服务合同、直接关闭用户账号以及国际站酌情判断与其相关联的所有账号，及/或实施其他国际站认为合适措施的权利。"情况特别显著或极端"包括但不限于： （1）用户侵权行为的情节特别严重； （2）权利人针对国际站提起诉讼或法律要求； （3）用户因侵权行为被权利人起诉，被司法、执法或行政机关立案处理； （4）因应司法、执法或行政机关要求国际站处置账号或采取其他相关措施。		

三、附则

1. 国际站保留以上处理措施等的最终解释权、决定权及与之相关的一切权利。

2. 国际站有权根据法律法规的调整、经营环境的变化等因素及时地修订本规则并予以公示，修订后的规则于公示中指定日期生效。

3. 本规则为国际站发布的规则的组成部分，本规则与国际站发布的其他规则不一致的，以本规则为准，本规则未尽事宜，以国际站发布的其他规则为准。

4. 本规则如中文和非中文版本存在不一致、歧义或冲突，应以中文版为准。

5. 如果您有意见或建议，请反馈。

【常见问题】

问：已下架商品是否在权利人投诉和国际站抽样检查范围内？

答：下架商品仍然在权利人投诉举报和国际站抽样检查范围之内，如有侵权行为会按照上述规则处罚。

问：被知识产权权利人投诉后，该如何处理？

答：当用户被权利人主张的知识产权发起投诉之后，平台会第一时间告知，用户须进行知识产权学习。用户在接到每一次投诉通知时，都应立即进行处理，即如认为未侵权，则请在投诉系统中发起反通知；如确认侵权，则请自查侵权信息，并对发布的其他涉嫌侵犯他人知识产权的产品信息及时进行删除处理。

【步骤】

1. 去"产品管理""全文搜索"对侵权信息进行排查。

2. 删除或优化所有带有侵权信息的产品。

3. 如有权利方投诉，处理完侵权产品后，主动打电话请求撤诉（已扣分数不能撤销）。

附录二 阿里巴巴国际站禁限售及交易违规处罚规则

【知识链接】

以下文本信息均转载自阿里巴巴国际站规则中心（https：//rule.alibaba.com/），仅供学习参考。

阿里巴巴国际站禁限售规则
2017 年 10 月 27 日更新

一、概述

平台禁止发布任何含有或指向性描述禁限售信息。任何违反本规则的行为，阿里巴巴有权依据《阿里巴巴国际站禁限售规则》进行处罚。

用户不得通过任何方式规避本规定、平台发布的其他禁售商品管理规定及公告规定的内容，否则可能将被加重处罚。

处罚原则及具体扣分标准请参考阿里巴巴国际站禁限售商品目录。

二、违禁信息列表

平台用户不得在阿里巴巴国际站平台发布任何违反任何国家、地区及司法管辖区的法律规定或监管要求的商品。

下面是平台禁止发布或限制发布的部分信息列表，仅供用户参考，但不能保证完整性、及时性和准确性。平台有权利根据法律规定、监管要求及平台自身规定对下列信息作增删和修改。同时，平台用户有义务确保自己发布的商品没有违反任何司法管辖区的要求。

除非特殊说明，阿里巴巴国际站的禁限售规则同时适用于信息发布及《阿里巴巴国际站交易服务协议》中规定的线上交易行为。

若中文版与英文版公告的公告内容与阿里巴巴平台其他规则存在差异，或有其他不尽详细事宜，阿里巴巴拥有最终解释权。

（一）　毒品、易制毒化学品及毒品工具【解读】	
1. 麻醉镇定类、精神药品、天然类毒品、合成类毒品、一类易制毒化学品	A＋级违规，扣48分
2. 二类易制毒化学品、类固醇	A级违规，6分/次
3. 三类易制毒化学品	B级违规，2分/次
4. 毒品吸食、注射工具及配件	B级违规，2分/次
5. 帮助走私、存储、贩卖、运输、制造毒品的工具	C级违规，1分/次
6. 制作毒品的方法、书籍	C级违规，1分/次
（二）　危险化学品【解读】	
1. 爆炸物及引爆装置	A＋级违规，扣48分
2. 易燃易爆化学品	A级违规，6分/次
3. 放射性物质	A级违规，6分/次
4. 剧毒化学品	A级违规，6分/次
5. 有毒化学品	B级违规，2分/次
6. 消耗臭氧层物质	C级违规，1分/次
7. 石棉及含有石棉的产品	C级违规，1分/次
8. 剧毒农药	C级违规，1分/次
9. 烟花爆竹、点火器及配件（限售）	E级违规，0.5分/次
（三）　枪支弹药【解读】	
1. 大规模杀伤性武器、真枪、弹药、军用设备及相关器材	A＋级违规，扣48分
2. 仿真枪及枪支部件	A级违规，6分/次
3. 潜在威胁工艺品类	B级违规，2分/次
（四）　管制器具【解读】	
1. 刑具及限制自由工具	A级违规，6分/次
2. 管制刀具	A级违规，6分/次
3. 严重危害他人人身安全的管制器具	A级违规，6分/次
4. 弩（限售）	E级违规，0.5分/次
5. 一般危害他人人身安全的管制器具	B级违规，2分/次

（五）　军警用品【解读】	
1. 制服、标志、设备及制品	B 级违规，2 分/次
2. 限制发布的警用品（限售）	E 级违规，0.5 分/次
（六）　药品【解读】	
1. 处方药、激素类、放射类药品	A 级违规，6 分/次
2. 特殊药制品	A 级违规，6 分/次
3. 有毒中药材	B 级违规，2 分/次
4. 口服性药及含违禁成分的减肥药、保健品	B 级违规，2 分/次
5. 非处方药（限售）	E 级违规，0.5 分/次
（七）　医疗器械【解读】	
1. 医疗咨询和医疗服务	A 级违规，6 分/次
2. 三类医疗器械（限售）	E 级违规，0.5 分/次
（八）色情、暴力、低俗及催情用品【解读】	
1. 涉及兽交、性虐、乱伦、强奸及儿童色情相关信息	A + 级违规，扣 48 分
2. 含有色情淫秽内容的音像制品及视频、色情陪聊服务、成人网站论坛的账号及邀请码	A + 级违规，扣 48 分
3. 含真人、假人、仿真器官等露点及暴力图片	B 级违规，2 分/次
4. 原味产品	E 级违规，0.5 分/次
5. 宣传血腥、暴力及不文明用语	E 级违规，0.5 分/次
（九）　非法用途产品【解读】	
1. 用于监听、窃取隐私或机密的软件及设备	A 级违规，6 分/次
2. 信号干扰器	A 级违规，6 分/次
3. 非法软件及黑客类产品	B 级违规，2 分/次
4. 用于非法摄像、录音、取证等用途的设备	B 级违规，2 分/次
5. 非法用途工具（如盗窃工具、开锁工具、银行卡复制器等）	B 级违规，2 分/次
6. 用来获取需授权方可访问的电视节目、网络、电话、数据或其他受保护、限制的服务的译码机或其他设备（如卫星信号收发装置及软件、电视棒等）	B 级违规，2 分/次

（十）　非法服务【解读】	
1. 政府机构颁发的文件、证书、公章、勋章，身份证及其他身份证明文件，用于伪造、变造相关文件的工具、主要材料及方法	A＋级违规，扣48分
2. 单证、票证、印章、政府及专门机构徽章	A＋级违规，扣48分 A级违规，6分/次
3. 金融证件、银行卡，用于伪造、变造相关的工具、主要材料及方法；洗黑钱、非法转账、非法集资	A＋级违规，扣48分 B级违规，2分/次
4. 涉及伪造证件类及金融类证件的相关敏感信息	A级违规，6分/次
5. 个人隐私信息及企业内部数据；提供个人手机定位、电话清单查询、银行账户查询等服务	B级违规，2分/次
6. 法律咨询、彩票服务、医疗服务、教育类证书代办等相关服务	B级违规，2分/次
7. 追讨服务、代加粉丝或听众服务、签证服务（代办签证服务限售）	E级违规，0.5分/次
（十一）　收藏类【解读】	
1. 货币、金融票证，明示或暗示用于伪造、变造货币、金融票证的主要材料、工具及方法	A＋级违规，扣48分 A级违规或E级违规，6分/次或0.5分/次
2. 虚拟货币（如比特币）	A级违规，6分/次
3. 金、银和其他贵重金属	B级违规，2分/次
4. 国家保护的文物、化石及其他收藏品	B级违规，2分/次
（十二）人体器官、保护动植物及捕杀工具【解读】	
1. 人体器官、遗体	A＋级违规，扣48分
2. 重点和濒危保护动物活体、身体部分、制品及工具	B级违规，2分/次
3. 鲨鱼、熊、猫、狗等动物的活体、身体部分、制品及任何加工机器	B级违规，2分/次
4. 重点和濒危保护植物、制品	C级违规，1分/次
（十三）　危害国家安全及侮辱性信息【解读】	
1. 宣扬恐怖组织和极端组织信息	A＋级违规，扣48分
2. 宣传国家分裂及其他各国禁止传播发布的敏感信息	A＋级违规，扣48分
3. 涉及种族、性别、宗教、地域等歧视性或侮辱性信息	B级违规，2分/次
4. 其他含有政治色彩的信息	E级违规，0.5分/次

（十四）	烟草【解读】
1. 成品烟及烟草制品	A 级违规，6 分/次
2. 电子烟液	A 级违规，6 分/次
3. 制烟材料及烟草专用机械（限售）	E 级违规，0.5 分/次
（十五）	赌博【解读】
1. 在线赌博信息	B 级违规，2 分/次
2. 赌博工具	B 级违规，2 分/次
（十六）	制裁及其他管制商品【解读】
1. 禁运物	C 级违规，1 分/次
2. 其他制裁商品	C 级违规，1 分/次
（十七）	违反目的国产品质量技术法规/法令/标准的、劣质的、存在风险的商品【解读】
1. 经权威质检部门或生产商认定、公布或召回的商品；各国明令淘汰或停止销售的商品；过期、失效、变质的商品、无生产日期、无保质期、无生产厂家的商品	B 级违规，2 分/次
2. 高风险及安全隐患类商品	C 级违规，1 分/次

三、违规处理

平台有权根据发布信息本身的违规情况及会员行为做加重处罚或减轻处罚的处理。

恶意行为举例：包括但不限于采用对商品信息隐藏、遮挡、模糊处理等隐匿的手段，采用暗示性描述或故意通过模糊描述、错放类目等方式规避监控规则，同时发布大量违禁商品，重复上传违规信息，恶意测试规则等行为。对于恶意违规行为将视情节的严重性做加重处罚处置，若一般违规处罚翻倍，若达到严重违规程度，将关闭账号。

一般违规加重处罚：对于被认定为恶意行为的一般违规将做加重处罚处理（如发现同类重复违规行为，二次处罚分数加倍）。

附：账号处罚标准（除特别说明外，阿里巴巴国际站全站的罚分累加计算）

累计罚分	处罚方式	备注
6 分	严重警告	邮件通知
12 分	搜索屏蔽 7 天 & 旺铺屏蔽 7 天	邮件通知和系统处罚
24 分	搜索屏蔽 14 天 & 旺铺屏蔽 14 天	
36 分	搜索屏蔽 21 天 & 旺铺屏蔽 21 天 全店商品退回/限制商品新发和编辑等	
48 分	关闭账号	

（续上表）

累计罚分	处罚方式	备注
	（1）分数按行为年累计计算，行为年是指每项违规等级的扣分都会被记 365 天。已被关闭账号处罚的除外。 （2）用户累计罚分达到 24 分或以上的，阿里巴巴有权拒绝或限制用户参加阿里巴巴国际站的各类推广、营销活动，或产品/服务的使用。 （3）用户违规情节特别严重（包括但不限于采用对商品信息隐藏、遮挡、模糊处理等隐匿的手段规避平台管理，经平台合理判断账号使用人本人或其控制的其他账号已因严重违规事件被处罚，账号使用人本人或其控制的其他账号被国内外监管部门立案调查，或虽未立案但平台有理由认为有重大嫌疑等严重影响平台管理秩序或造成一定负面影响的情况），阿里巴巴有权立即单方解除合同、关闭账号、不退还剩余服务费用；并有权作出在阿里巴巴国际站及/或其他媒介进行公示、给予关联处罚及/或永久不予合作等的处理。	

附：处罚执行期间，停止处罚积分累计，请做好排查删除。

备注：

1. 一般违规，一天内（即首次违规处罚时间起 24 小时内）累计扣分不超过 12 分（经平台合理判断，会员存在恶意行为或对平台造成恶劣影响的除外）。

2. 严重违规，每次扣 48 分，关闭账号。

3. 全部在线商品及下架商品均在"平台抽样检查"范围之内，如有违规会按照相关规则处罚。

4. 以上商品列举并没有尽录全部不允许在阿里巴巴国际站展示的商品。

5. 阿里巴巴国际站亦将不时予以调整。

附录三　阿里巴巴国际站交易违规处罚规则

【知识链接】

以下文本信息均转载自阿里巴巴国际站规则中心（https：//rule.alibaba.com/），仅供学习参考。

阿里巴巴国际站交易违规处罚规则

版本号：20190118　　　生效日期：2019 年 2 月 25 日

一、线上交易违规行为处理

1. 订单达成后不发货

订单生效后，卖方拒绝履行发货义务或在合同约定发货期满后截至阿里巴巴国际站受理纠纷时仍未发货：

（1）纠纷协商阶段如卖方与买方协商解决纠纷，阿里巴巴国际站未介入调处的，每次扣 1 分。

（2）如阿里巴巴国际站判定卖方违反发货义务，且卖方提供有效解决方案的，每次扣 2 分。

（3）如阿里巴巴国际站判定卖方违反发货义务，且卖方未提供有效解决方案的，每次扣 4 分。

2. 延迟发货

阿里巴巴国际站受理纠纷时卖方已发货，但卖方未在交易合同或双方约定期限发货：

（1）如阿里巴巴国际站判定卖方违反发货义务，且卖方提供有效解决方案的，每次扣 1 分。

（2）如阿里巴巴国际站判定卖方违反发货义务，且卖方未提供有效解决方案的，每次扣 3 分。

3. 交付货物不符合约定

卖方实际交付货物状况不符合交易合同约定（包括货物材质/成分含量/类别/安全标准等与约定不符、货物主要功能缺失或无法使用、质量低劣、短装等）：

（1）如阿里巴巴国际站判定卖方违反交易合同约定，且卖方提供有效解决方案的，每次扣 1 分。

（2）如阿里巴巴国际站判定卖方违反交易合同约定，且卖方未提供有效解决方案的，每次扣 3 分。

4. 违背承诺

卖方违背包括但不限于以下承诺的，每次扣 3 分：

（1）卖方未按照承诺给予买方折扣、赠品、服务等交易标的之外的权益。

（2）卖方未按照承诺向买方提供退换货、配件、维修、质保等售后服务。

（3）卖方未按照营销规则或服务协议约定履行服务承诺。

（4）卖方违背其他承诺（除非另有规定）。

如卖方按照双方约定或阿里巴巴国际站其他规则向买方支付违约赔偿金或者双方达成和解协议的，则不予扣分。

5. 不履行和解约定或者阿里巴巴国际站纠纷调处决定

卖方拒绝履行或未履行双方一致协商和解的约定，或阿里巴巴国际站作出的纠纷调处决定的，包括但不限于退款、换货、补货、重新发货、维修、支付违约金或赔偿金等，每次扣 3 分。

注：不管卖方是主动履行退款义务（即买卖双方协商达成一致后，卖方账户余额充足自动抵扣）或被动履约退款义务（买卖双方协商达成一致但卖方账户余额不足平台阿里巴巴国际站代卖家赔付而且阿里巴巴国际站代替卖方赔付后 15 天内从卖方账号扣取相关款项），均被视为卖方完成履行退款义务。

6. 销售假冒商品

卖方销售侵犯他人商标权或著作权等知识产权的商品，且阿里巴巴国际站判定卖方承担责任的，将按照《阿里巴巴国际站知识产权规则》相关规则进行处罚。

7. 恶意串通

买卖双方串通利用阿里巴巴国际站从事法律或阿里巴巴国际站其他规则禁止行为，或谋取不正当利益的，卖方每次扣 12 分。买方存在上述行为的，阿里巴巴国际站将就事件严重程度作出判定，处罚方法包括但不限于关闭账号的处理。

8. 提供虚假凭证

买卖双方在纠纷协商或纠纷调处过程提供伪造、虚假、变造的证据或冒用他人凭证的，卖方每次扣 12 分。买方存在上述行为的，阿里巴巴国际站将就事件严重程度作出判定，处罚方法包括但不限于关闭账号的处理。

如果卖方出现以上违规行为被阿里巴巴平台认定为情节严重，危及平台健康运营的，阿里巴巴有权直接采取包括关闭卖方账户等措施。

二、线下交易欺诈行为处理

1. 卖方存在收款不发货等欺诈行为

（1）如阿里巴巴国际站判定卖方欺诈行为成立，且卖方提供有效解决方案的，每次扣 6 分。

（2）如阿里巴巴国际站判定卖方欺诈行为成立，且卖方未提供有效解决方案的，每次扣 48 分。

2. 买方存在收货不付款等欺诈行为

如阿里巴巴国际站判定买方存在收货不付款欺诈行为成立，阿里巴巴国际站将就事件严重程度作出判定，处罚方法包括但不限于关闭账号等的处理。

3. 其他情况

（1）卖方若违反其他交易规则或进行不诚信经营行为，阿里巴巴国际站有权根据其危害性和实质严重程度对卖方账户执行的处理措施包括但不限于在卖方产品和店铺上取消信保标志的展示、冻结或取消信保额度、限制提现、终止信保服务等。

（2）阿里巴巴国际站将对卖方整体交易违规情况进行监控及评估，并有权对严重危害阿里巴巴国际站交易秩序的卖家采取相关处置措施。

（3）阿里巴巴国际站依据本规则的处罚并不免除用户根据法律法规、阿里巴巴国际站其他规则和协议、交易合同，或买卖双方其他约定内容中应承担的赔偿责任。

（4）阿里巴巴国际站有权根据法律法规的调整、经营环境的变化等因素不时地修订本规则，修订后的规则在公告公示期满后生效。

（5）本规则为《阿里巴巴国际站规则》的组成部分，本规则规定与《阿里巴巴国际站规则》不一致的，以本规则为准；本规则未尽事宜以《阿里巴巴国际站规则》规定为准。如中文和非中文版本存在不一致、歧义或冲突的，以中文版为准。

附录四　阿里巴巴国际站搜索排序规则

【知识链接】

以下图文信息均转载自阿里巴巴国际站规则中心（https：//rule.alibaba.com/），仅供学习参考。

阿里巴巴国际站搜索排序规则

《阿里巴巴国际站搜索排序规则》是对目前阿里巴巴国际站（即 www.alibaba.com，以下也称"平台"）搜索排序机制的相关说明，由阿里巴巴（中国）网络技术有限公司（下称"阿里巴巴"）编制并于 2014 年 9 月首次发布，于 2016 年 5 月进行更新。

本文主要从正向引导及反向排除两个角度入手，辅以部分图、表、数据等对阿里巴巴国际站搜索排序的原则及机制作解释及说明。

发布本文的目的是为阿里巴巴国际站中国供应商用户在平台上发布信息提供一定的指引及帮助。需明确的是，阿里巴巴国际站搜索排序机制会根据用户需求、市场环境、政府监管等不断地进行优化调整，搜索排序结果将是诸多内外部因素共同作用而成，变化性和不确定性较大。因此，本文所示内容（包括但不限于图、表、文字示例等）在任何情况下均不构成对阿里巴巴国际站搜索排序相关技术服务或排序结果的承诺或保证。

阿里巴巴国际站搜索排序定义及原则

一、阿里巴巴国际站搜索排序功能的定义及目标

搜索是各类大型网站最基本的功能，它能让用户更高效快捷地表达自己的需求并得到网站返回的结果，而排序则是这一类结果的体现。同样地，阿里巴巴国际站搜索排序功能的目标是让用户快速高效地匹配到最合适的产品、供应商或者资讯。

二、阿里巴巴国际站搜索排序分类

目前阿里巴巴国际站的搜索排序主要包含类目浏览排序（Categories）、产品搜索排序（Products）、供应商搜索排序（Suppliers）、供应商店铺内搜索排序等，这几种搜索排序类别的排序机制大体相同，仅在细微处有所差异，且都是综合排序。

三、阿里巴巴国际站搜索排序原则

1. 买家导向

由于搜索功能的用户集中在买家群体，因此阿里巴巴国际站会将资源导向符合买家

需求的产品或者供应商，符合买家需求及利益的供应商行为会被平台所提倡，同时也有利于供应商及其产品获得更好的展示效果。

2. 严惩作弊

作弊行为会极大地伤害买家体验，破坏市场公平竞争的秩序和环境。因此，阿里巴巴国际站搜索排序机制也将"严惩作弊"作为重要原则，从事这类行为的供应商必将受到平台的严惩。

阿里巴巴国际站搜索排序机制整体框架

搜索排序主要是买家需求的体现，阿里巴巴国际站的搜索排序机制正是从买家角度出发逐步进行筛选后作出决策。

以产品搜索排序为例，平台的搜索排序机制主要有作弊过滤、匹配、排序三个阶段，即平台会首先过滤掉作弊产品，然后根据类目和文本的关联程度筛选出符合搜索需求的产品，最后根据买家偏好、产品及供应商信息进行排序。

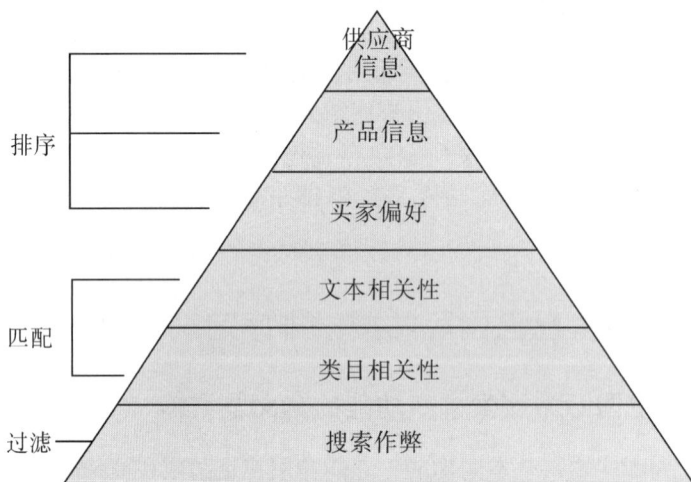

附图 1 产品搜索排序框架图

一、过滤（搜索作弊）

搜索作弊是指部分供应商故意通过重复铺货、类目错放、虚假交易等虚假行为影响平台搜索排序效果、骗取平台搜索曝光资源。搜索作弊行为严重破坏了公平竞争的市场秩序，极大地伤害了买家的搜索体验，是平台严厉打击的行为。

1. 重复铺货

重复铺货指部分供应商通过滥发重复产品的方式提高产品在平台搜索结果中的曝光量。对此类行为，阿里巴巴将依据平台相关规则进行处理（点此了解详情 http://www.alibaba.com/help/rules/seller/post008.html）。建议供应商在店铺产品信息发布中，注意在产品图片、标题、属性、详细描述等方面体现不同产品的差异和特点，避免出现重复铺货。

2. 类目错放

类目错放是指部分供应商故意将其产品发布在与产品实际描述不符的类目下以期获得热门类目下产品高曝光的行为。此类行为一经识别，平台将按搜索排序下调或搜索屏蔽等对相关产品信息作出处理。建议供应商根据产品的实际描述选择合适的类目以获得更好的搜索曝光效果，避免类目错放。

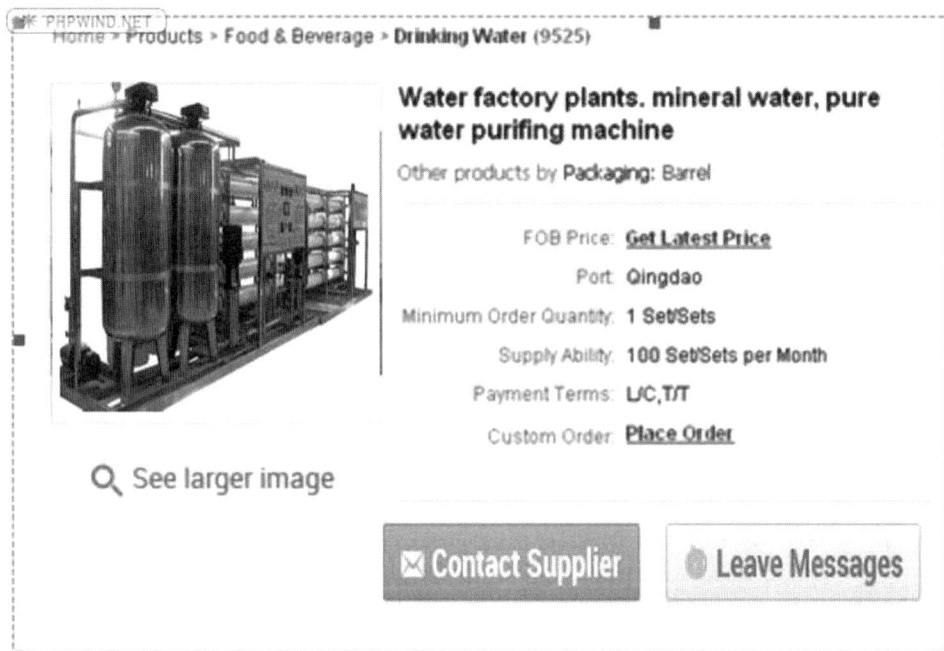

附图 2　净水机错放到"纯净水"类目下

需要注意的是，阿里巴巴国际站搜索排序机制认定的作弊行为并不仅限于以上两种，任何不诚信的行为、效果虚假行为等一经认定，均会受到严厉处罚。

为便于供应商对搜索作弊行为进行自查自纠，目前，阿里巴巴在供应商管理后台（即供应商的 My Alibaba 后台）的"搜索诊断"工具中为供应商提供了类目错放及重复铺货两类搜索作弊行为的相关提示，供应商可以根据后台提示进行相应操作。同时，阿里巴巴建议供应商对搜索作弊行为及相关处罚给予足够重视，并在企业员工间培养相应意识，避免因此遭受处罚，导致损失。

3. 虚假交易

虚假交易指通过不正当方式提高账户的商品销量或交易量、网站会员积分、信用积分等以获取不当利益的行为。此类行为一经识别，平台将按搜索排序下调或搜索降权等对相关产品信息作出处理，并对供应商采取限制参加平台营销活动、限制国际站账号部分或全部权限等的处理。

如前文所述，阿里巴巴国际站搜索排序从用户需求出发，并致力于维护公平、有序的市场环境；同时，阿里巴巴国际站也将一如既往地致力于为广大中国供应商用户提供更好的服务，这正是阿里巴巴编制本文的初衷。如果供应商能从中得到启示，从买家需求出发，遵循平台所倡导的、规避平台所打击的，将有助于其实现平台信息展示效果的提升和改善，促进买家、供应商及平台的良好、有序互动和长远发展。

二、匹配

匹配是指搜索返回结果要与买家输入的搜索词相匹配，主要考虑类目相关性、文本相关性两个方面：

1. 类目相关性

类目即产品的类别，搜索功能首先要保证类目相关，以期快速定位到买家需求所属的同类产品。

建议供应商发布产品时选择正确合适的类目：

（1）不要错放类目。在阿里巴巴国际站恶意将产品放置在不正确的类目下以期获得曝光的行为认定为作弊行为，此类行为将会受到平台反作弊机制的严厉打击，并对供应商产品展示效果产生负面的影响。

（2）存在准确类目的产品不要放在"Other"类目下。如果供应商难以找到合适的类目或认为平台的类目建设不够合理，可以随时通过客服或者客户经理向平台反馈。

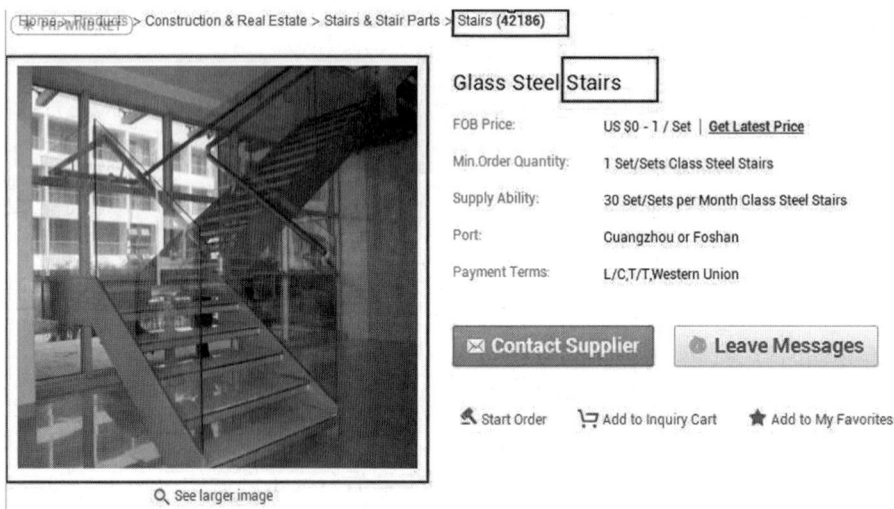

附图3　图像、标题、类目一致，产品的类目相关性较高

附图4　图像、标题和类目不一致，产品的类目相关性较低

附图4中图像标题说的都是活动部件，类目却放置在楼梯下，产品的类目相关性较低。建议处理方式是将该产品放置在"楼梯部件"这个类目下。尤其需要注意整体和部件的类目区分。

2. 文本相关性

文本相关性是指搜索精准匹配到买家需求的产品集合。搜索功能会根据产品标题、属性、关键词等产品关键信息进行检索，并与买家搜索词的文本相关性进行匹配。

建议供应商发布产品时作出真实、准确、合理、完善的关键信息描述：

（1）将产品词真实、准确地体现在产品标题中，并可以在产品标题中添加相关的修饰词、关键词，通过完善属性等方式来更好地匹配买家搜索词。

（2）避免堆砌、滥用产品关键词。在产品信息描述中单纯地重复使用关键词的行为，如关键词堆砌和滥用、标题滥用等非但不会增加文本相关性反而会降低搜索匹配效果。

附图5　搜索词与产品相符，文本相关性比较高

附图 5 中买家搜索词为 "12v led lights"，该产品标题中较好地体现了产品的部分特性并同时匹配搜索词，文本相关性较高。

附图6　搜索词与文本不符，文本相关性较低

附图 6 中买家搜索词为 "12v led lights"，而该产品描述文本中反复使用 "Led strip"，标题显得很长、不易阅读，对文本相关性提高无益。

三、排序

排序是指在匹配条件同等的情况下将买家偏好的、更好的产品、更优质的供应商优先展示，主要考虑产品信息、供应商信息、买家偏好 3 个要素。

1. 产品信息

平台排序功能会从产品信息描述的易读性、丰富性、一致性来判断产品质量的高低。

（1）产品标题要做到言简意赅。简要、清楚地描述产品的名称、型号以及关键特征、特性，使买家一看即知产品关键信息。切忌反复堆砌、罗列相同或者意思相近的词组，过于冗长的标题会使买家找不到重点，难以判别产品标题的中心内容。

（2）产品属性要尽量完整、准确填写，主图尽量清晰、明确，这些能够帮助买家清楚了解产品。

（3）产品详细描述中的信息一定要真实、准确，避免和标题、属性出现互斥或者不一致的情况，对买家或平台的判断造成干扰。恰当使用图片或表格介绍产品功能、特点、质量、优势，有助于买家的快速理解。

另外，非自然语言描述或信息重复严重的产品表述会降低该产品的搜索排序效果。

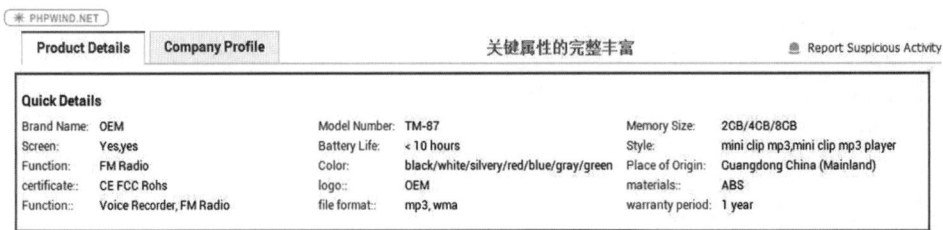

附图7　产品关键属性完整、丰富有利于提升搜索排序效果

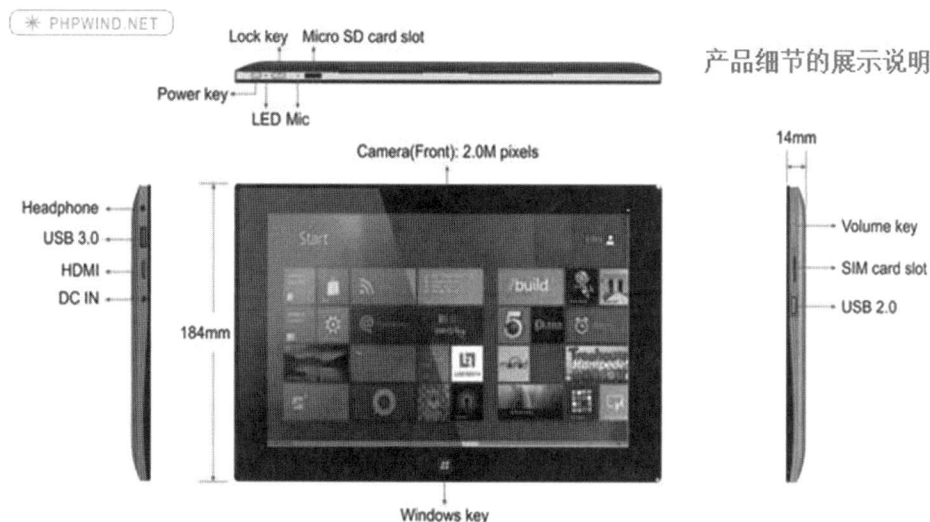

附图8　产品详细表述中适当使用图片介绍产品细节

2. 供应商信息

平台排序功能会从供应商信息的完整度和真实度、供应商在平台的活跃度、供应商对其店铺及产品的管理维护程度等多方面进行供应商信息质量的判断。

（1）完善供应商表单中的内容，尽可能完成或者提供更多的认证信息。一般来说，供应商认证信息展示得越多，买家对该供应商真实性的疑虑越小，沟通的成本也越低，发生询盘的概率也会随之提升。

（2）积极、及时地对自身的店铺进行维护，如合理控制产品总量、突出重点产品、对逾期或者不具太大价值的产品进行清理等。店铺内大量相似的产品或无效产品的累积会使买家产生视觉疲劳，从而失去对该店铺的兴趣，并直接影响供应商的信息质量，进而影响供应商的搜索排序效果。

（3）及时回复买家的各类询盘、咨询等。更及时的回复能提升买家的好感，有助于达成贸易，避免错失商机。

下图为"供应商信息"的相关示意：

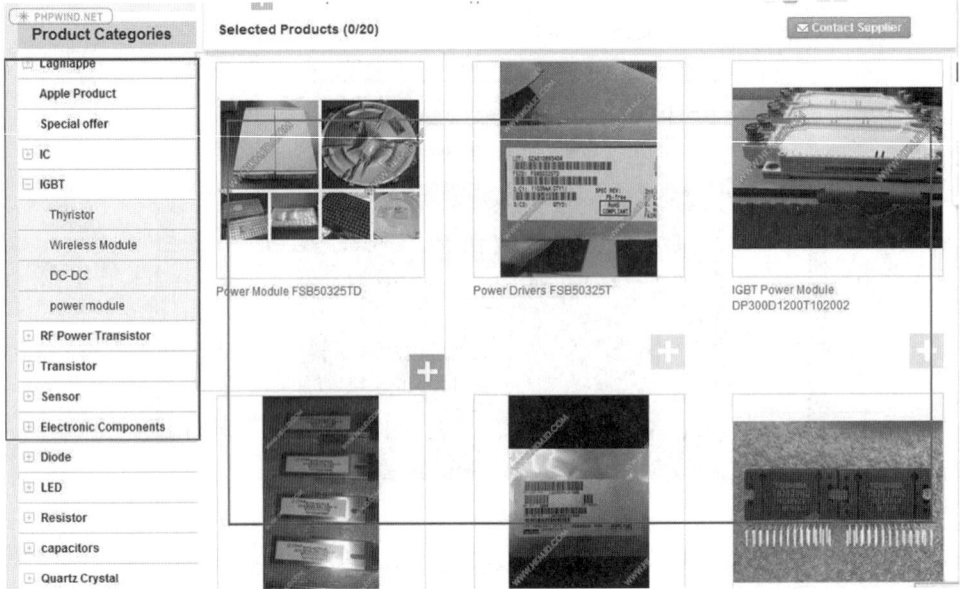

附图9　产品分组直观清晰

店铺内产品分组直观易懂，每个产品都用不同图片展示，便于买家快速清晰地获取相关信息。

附图10　产品分组混乱重复

附图10中店铺内产品分组不易于直接理解，且反复使用重复的图片，信息量较低，买家可能会丧失翻页或者继续浏览的兴趣。

3. 买家偏好

平台排序功能会根据买家的行为识别买家偏好，将买家更喜欢的产品排序靠前。

（1）及时了解自身所在行业动态信息和买家需求点，与自有产品的优势、特点进行分析和结合，并在产品标题、关键词、自定义属性、描述中加以体现。

（2）需要说明的是，买家偏好更多取决于买家自身的采购意愿。不同的买家搜索相同的关键词，因为买家偏好、意愿不同，买家对产品或供应商的选择也会不同。

理论自测

单选题

1. 国际站的禁限售规则内一般违规，一天内累计扣分不会超过（　　）分。

A. 24　　　　　　　　B. 12　　　　　　C. 6　　　　　　　　D. 48

2. 扣分累积到 6 分的处罚是（　　）。

A. 严重警告　　　　　　　　　　B. 搜索屏蔽 14 天和旺铺屏蔽 14 天

C. 搜索屏蔽 7 天和旺铺屏蔽 7 天　　D. 关闭账号

3. 知识产权侵权包含哪些（　　）。

A. 著作权　　　　　　　　　　B. 专利侵权

C. 商标侵权　　　　　　　　　D. 以上三个选项都正确

4. 下列关于发布信息预防侵权正确的是（　　）。

A. 可以适当模仿知名品牌的图案　　B. 使用自己原创图片进行发布

C. 可以使用品牌近似词　　　　　　D. 遮挡其他图片上 Logo 用来发布

5. 下列哪个属于阿里巴巴国际站禁售的产品？（　　）

A. 处方药　　　　　B. 五金制品　　　C. 健身器材　　　　D. 母婴用品

6. 著作权英文是（　　）。

A. copyright　　　　B. patent　　　　C. trademark

7. 著作权也称为（　　）。

A. 人权　　　　　　B. 版权

参考文献

［1］ 崔敏. 跨境电子商务操作实务［M］.北京：中国商务出版社，2016.

［2］ 王健，崔敏. 跨境电子商务导论［M］.北京：中国商务出版社，2016.

［3］ 王健，崔敏. 跨境电子商务运营与决策［M］.北京：中国商务出版社，2016.

［4］ 张亚芬. 国际贸易实务与案例教程［M］.北京：高等教育出版社，2018.

［5］ 陈伟芝. 国际贸易单证操作实务［M］.上海：上海交通大学出版社，2019.

［6］ 柯丽敏，王怀周. 跨境电商基础、策略与实战［M］.北京：电子工业出版社，2016.

［7］ 麦艳云，严敏，陈兴华. 跨境电子商务基础［M］.北京：电子工业出版社，2017.

［8］ 王琼. 跨境电商实用英语［M］.北京：中国人民大学出版社，2018.

［9］ 阿里巴巴（中国）网络技术有限公司. 从 0 开始跨境电商实训教程［M］.北京：电子工业出版社，2016.

［10］ 樊晓云. 我国跨境外贸电商平台模式比较分析与选择［J］.对外经贸，2015（2）.

［11］ 杨坚争，于露. 我国外贸企业与跨境电子商务的应用分析［J］.当代经济管理，2014（5）.

［12］ 马艳丽. 跨境电子商务产品的选择原则、方法与策略分析［J］.中国商贸，2015（6）.